DOSSIERS INEXPLIQUÉS

8, rue Saint-Marc, 75002 Paris
Diffusion : Volumen

Couverture et mise en page réalisée par Marguerite Lecointre

ISBN : 978-2-3674-0135-5
Dépôt légal : mars 2014

Joslan F. Keller

DOSSIERS INEXPLIQUÉS

Affaires authentiques

Surnaturel • Étrange • Insolite

ScriNeo

Né au milieu des années 60 dans l'Est de la France, Joslan F. Keller est un passionné d'histoire, d'insolite et de surnaturel depuis sa prime jeunesse. Communicant digital le jour, il écrit la nuit et mène des enquêtes virtuelles sur le Net. Toujours en quête d'énigmes et de récits étranges, il fait la chasse aux affaires irrésolues, tentant d'extraire le vrai de la légende.

Grand voyageur dans l'âme, Joslan F. Keller aime entreprendre des expéditions bien réelles vers des sites historiques et archéologiques mystérieux. Il est également l'auteur de deux tomes de la série jeunesse fantastique *Via Temporis* publiée chez Scrineo.

INTRODUCTION

Un inconnu découvert sur une plage d'Australie, un message codé en poche, et dont personne n'a jamais trouvé l'identité. Neuf randonneurs russes qui meurent dans d'étranges circonstances aux confins de l'Oural. Des gardiens de phare qui se volatilisent du jour au lendemain. L'armée brésilienne qui dissimule des créatures extraterrestres. Un escalier dont la construction n'est peut-être pas l'œuvre d'un humain...

Dans le livre que vous tenez entre les mains, je vous présente quinze histoires incroyables... et pourtant, ce n'est pas un roman. Car ces histoires sont parfaitement authentiques. Ce ne sont ni des fictions ni des contes et légendes, encore moins des rumeurs. Juste des faits attestés, des noms, des dates, des lieux, en un mot des affaires qui se sont réellement déroulées, mais qui, à ce jour, n'ont jamais été élucidées.

Cette absence d'explication heurte forcément notre inextinguible soif de savoir. « La curiosité mène à tout, parfois à écouter aux portes, parfois à découvrir l'Amérique » : les mots du romancier portugais José Maria Eça de Queirós résonnent d'autant plus justes que la curiosité, loin d'être ce défaut si souvent vilipendé, est en réalité le moteur du monde. Depuis les temps préhistoriques en passant par les grands voyages d'exploration et jusqu'aux découvertes scientifiques majeures, c'est toujours l'envie d'en savoir plus, d'aller voir ce qu'il y a ailleurs, de l'autre côté de la montagne ou de l'océan, qui a permis à l'être humain de progresser. Avec ce paradoxe évident, à mesure que l'homme parfait ses connaissances : plus il augmente son savoir, plus certaines zones lui demeurent hermétiques.

D'aucuns appellent cela le *surnaturel* ou le *paranormal*. Comme l'humain y joue souvent un rôle primordial, j'ai choisi l'adjectif « inexpliqué » pour désigner cet univers énigmatique qui, tout en nous résistant encore et toujours, ne cesse de nous fasciner. « Plus nous pénétrons dans l'inconnu, plus il nous semble immense et merveilleux », disait l'aviateur américain Charles Lindbergh. Confrontés à l'inexplicable, nous nous posons des questions et, surtout, nous voulons comprendre le pourquoi et le comment.

Pour nous aider, nous avons invoqué au fil des siècles la superstition, la magie, le mystique, puis de nos jours la science, destinée à éclairer nos esprits sur tous les sujets. Nous appartenons à un monde ordonné et nous sentons qu'il doit y avoir une explication logique et rationnelle à toute chose. Tout effet est forcément précédé d'une cause. Mais aux innombrables questions qu'on lui pose, la science s'avoue impuissante à tout éclaircir.

Ces quinze affaires irrésolues questionnent l'étendue de notre savoir et sont le reflet de l'inconnu dans son infinie variété : personnages mystérieux, lieux étranges, apparitions troublantes, disparitions ahurissantes, objets énigmatiques… Si vous ne trouvez pas dans ce livre des cas très médiatisés comme le monstre du loch Ness, le yéti ou l'Atlantide, ne vous étonnez pas. C'est un choix délibéré de ma part de délaisser des dossiers sur lesquels tout a été dit ou presque et de privilégier des affaires moins connues, notamment en France, mais tout aussi fascinantes. Vous allez voyager, au gré des chapitres, de siècle en siècle mais aussi d'un continent à l'autre. Pour chaque cas évoqué, je vous présente les hypothèses envisagées, de la plus rationnelle à la plus surnaturelle. Libre à vous, en dernier lieu, de vous forger votre propre opinion !

Pour préparer ce périple aux confins de l'inexplicable, il m'a fallu me plonger dans une documentation considérable, faire la chasse aux contradictions et aux lacunes, vérifier les données disponibles et confronter les sources entre elles (témoignages, récits, coupures de presse, livres, photos, vidéos…) tout en séparant le bon grain de l'ivraie – car comme l'écrivait Marc Twain, « un mensonge peut faire le tour de la Terre le temps que la vérité mette ses chaussures ». C'est d'autant plus vrai aujourd'hui avec Internet, un outil formidable pour accéder à des sources inédites à l'échelle internationale, mais aussi le parfait support pour colporter et démultiplier à l'infini légendes urbaines et désinformation. Bien que fastidieux, ce travail initial de « désossage » de l'information s'est avéré indispensable pour atteindre le cœur du dossier, c'est-à-dire les faits bruts, dépouillés de toute interprétation ultérieure. Rejoignez-moi dans cette quête de la vérité, notamment sur notre blog officiel, www.dossiersinexpliques.com, où vous trouverez une foule de documents complémentaires sur chaque affaire (fac-similés, photos, sons, vidéos, liens web) !

Il est maintenant temps de pénétrer en des territoires étranges et d'ouvrir le premier des dossiers inexpliqués… Mais, avant cela, je laisserai le dernier mot au poète italien Gabriele D'Annunzio : « Il n'est jamais trop tard pour sonder l'inconnu, il n'est jamais trop tard pour aller au-delà. » Bienvenue dans l'inexpliqué !

Joslan F. Keller
Paris, 2014

PARTIE 1

MYSTÉRIEUX PERSONNAGES

1

Le cadavre de Somerton Beach

Mais qui est cet homme sans nom retrouvé mort le 1er décembre 1948, à 6 heures 30 du matin, sur la plage de Somerton, dans le sud de l'Australie ? Et que signifie le message codé retrouvé dans l'une de ses poches ? Plus de soixante ans plus tard, le mystère, devenu entre-temps la plus grande énigme australienne, demeure irrésolu.

L'histoire qui inaugure ce livre commence comme un banal fait divers, mais, au lieu de progresser lentement vers l'issue du drame, ne cesse de s'enfoncer dans le silence et les contradictions. Avec, régulièrement, quelques rebondissements qui ajoutent une dose supplémentaire d'inexplicable à cette étrange affaire !

Le corps sur la plage

En 1949 sort en France *Une si jolie petite plage*, un film d'Yves Allégret avec pour interprète principal Gérard Philipe. Voilà le titre rêvé pour désigner une bande de sable des antipodes, Somerton Beach, où s'est déroulée une sombre histoire quelques mois plus tôt.

Située à une douzaine de kilomètres du centre d'Adélaïde, la capitale de l'Australie-Méridionale, Somerton est une petite station paisible qui baigne dans l'océan. Le genre d'endroit dont on dit d'ordinaire qu'il ne s'y passe jamais rien… Sauf que, justement, le 1er décembre

1948, vers 6 heures 30 du matin, un événement inhabituel agite la localité : on a découvert un cadavre sur la plage !

Lorsque la police arrive sur les lieux, elle trouve sur le sable, en contrebas de la promenade piétonnière, le corps à demi allongé d'un homme, la tête appuyée contre un muret et les jambes tournées vers l'océan. Apparemment, la victime n'a subi aucune violence. Son bras gauche est tendu alors que le droit est plié en deux. Coincée sur son oreille, une cigarette intacte et, sur le col droit de son manteau, maintenue en position par sa joue, une autre cigarette, celle-ci à moitié consumée.

En faisant l'inventaire des poches du décédé, on ne rassemble que quelques objets très ordinaires : un peigne étroit en aluminium, un paquet de chewing-gums de la marque Juicy Fruit à moitié vide, une boîte d'allumettes Bryant & May ainsi qu'un paquet de cigarettes Army Club contenant bizarrement des Kensitas, un ticket de bus usagé[1] de la ville de Glenelg, un autre quartier balnéaire d'Adélaïde, ainsi qu'un billet de train de seconde classe inutilisé pour Henley Beach, toujours dans les environs.

Les premières étrangetés

La parole est donnée aux experts médico-légaux. Or, à la fin des années 1940, la police scientifique n'est pas aussi équipée et sophistiquée qu'aujourd'hui. Les experts en « sciences forensiques », si l'on peut les nommer ainsi, font preuve d'ingéniosité et de déduction avec ce qu'ils trouvent. Dans le cas de l'inconnu de Somerton Beach, ils sont rapidement en mesure d'établir un portrait physique complet. C'est le pathologiste sir John Burton Cleland, professeur émérite à l'université d'Adélaïde, qui prend en charge le dossier. Il décrit le mort

1. Plus tard, on apprendra que ce ticket avait été validé à un arrêt situé à guère plus d'un kilomètre de l'endroit où le corps a été retrouvé.

de Somerton comme un homme d'apparence « britannique », âgé d'environ 40-45 ans, aux yeux couleur noisette et en parfaite condition physique. L'individu mesure 1,80 mètre, avec de larges épaules et une taille étroite. Ses cheveux sont roux avec de petites zones grises près des tempes. Il est rasé de près et ne présente aucune marque distinctive, comme un tatouage, une tache de vin, une cicatrice, etc. Ses mains et ses ongles ne montrent pas de signe de travail manuel, il est donc peu probable qu'il ait été paysan, ouvrier ou artisan. Les pieds se caractérisent par une forme en coin qui réunit petits et grands orteils, comme en possèdent notamment les danseurs professionnels ou les coureurs d'endurance. L'homme de la plage porte enfin des vêtements de qualité : une chemise blanche, une cravate rouge et bleue, un pantalon marron, des chaussettes et des chaussures en très bon état. Jusque-là, rien d'étrange. Sauf que les enquêteurs remarquent très vite des points discordants.

D'abord, l'inconnu porte un pull-over tricoté brun et un manteau à double boutonnage de coupe européenne. Or, le 30 novembre 1948 et la nuit qui a suivi ont été plutôt chauds, rendant le port de ces vêtements superflu. Par ailleurs, près du cadavre, on n'a trouvé aucun chapeau, ce qui semble étonnant à une époque où cet accessoire est très répandu, notamment pour accompagner un costume. Enfin, et c'est sans doute le plus troublant, non seulement l'homme n'a pas de porte-monnaie ni de pièce d'identité d'aucune sorte, mais toutes les étiquettes de ses vêtements ont disparu !

Mort de cause inconnue

Soupçonnant que cette mort étrange et inexpliquée dissimule une affaire plus complexe, les médecins légistes décident de pratiquer une autopsie. Au vu de leurs observations, l'heure du décès est estimée à environ 2 heures du matin dans la nuit du 30 novembre au 1er décembre. Aucune blessure extérieure n'est visible. Le cœur de la victime est de taille normale et ne présente pas d'imperfection. En revanche, le pharynx et l'œsophage sont congestionnés et l'estomac est très rempli, avec un encombrement de la deuxième moitié du duodénum. Les deux reins sont également engorgés, le foie contient un large excès de sang et la rate est dilatée, environ trois fois sa taille normale. À l'évidence, il s'agit d'une gastrite hémorragique aiguë. L'autopsie révèle aussi que, durant son dernier repas, trois à quatre heures avant sa mort estimée, l'homme a absorbé une sorte de pâté. Mais les tests ne révèlent la présence d'aucune substance étrangère dans le corps, qui ne présente d'ailleurs pas de signe d'empoisonnement connu : le dernier aliment avalé n'est pas la cause de la mort. Pour autant, il ne s'agit pas d'un décès dû à une cause naturelle. S'il y a eu intoxication, elle a été volontaire, sous la forme d'un barbiturique ou d'un hypnotique soluble, comme le suggère l'un des pathologistes.

Les enquêteurs sont embarrassés : ils sont incapables de se prononcer non seulement sur l'identité de l'homme, mais aussi sur les causes réelles de sa mort. On décide de faire appel à Scotland Yard et, en attendant d'identifier avec certitude la victime, on prend la décision, le 10 décembre, non pas d'enterrer le cadavre mais de l'embaumer : une première, semble-t-il, dans l'histoire de la police australienne !

Les médias s'emparent de l'affaire

Dans les jours précédant l'embaumement, ce ne sont pourtant pas les témoins qui ont manqué, poussés à se manifester par la presse. Dès le 1er décembre, jour de la découverte, deux quotidiens d'Adélaïde, *The Advertiser* et *The News*, couvrent l'affaire. C'est *The Advertiser*, journal du matin, qui relate le premier l'étrange événement dans un bref article en page 3 de son édition du 2 décembre. Sous le titre « Un corps découvert sur la plage », il est dit qu'un cadavre, « que l'on pense être celui d'un certain E. C. Johnson, environ 45 ans, d'Arthur Street, Payneham, a été trouvé hier matin sur la plage de Somerton, en face de la maison d'accueil des enfants handicapés. C'est John Lyons, de Whyte Road, à Somerton, qui a fait la découverte en compagnie de deux hommes à cheval. L'enquête a été confiée au détective H. Strangway et au constable J. Moss ». Le tabloïd *The News*, qui ne paraît que l'après-midi, reprend l'information à sa une et donne plus de détails sur les circonstances de la découverte du corps, mais sans fournir son identité.

Très vite après la parution de ces articles, des témoins se présentent spontanément à la police. Tous s'accordent pour affirmer qu'ils ont vu l'homme la veille au soir, le 30 novembre, au même endroit et dans la même position que lors de la découverte de son corps au matin. Un couple qui se promenait sur le bord de mer déclare ainsi avoir aperçu l'inconnu – encore vivant – vers 19 heures, en train d'étendre complètement son bras droit avant de le poser sur le sable. Un autre l'a également observé assez longuement, entre 19 heures 30 et 20 heures, grâce aux lampadaires qui éclairaient la jetée. Selon ces deux témoins, l'homme n'a absolument pas bougé durant ce laps de temps, même si, après coup, ils ont eu l'impression qu'il avait eu un léger mouvement. Vaguement intrigué, le couple s'est même dit en plaisantant que ce gars devait être mort pour rester aussi indifférent aux agressions virulentes des moustiques, puis il s'est éloigné sans trop se poser de question, convaincu que l'inconnu était soit ivre, soit en train de dormir.

Le 3 décembre, un homme se présente à la police. Il déclare qu'il s'appelle E. C. Johnson et qu'il est bel et bien vivant. On peut d'ailleurs se demander qui a suggéré son nom à *The Advertiser* pour identifier l'homme de la plage. A-t-on voulu lancer les autorités sur une fausse piste ? Ce même jour, *The News* publie en première page une photo de la victime, déclenchant une nouvelle vague de témoignages au sein de la population locale. Le lendemain, la police fait un communiqué : les empreintes digitales de l'homme ne figurent dans aucun dossier de la police d'Australie-Méridionale, ce qui pousse les enquêteurs à étendre le périmètre de leurs recherches à tout le pays. Et on apprendra vite que les dents du mort ne renvoient à aucun dossier dentaire en Australie.

Un nombre incalculable de fausses pistes

Le 5 décembre, *The Advertiser* rapporte que la police suit la piste d'un homme qui aurait été vu, le 13 novembre précédent, en train de boire un verre avec l'inconnu de la plage dans un hôtel de Glenelg. Ce deuxième homme aurait montré une carte de pensionné militaire au nom de Solòmonson. Mais les recherches dans les archives militaires ne donneront rien. Et l'on ne reparlera plus jamais de cette piste…

Très peu de temps après la découverte du corps, la police désigne comme victime potentielle un certain Tommy Reade, marin sur le *SS Cycle*, alors au mouillage dans le port d'Adélaïde, qui a disparu sans donner de nouvelles. Mais certains de ses compagnons de bord se rendent à la morgue et affirment sans le moindre doute que le cadavre n'est pas celui de Reade.

Au début du mois de janvier 1949, deux personnes identifient le corps : d'après elles, il s'agit de Robert Walsh, un ancien bûcheron de 63 ans. Un certain James Mack, qui a également vu le corps mais n'a pu se prononcer sur le coup, confirme peu après cette identité. Selon lui, c'est la couleur des cheveux de l'inconnu qui l'a d'abord fait douter. Walsh a quitté Adélaïde plusieurs mois auparavant afin d'acheter des moutons dans le Queensland, raconte-t-il, mais n'est pas rentré pour Noël comme prévu. Les policiers sont cependant très sceptiques, car le bûcheron est à l'évidence trop âgé pour être l'inconnu de la plage. Si sa stature rend cette hypothèse plausible, les mains de l'homme de Somerton prouvent qu'il n'a pas coupé de bois depuis plus de dix mois au minimum. Au final, la piste s'éteint d'elle-même lorsque Elizabeth Thompson, l'une des trois personnes à avoir identifié Walsh, change d'avis après un deuxième examen du coprs : elle ne trouve alors aucune trace d'une certaine cicatrice, et la taille des jambes ne correspond plus du tout…

Jusqu'à début février, les forces de police étudient huit identifications du cadavre. Ainsi, deux hommes de Darwin croient savoir que le corps est celui de l'un de leurs amis, d'autres affirment tour à tour qu'il s'agit d'un garçon d'étable, d'un employé sur un navire à vapeur et même d'un Suédois ! En novembre 1953, les policiers publieront un communiqué édifiant : depuis le début de l'affaire, ils ont vérifié pas moins de 251 pistes apportées par des gens prétendant avoir croisé ou connu le mort de Somerton ! Une quête de longue haleine qui se révèle complètement stérile… car pour les enquêteurs de ce dossier de plus en plus obscur, les seuls indices qui vont leur apporter un semblant d'information sont constitués par les vêtements de la victime.

La valise marron de la gare

L'enquête s'oriente d'abord sur les titres de transport retrouvés dans les poches du mort. La police examine de près la liste des trains arrivés à Adélaïde peu avant le 30 novembre et en conclut que l'inconnu est probablement arrivé le matin du 30 par un train de nuit en provenance de Melbourne, de Sydney ou de Port Augusta. Il aurait alors acheté un billet pour le train de 10 heures 30 vers Henley Beach, puis, comme les toilettes de la station étaient fermées ce jour-là, il se serait rendu aux bains publics jouxtant la gare pour y prendre une douche et se raser. Mais, ayant mal estimé son temps, il aurait raté son train – ce qui expliquerait le billet inutilisé – et aurait alors opté pour un trajet en bus jusqu'à Glenelg. Et, selon la réceptionniste de l'hôtel Strathmore, situé juste en face de la gare, un homme au comportement étrange a résidé dans la chambre n°21 et réglé sa note dans la soirée du 30 novembre, celle dont on sait qu'elle sera fatale à l'homme de Somerton. Après coup, elle s'est souvenue que l'équipe chargée du ménage avait trouvé dans la chambre une boîte médicale noire ainsi qu'une seringue hypodermique…

Le 14 janvier 1949, on apprend que le personnel de la gare d'Adélaïde a mis la main sur une valise marron sans étiquette, déposée à la consigne le 30 novembre vers 11 heures du matin. On y trouve, entre autres, une robe de chambre rouge, une paire de pantoufles rouges de taille 41, quatre paires de sous-vêtements, des pyjamas, un nécessaire à raser et un pantalon beige clair avec du sable dans les ourlets, sans oublier une bobine de fil orange Barbour, une marque introuvable en Australie. Peu après, on établit que ce fil a servi à recoudre un bout de tissu dans la poche du pantalon porté par le mort de Somerton, ce qui permet de lier la valise à l'affaire de la plage.

Comme sur les vêtements de l'inconnu, les étiquettes sur les vêtements issus de la valise ont toutes disparu. Mais, sur un sac de linge, la police repère un nom, « T. Keane », de même que « Kean » (sans le « e ») brodé sur un maillot, avec trois marques de nettoyage à sec : 1171/7, 4393/7 et 3053/7. Pour la police, l'indice est trop grossier : on a délibérément laissé ce nom aussi visible pour lancer une fausse piste. De toute évidence, il ne s'agit donc pas du patronyme de l'homme de Somerton. Pour autant, il convient de s'en assurer : une recherche montre qu'aucun T. Keane n'est porté disparu dans un pays anglophone, et la publication dans toute l'Australie des marques de nettoyage ne donne rien. Un temps, on pense que l'homme a pu venir de l'État de Victoria car ces marques sont similaires à celles utilisées par des sociétés de nettoyage à Melbourne. La diffusion de sa photo dans la région débouche sur vingt-huit témoignages, tous improductifs, et les enquêteurs abandonnent cette piste.

En fait, le détail qui se révèle précieux, c'est la technique employée pour coudre le manteau qui se trouve dans la valise : cette couture n'a pu être réalisée qu'aux États-Unis, le seul pays qui possède alors les machines permettant ce type d'assemblage. Le vêtement n'ayant pu être importé, il en résulte que l'inconnu de la plage soit s'est rendu aux États-Unis, soit a racheté son manteau à quelqu'un ayant voyagé là-bas.

La valise de la consigne contient également plusieurs outils : un tournevis d'électricien, un couteau de table dont la pointe a été effilée, une paire de ciseaux aux pointes acérées et une brosse à pochoir, similaire à celles utilisées dans la marine marchande pour marquer les caisses des cargos.

La photo des funérailles

L'homme de Somerton, est finalement inhumé plus de six mois après sa mort, le 14 juin 1949. Au préalable, un spécialiste, Paul Lawson, réalise un moulage de sa tête et de ses épaules. C'est la South Australian Grandstand Bookmakers Association qui paie le service funéraire pour épargner à la victime d'être enterrée dans une fosse commune. La cérémonie, en comité restreint, réunit au West Terrace Cemetery d'Adélaïde une dizaine de personnes proches de l'affaire, pour l'essentiel des enquêteurs et des journalistes.

Une photo prise alors que tout le monde se recueille autour du capitaine Webb, de l'Armée du salut, suscitera par la suite bien des interrogations. En effet, toutes les personnes présentes sur le cliché sont clairement identifiées, à l'exception d'une seule, à l'extrême gauche, le visage en partie masqué. Qui est cet homme ? Un journaliste non identifié ou bien un proche anonyme de la victime ? De même, qui commencera, des années plus tard, à déposer périodiquement des fleurs sur la tombe de l'homme de Somerton ?

Aujourd'hui, la sépulture, située au n° 106 de l'allée 12 dans la zone Plan 3, n'est indiquée aux visiteurs que par une inscription très sobre : « Ici repose l'homme inconnu qui fut trouvé sur la plage de Somerton le 1er décembre 1948. »

Un « mystère sans précédent »

Le coroner Thomas Erskine, qui a commencé son enquête quelques jours après la découverte de l'inconnu, doit pour des raisons peu claires – manque de personnel, d'autres dossiers en cours ? – l'interrompre jusqu'au 17 juin 1949. Quelques mois après le drame, la perspective a quelque peu changé. Ainsi, le coroner se demande si l'homme n'a finalement pas été déposé sur la plage après sa mort, ce qui permettrait ainsi d'expliquer pourquoi ses chaussures, bien cirées, étaient restées étonnamment propres pour quelqu'un censé avoir erré en bord de mer. L'hypothèse justifierait aussi l'absence près du cadavre de vomissements, symptomatiques d'un empoisonnement. Mais, aussi séduisante soit-elle, une telle thèse contredit tous les témoignages de ceux qui ont dit avoir aperçu l'homme la veille au soir. Sauf que personne ne l'a vraiment vu de près : les témoins se sont juste souvenus d'un individu qui, pour eux, devait être la même personne. Le coroner préfère donc ranger ces témoignages au rayon de la pure spéculation.

De son côté, Cedric Stanton Hicks, professeur de physiologie et de pharmacologie à l'université d'Adélaïde, vient témoigner qu'il existe des variantes de médicaments qui peuvent s'avérer extrêmement toxiques, même à dose infime, et surtout très difficiles voire impossibles à repérer. Comme ces substances sont assez faciles à obtenir par un particulier auprès d'un pharmacien, même sans ordonnance, le spécialiste inscrit leurs noms sur une feuille qu'il remet au coroner ; il faudra attendre 1980 pour apprendre qu'il s'agissait de la digitaline et de l'ouabaïne. Ce qui intrigue surtout Hicks, c'est l'absence de vomissements. Selon lui, si le décès était intervenu six à sept heures après qu'on a aperçu l'homme en vie pour la dernière fois, il aurait dû y avoir encore une dose détectable de poison dans son corps. Le scientifique estime alors que, selon toute vraisemblance, l'homme est mort d'empoisonnement, que le poison était un glucoside (une molécule dérivée du glucose) et qu'il a été administré sciemment ; il est cependant incapable de dire si c'est le défunt qui s'en est chargé ou quelqu'un d'autre. Au final, Hicks doit reconnaître son impuissance à définir la cause réelle du décès. Un article de journal résume l'opinion générale : si les meilleurs experts en toxicologie ne sont pas capables de nommer la substance toxique, c'est que l'on n'a pas affaire à un banal décès accidentel, mais bien à un « mystère sans précédent »...

Tamam shud

Alors que tout le monde se focalise sur la question du poison, une nouvelle trouvaille donne au dossier une ampleur inattendue. Cette découverte, c'est un simple petit morceau de papier enroulé, qui était caché jusque-là dans la doublure du pantalon de la victime. Au recto de ce fragment de page, visiblement arraché d'un livre, on peut lire ces deux mots énigmatiques : « *tamam shud* ». Le verso, lui, est vierge de toute inscription.

Des bibliothécaires professionnels appelés à la rescousse parviennent à associer ces deux mots à la dernière page d'un livre de poésie écrit en persan, les *Rubaïyat* d'Omar Khayyam. En persan, *tamam* est un nom commun qui signifie « fin » et *shud* est un auxiliaire qui marque le passé : ainsi, *tamam shud* signifie « fini » ou « terminé ». Omar Khayyam (1048-1131) est un célèbre écrivain et savant persan, auteur d'une série de poèmes, les *Rubaïyat*, un terme générique que l'on peut traduire par « quatrains ». Chaque *robaï* – le singulier de *rubaïyat* – est composé de quatre vers : les deux premiers riment avec le dernier, le troisième est un vers libre. La traduction anglaise d'Edward FitzGerald en 1859, qui a fait connaître ce poète au public occidental, fait encore autorité de nos jours. Les *Rubaïyat* déroulent l'idée que l'on doit vivre pleinement sa vie pour n'avoir aucun regret au terme de son existence. On ignore précisément combien de quatrains Omar Khayyam a composés. Toussaint et FitzGerald, ses traducteurs les plus connus, n'en recensent que cent soixante-dix, alors que la tradition lui en attribue plus de mille !

Dès que l'on connaît le titre de l'ouvrage, on lance une recherche dans toute l'Australie pour trouver un exemplaire d'où pourrait avoir été arraché le morceau de papier. La police diffuse même un cliché de l'inscription dans les journaux. Se présente alors un homme qui raconte une histoire ahurissante : une ou deux semaines avant la découverte du cadavre de Somerton, il a trouvé un exemplaire de l'ouvrage en question sur le siège arrière de sa voiture, qu'il avait laissée ouverte dans Jetty Road, à Glenelg… Le témoin, qui demande à conserver l'anonymat, avait oublié cet événement jusqu'à la lecture de l'article concernant l'inscription dans le journal : et s'il y avait un lien entre ce livre et l'affaire de Somerton ?

L'exemplaire laissée dans la voiture est une édition originale très rare des *Rubaïyat*, datée de 1859, traduite par Edward FitzGerald et publiée en Nouvelle-Zélande par Whitcombe & Tombs. Mais l'essentiel se trouve sur la dernière page, déchirée et blanche au verso : il y manque bien les mots *« tamam shud »* ! Des tests au microscope confirment que le morceau de papier enroulé provient bien de ce livre. Et l'histoire se corse car, dans cet ouvrage, on repère vite deux indices fondamentaux : un numéro de téléphone et un code secret. Le mystère, au lieu de se dissiper, va alors s'obscurcir…

Le mystérieux Alfred Boxall

Le premier élément que révèle le livre est donc un numéro de téléphone. Il appartient à une ancienne infirmière qui vit dans Moseley Street à Glenelg, c'est-à-dire à quatre cents mètres à peine de l'endroit où a été retrouvé le corps sur la plage ! Interrogée par les enquêteurs, cette femme, que la police présente sous le pseudonyme de Jestyn, raconte qu'elle a travaillé au Royal North Shore Hospital de Sydney durant la Seconde Guerre mondiale et qu'elle a bien détenu un exemplaire des *Rubaïyat*.

Mais Jestyn précise qu'elle l'a offert, lors d'un rendez-vous au Clifton Gardens Hotel en août 1945, à un lieutenant du nom d'Alfred Boxall, qui servait dans la division du transport maritime de l'armée australienne. Ce Boxall serait-il l'inconnu trouvé sur la plage ? La police commence à le penser. Jestyn poursuit : en 1946, elle a vécu quelque temps chez ses parents à Mentone, dans l'État de Victoria, avant de venir s'installer dans la banlieue d'Adélaïde au début de l'année 1947 pour épouser un certain Prosper Thomson. Elle admet avoir reçu par la suite une lettre de Boxall, auquel elle a répondu qu'elle était désormais mariée. Enfin, elle fournit une curieuse information : six mois plus tôt, vers la fin de l'année 1948, un homme non identifié s'est présenté à son domicile et, ne l'y trouvant pas, s'est enquis auprès de son voisin. Était-ce Alfred Boxall ? Ou bien l'inconnu de la plage, si celui-ci n'est pas Boxall ?

Les enquêteurs d'Adélaïde présentent alors le moulage en plâtre de la tête du mort à Jestyn. Cette dernière est catégorique : elle ne connaît pas cet homme. Pourtant, selon le sergent détective Leane, l'infirmière a eu un comportement très étrange, « comme si elle était prise de court, au point de donner l'impression qu'elle allait s'évanouir », et il lui a semblé qu'elle tentait tant bien que mal de cacher son émotion. Un sentiment confirmé bien plus tard, exprimé dans une interview filmée en 2002, par Paul Lawson, l'homme qui avait réalisé le moulage et qui était présent durant l'entretien avec Jestyn : « Elle a détourné les yeux très vite et n'a pas voulu regarder une nouvelle fois le buste. »

Les enquêteurs, qui ont alors l'intuition que le dénommé Boxall et le mort de la plage ne font qu'un, sont vite désillusionnés : Boxall est bien vivant ! Il travaille désormais au service de maintenance de la gare routière de Randwick, un faubourg de Sydney. Et il détient toujours son exemplaire des *Rubaïyat* ! Il s'agit d'une édition de 1924 où figurent toujours les mots *« tamam shud »* sur la dernière page… L'ancien lieutenant tombe des nues : il ne connaît rien du mort de la plage. L'homme, qui dit ignorer le nom d'épouse mariée de Jestyn, affirme n'avoir pas pris contact avec elle depuis 1945. Pourtant, de son côté, l'ex-infirmière prétend bien avoir reçu un courrier de sa part...

Au début de l'exemplaire des *Rubaïyat* de Boxall, Jestyn a recopié à la main le quatrain 70 :

Indeed, indeed, Repentance oft before
I swore – but was I sober when I swore ?
And then and then came Spring, and Rose-in-hand
My thread-bare Penitence a-pieces tore.

Le code secret

Outre le numéro de téléphone de Jestyn, l'exemplaire des *Rubaïyat* dévoile un autre élément mystérieux : un code secret. Celui-ci figure au dos du livre, rédigé au crayon, sous la forme de cinq lignes de lettres en majuscules, la deuxième ligne barrée d'un trait :

WRGOABABD
~~MLIAOI~~
WTBIMPANETP
MLIABOAIAQC
ITTMTSAMSTGAB

Sans surprise, la divulgation de ce code par les enquêteurs excite les amateurs de cryptage en tous genres, qui s'acharnent depuis lors à en déchiffrer le sens. Disons-le tout de suite, sans rien de probant à ce jour.

De l'avis de nombreux experts, la deuxième ligne, dont le début ressemble beaucoup à la quatrième, serait en fait une erreur : le rédacteur aurait commencé à l'écrire puis se serait aperçu qu'il avait oublié une ligne – la troisième, en réalité la deuxième. Par ailleurs, il subsiste une hésitation sur la première lettre des deux premières lignes : W ou M ?

Apparemment, il semblerait que ce soit plutôt un W. Enfin, si la solution est dans le livre de poésie, peut-être faudrait-il se procurer la bonne traduction des *Rubaïyat* ? Or, il existe plusieurs interprétations de cette œuvre complexe.

Dans un premier temps, les spécialistes pensent à une langue étrangère, avant d'opter pour la thèse d'un code, qui n'a toujours pas été brisé. En 1978, des experts du ministère australien de la Défense se penchent sur le sujet, mais eux aussi doivent déchanter : pour eux, il est impossible de déchiffrer le code car il n'y a pas assez de symboles pour déceler une structure déterminée dans les cinq lignes. Leur avis oscille entre le code de substitution complexe et l'œuvre d'un esprit dérangé… Depuis soixante-cinq ans maintenant, professionnels du chiffrement, mathématiciens et cryptologues amateurs se cassent les dents sur ce code intraduisible. L'une des hypothèses les plus répandues voudrait qu'il délivre en fait les premières lettres de mots. Suivant ce postulat, un détective à la retraite, Gerald Feltus, suggère en 2004 dans un article du *Sunday Mail* que la dernière ligne, « ITTMTSAMSTGAB », pourrait commencer ainsi : *« It's time to move to South Australia Moseley Street »*, « Il est temps de se rendre (ou de déménager) en Australie-Méridionale, dans Moseley Street » – Moseley Street étant la rue principale de Glenelg, où justement réside Jestyn l'infirmière…

Deux autres affaires liées à l'homme de Somerton ?

Au cours de leurs investigations, les enquêteurs mettent en lumière deux faits divers déroutants et s'interrogent sur les possibles relations avec l'affaire de Somerton. Le premier dossier, c'est la découverte, le 6 juin 1949, dans les dunes de Largs Bay, à 12 kilomètres au sud de Somerton, du corps sans vie d'un petit garçon de 2 ans, Clive Mangnoson, enfermé dans un sac. À ses côtés, son père, Keith

Waldemar Mangnoson, encore inconscient et que l'on emmène à l'hôpital le plus proche. L'homme, qui souffre d'hypothermie, est dans un état d'extrême faiblesse. Après examen médical, il est transféré dans un établissement psychiatrique.

Les Mangnoson père et fils étaient portés disparus depuis quatre jours ; l'autopsie a pu établir que le petit Clive était mort depuis déjà vingt-quatre heures lorsqu'on a retrouvé son cadavre. Notons que cette découverte macabre s'est faite d'une manière quelque peu étrange puisque l'homme qui a trouvé les corps, Neil McRae, de Largs Bay, a assuré que c'était dans un rêve, la nuit précédente, qu'il avait « vu » l'endroit où les deux disparus se trouvaient…

Le coroner qui gère le dossier ne peut déterminer la cause précise de la mort du garçon, même s'il affirme que le décès n'est pas naturel. Il décide de confier l'analyse du contenu de l'estomac de Clive à un laboratoire d'analyses du gouvernement. Dans le même temps, les enquêteurs se tournent vers la mère, Roma Mangnoson. Celle-ci, traumatisée par le drame, parvient à raconter qu'elle a été agressée par un homme dont le visage était masqué par un foulard kaki. L'inconnu lui aurait intimé l'ordre de « rester à l'écart de la police, ou sinon… ». Des riverains témoignent aussi qu'un inconnu ressemblant fortement à l'homme au foulard a été aperçu à plusieurs reprises en train de lorgner la maison des Mangnoson. Avant d'être hospitalisée à son tour, Roma affirme que sa famille a payé le prix fort à cause de la détermination morbide de son mari à identifier l'homme de Somerton : il pensait qu'il s'agissait de Carl Thompsen, avec qui il avait travaillé en 1939 à Renmark, à 250 kilomètres au nord-est d'Adélaïde. Plusieurs personnalités de la région reçoivent de leur côté des appels anonymes – peut-être le fait d'un esprit pervers – leur ordonnant de ne pas se mêler de l'affaire Mangnoson.

L'autre affaire est intervenue en juin 1945, trois ans et demi avant la mort de l'homme de Somerton : un Singapourien de 34 ans, Joseph

Saul Haim Marshall, a été retrouvé mort à Ashton Park, à Sydney. Il était le frère d'un célèbre avocat de Singapour, David Saul Marshall, qui sera chef du gouvernement en 1955. C'est une nouvelle dramatique, certes, mais rien d'intrigant *a priori*. Sauf qu'on a trouvé un exemplaire des *Rubaïyat* d'Omar Khayyam ouvert sur la poitrine de la victime ! Les autorités pensent à un suicide par empoisonnement. Dans le livre de Marshall, pas de message codé, mais les enquêteurs ont noté qu'il s'agissait de la septième édition publiée à Londres par Methuen[2].

Et le lien avec l'affaire de Somerton ? Les enquêteurs le trouvent très vite : Jestyn a affirmé avoir offert son exemplaire des *Rubaïyat* à Alfred Boxall à Clifton Gardens en août 1945, soit deux mois après la mort de Marshall. Or Clifton Gardens est très proche d'Ashton Park... L'enquête sur ce décès menée à partir du 15 août 1945 ne donnera rien. Pire, l'un des témoins, Gwenneth Dorothy Graham, sera retrouvée morte dans son bain treize jours plus tard, les poignets tailladés.

La théorie de l'espion soviétique

Dès le début des années 1950, des rumeurs autour de l'affaire de Somerton laissent entendre que l'inconnu trouvé sur la plage pourrait avoir un lien direct avec les services secrets soviétiques. D'où viennent ces rumeurs ? Qui les a propagées ? Impossible de le dire. Toujours est-il qu'on commence à suggérer qu'Alfred Boxall a pu jouer un rôle dans le renseignement militaire durant la guerre. Ce que l'on sait avec certitude, c'est qu'il était ingénieur dans la 4e compagnie de transport maritime, appuyée par une unité d'observation de la North Australia pour les opérations spéciales. Et que, en trois mois, il est passé du grade de caporal à celui de lieutenant. Dans une interview accordée à la télévision australienne en 1978, Boxall est interrogé : « Vous

---

2. En 2010, une enquête révélera que Methuen n'a en réalité publié que cinq éditions de ce livre. D'où venait donc cette « septième édition » ?

aviez travaillé dans une unité de renseignement avant de rencontrer cette jeune femme [Jestyn], n'est-ce pas ? Lui avez-vous parlé de ça ? » L'ancien militaire répond par la négative et, lorsqu'on lui demande si elle pouvait être au courant quand même, il se contente de lâcher : « Non, à moins que quelqu'un d'autre lui en ait parlé. » Au journaliste qui suggère qu'il y aurait un lien avec l'espionnage, Boxall prend le temps de faire une pause avant de conclure : « C'est une hypothèse très mélodramatique, vous ne trouvez pas ? »

Il se dit ensuite que le mort de Somerton était en réalité un espion russe, empoisonné par des ennemis non identifiés. Quelle valeur accorder à cette thèse ? Disons qu'elle est loin d'être grotesque si l'on considère tous les éléments du dossier : l'homme en excellente condition physique mais sans identité, le message codé, le livre, la cigarette à moitié fumée d'une marque différente de celle du paquet... Et puis, il y a le contexte de l'époque. Fin 1948, la guerre froide est déjà déclarée entre l'Ouest et l'Est, et elle s'étend jusqu'en Océanie. Ce n'est peut-être pas une coïncidence si l'homme de Somerton est mort près d'Adélaïde, la grande ville la plus proche de la zone interdite de Woomera, une base militaire grande comme l'Angleterre où sont testés armes et missiles, implantée en 1947 dans un espace désertique au milieu de l'Australie-Méridionale. On imagine aisément qu'un tel endroit peut attirer des espions du monde entier... Il est donc fort possible que notre inconnu, avant de connaître un sort funeste sur la plage, ait pu arriver de Port Adelaide, une cité assez proche de Woomera. En outre, les services de renseignement sont sur les dents : en avril 1947, les services secrets américains ont découvert que des informations classées top secret avaient fuité depuis le département australien des Affaires étrangères en direction de l'ambassade soviétique à Canberra, la capitale. Au point que, l'année suivante, les États-Unis décident d'un embargo de toutes les informations sensibles vers l'Australie. Celle-ci réagit en créant ses propres services secrets, l'ASIO (Australian Security Intelligence Organisation). Si l'homme de Somerton était bien un espion soviétique – ce qui pourrait expliquer pourquoi on n'a jamais trouvé son identité –, qui a voulu se débarrasser de lui ? Les Américains ? Les Australiens eux-mêmes, qui auraient appris qu'il était en possession de données secrètes ? Ou bien les services secrets russes ?

En 1950, l'exemplaire des *Rubaïyat* est égaré ; ou bien dérobé ? On ne le retrouvera jamais. Au fil des années, on ne parle plus de Jestyn ou d'Alfred Boxall. L'enquête du coroner se poursuit, mais, le 4 mars 1958, en l'absence d'éléments nouveaux, les investigations font l'objet d'un ajournement *sine die*. Les années 1960 à 1980 se passent sans rien apporter de concret. En 1994, John Harber Phillips, président de la cour suprême de Victoria et de l'Institut de médecine légale de cet État, conclut, après avoir examiné le dossier, que l'inconnu est sans doute mort d'un empoisonnement à la digitaline. À noter que, quelques mois avant l'histoire de Somerton, le 16 août 1948, une surdose de digitaline avait tué le secrétaire adjoint au Trésor américain, Harry Dexter White, soupçonné d'activités d'espionnage au profit de l'URSS ; trois jours avant sa mort, il avait été entendu par la commission de la Chambre sur les activités antiaméricaines.

Finalement, c'est peut-être la généralisation d'Internet, au cours des années 1990, qui permet d'exhumer des archives poussiéreuses les éléments du dossier et de les diffuser pour qu'un large public puisse en prendre connaissance. L'affaire « Tamam Shud » commence à faire les beaux jours de forums dédiés aux récits irrésolus. Et l'on se tourne de nouveau vers un personnage clé de cette affaire…

Qui est vraiment Jestyn ?

À la fin de son interrogatoire par les policiers, au début de l'été 1949, l'infirmière de Moseley Street demande que ne soit pas dévoilée sa véritable identité : elle ne veut pas que son mari apprenne qu'elle connaissait Alf Boxall ou s'imagine qu'elle puisse avoir un lien quelconque avec le mort de la plage. Elle assure simplement s'appeler Jessica Thomson. Dans leurs notes, les enquêteurs font donc référence à cette Mme Thomson de 27 ans, « si séduisante »… mais sans aller plus avant dans la vérification de son identité.

En 2002, dans une émission de télévision consacrée à l'affaire, elle est toujours mentionnée sous le nom de Jestyn – apparemment, un surnom dont elle usait avec Boxall. Cette même année, le détective Gerald Feltus, qui a repris le dossier à son compte, obtient une interview de l'ex-infirmière, qu'il trouve « très évasive », voire réticente à s'exprimer. Elle lui avoue que sa famille n'est toujours pas au courant de son implication dans l'affaire de Somerton. Il accepte donc de ne pas divulguer son identité ou un quelconque élément qui permettrait de l'identifier. Cependant, à l'issue de leur entretien, Feltus est intimement convaincu que Jestyn sait qui est l'inconnu de la plage…

Il est vrai qu'à l'époque Jestyn n'a pas tout dit sur elle. Ainsi, elle a oublié – volontairement ? – de signaler à la police qu'elle était enceinte lorsqu'elle est repartie vivre chez ses parents, puis qu'elle a donné naissance à un garçon, Robin, en juillet 1947, dont le père demeure inconnu. D'après certains enquêteurs amateurs, elle a également déclaré qu'elle était mariée en 1948, alors que ce n'était pas encore le cas : elle n'a épousé Prosper Thomson qu'en 1950. Recherchée par ces détectives dans le sud de l'Australie, elle est finalement décédée en mai 2007. Dans son livre sorti en 2010, Feltus affirme qu'il a reçu l'autorisation de la famille Thomson de divulguer les vrais noms des protagonistes de l'histoire, mais ceux qu'il publie sont considérés comme des pseudonymes.

L'ADN va-t-il parler ?

En mars 2009, une équipe de l'université d'Adélaïde dirigée par le professeur Derek Abbott s'empare de l'affaire et reprend certains points négligés par l'enquête policière. Par exemple, celle-ci avait à l'époque estimé que la présence de cigarettes Kensitas dans un paquet de marque Army Club s'expliquait par le fait qu'on achetait alors souvent des cigarettes moins chères que l'on rangeait ensuite dans un paquet d'une marque plus onéreuse – une méthode efficace pour afficher un certain statut social alors que le rationnement de guerre était toujours en vigueur. Or, l'équipe du professeur Abbott découvre que, contrairement à ce que l'on pensait, c'est la marque Kensitas qui était la plus chère à la fin des années 1940, ouvrant la voie vers la piste encore inexplorée d'une cigarette empoisonnée à l'insu du fumeur. De même, les universitaires démontrent qu'il existait plusieurs variantes de fil de coton Barbour : la bobine retrouvée aurait donc pu être achetée dans plusieurs pays possibles.

Mais ce sont les nouvelles recherches médicales qui débouchent sur des résultats stupéfiants, d'autant plus méritoires que tous les rapports d'autopsie de 1948-1949 ont purement et simplement… disparu ! De plus, les notes du professeur Cleland, qui a mené les premières investigations sur le corps de la plage, conservées à la bibliothèque Barr Smith de l'université d'Adélaïde, ne livrent rien sur l'affaire. L'équipe d'Abbott fait donc appel à Maciej Henneberg, un collègue professeur d'anthropologie anatomique : après examen des photos disponibles du cadavre de Somerton, il remarque que la cymba (la partie supérieure de la conche de l'oreille) est plus large que le cavum (la partie inférieure de la conche), une caractéristique visible chez seulement 1 à 2 % de la population dite caucasienne. Par ailleurs, en mai 2009, Abbott apprend, après un examen d'experts dentistes, que l'homme avait une hypodontie des incisives latérales supérieures – en clair, qu'il lui manquait des dents suite à une absence de leur développement (2 % des cas).

L'année suivante, le professeur obtient une photo de Robin, le fils de Jestyn, permettant d'examiner de près ses oreilles et ses dents.

Et là, l'incroyable se manifeste : le fils de l'infirmière possède non seulement une cymba plus large que le cavum, mais il est également atteint d'hypodontie ! L'équipe universitaire estime la probabilité qu'il s'agisse d'une coïncidence à 1 sur 20 millions… Il est facile dès lors d'imaginer que le fils de Jestyn, âgé de 16 mois à peine en novembre 1948 et mort en 2009, pourrait être le fils naturel de l'homme de Somerton. Mais seuls des tests ADN permettraient de confirmer ou d'écarter cette hypothèse, et probablement, en y combinant d'autres faits avérés du dossier, d'arriver à la dernière pièce du puzzle : l'identité du mort de la plage. Seulement voilà : en octobre 2011, l'*attorney general* John Rau refuse l'autorisation de procéder à une exhumation du corps au prétexte qu'il faudrait des « raisons d'intérêt public qui vont au-delà de la curiosité du public ou d'un large intérêt scientifique ».

La piste H. C. Reynolds

Cette même année 2011, une habitante d'Adélaïde présente une carte d'identité qu'elle a trouvée dans les affaires de son père. Ce document, émis aux États-Unis pour identifier les marins étrangers durant la Première Guerre mondiale, est transmis au mois d'octobre à Maciej Henneberg, qui a déjà travaillé sur les clichés de l'autopsie, pour qu'il les compare avec la photo d'identité.

Portant le numéro 58757, la carte a été délivrée le 28 février 1918 à un certain H. C. Reynolds, un Britannique alors âgé de 18 ans. Henneberg trouve d'abord plusieurs concordances anatomiques au niveau du nez, des lèvres et des yeux ; mais ce qui attire surtout son attention, ce sont les oreilles, dont la forme correspond vraiment bien sur les deux photos, ainsi qu'un grain de beauté au même endroit sur la joue. La combinaison de ces similitudes le pousse à formuler un jugement plutôt positif : les probabilités sont fortes que H. C. Reynolds et l'homme de Somerton ne fassent qu'un. On cherche alors le moindre renseignement sur ce Reynolds dans les archives américaines, britanniques et australiennes. En pure perte. À croire que l'homme n'a jamais existé… À ce jour, la police criminelle d'Australie-Méridionale n'a pas encore abandonné cette piste.

Un dernier coup de théâtre ?

Sans se décourager, le professeur Abbott poursuit son enquête. En juillet 2013, il fait diffuser largement un portrait d'artiste de l'homme de Somerton : « Jusqu'ici, tout le monde n'a vu que la photo d'autopsie, et c'est vraiment difficile de se faire une idée avec ça », explique-t-il.

C'est vers la fin de cette année qu'intervient un ultime rebondissement. Le 24 novembre, le célèbre magazine télévisé américain *60 Minutes* diffuse une émission spéciale sur l'affaire de Somerton, avec plusieurs révélations à la clé. Pour la première fois, il est fait état de la liaison qu'aurait entretenue l'inconnu avec Jessica « Jestyn » Thomson, l'infirmière de Moseley Street. Kate Thomson, la fille de cette dernière, raconte face à la caméra que sa mère avait bel et bien menti à la police : Jessica, qui connaissait l'identité de l'homme de Somerton, lui avait avoué que la clé du mystère se situait à « un niveau bien plus élevé qu'une simple affaire de police ». Kate affirme également que tous deux pourraient avoir été des espions au profit des Soviétiques. En effet, Jessica enseignait l'anglais à des immigrants, affichait ouvertement ses sympathies pour la cause communiste et savait même parler le russe. Où avait-elle appris cette langue, et dans quel but ? Kate l'ignore. En revanche, elle suggère que sa mère avait très bien pu être impliquée dans l'assassinat de l'homme de la plage : « Elle avait un côté sombre, très sombre », assure-t-elle.

Revient alors au premier plan Robin, le fils de Jessica né en juillet 1947. Les présomptions sont élevées que le père de cet enfant ne soit pas Prosper Thomson, avec qui Jessica vivait déjà, mais bel et bien l'inconnu de Somerton. Une probabilité si forte qu'elle s'impose comme une évidence pour Roma, l'épouse de Robin, et leur fille

Rachel. Toutes deux racontent à *60 Minutes* qu'elles ont réclamé une exhumation des corps et de nouveaux tests ADN auprès de l'*attorney general* John Rau, celui qui avait déjà refusé en 2011. Le professeur Abbott, saisissant la perche, appuie par écrit cette nouvelle demande, arguant que cette requête est cohérente avec la politique gouvernementale visant à identifier, dans l'intérêt des familles, les soldats inconnus dans les sépultures militaires. Mais Kate Thomson s'oppose encore à l'exhumation de son frère, qu'elle juge irrespectueuse…

Aussi étrange que cela puisse paraître, le dossier de Somerton est toujours ouvert à la police criminelle d'Australie-Méridionale. Le problème, c'est que, des décennies plus tard, il ne reste plus beaucoup d'éléments : en 1986, la valise marron ainsi que son contenu, qui n'étaient plus jugés *« necessary »*, ont été détruits. Les autorités détiennent encore le moulage du buste de l'inconnu ainsi que des cheveux. Mais de nombreuses déclarations de témoins ont également disparu des archives. En dépit des efforts pour analyser cette histoire qui tient en haleine les amateurs de dossiers inexpliqués depuis soixante ans, il ne demeure finalement que des questions sans réponse : qui était vraiment l'homme de Somerton ? Un espion soviétique ? Et de quoi est-il mort ? Que faisait-il sur cette plage australienne ? Quel rôle exact Jessica « Jestyn » Thomson a-t-elle joué dans cette affaire ? Espionne, agent double ? Et que signifie le message codé trouvé dans la poche du mort ?

Sources

• « New twist in Somerton Man mystery as fresh claims emerge », Renato Castello, *The Sunday Mail,* 23 novembre 2013.

• « The Somerton Man », *60 Minutes,* 21 novembre 2013.

• Kerry Greenwood, *Tamam Shud, the Somerton Man Mystery,* University of New South Wales Publishing, 2013.

• « Is British seaman's identity card clue to solving 63-year-old beach body mystery ? », *The Advertiser,* 20 novembre 2011.

• Gerald Michael Feltus, *The Unknown Man : a Suspicious Death at Somerton Beach,* Klemzig, South Australia, 2010.

• Michael Newton, *The Encyclopedia of Unsolved Crimes,* Infobase Publishing, 2009.

• « Poisoned in SA – was he a Red Spy ? », *The Sunday Mail,* 7 novembre 2004.

• Le dossier sur le site du *Smithsonian Magazine* : www.smithsonianmag.com/history/the-body-on-somerton-beach-50795611.

2

Qui était vraiment D. B. Cooper ?

C'est l'une des plus grandes affaires américaines du XXe siècle : qui était cet homme qui, en novembre 1971, détourna un Boeing 727, obtint une rançon de 200 000 dollars puis sauta de l'appareil en parachute avant de disparaître à tout jamais ? Encore aujourd'hui, l'identité et le sort du mystérieux pirate de l'air demeurent inconnus.

Ce 24 novembre 1971, Florence Schaffner, une hôtesse de l'air de la compagnie aérienne Northwest Orient Airlines, ne se doute pas un instant qu'elle va entrer dans l'histoire de l'aviation. Pour l'heure, cette très séduisante brunette de 23 ans vient de regagner son siège et d'attacher sa ceinture. Du coin de l'œil, elle surveille les passagers de ce vol 305 qui s'apprête à décoller vers Seattle depuis l'aéroport international de Portland, dans l'Oregon. Rien de bien méchant, se dit-elle, un gros saut de puce de trente minutes à peine… Presque un vol de routine, donc, pour l'hôtesse, qui songe déjà à sa soirée à Seattle.

Il est 16 heures 35, le temps est pluvieux et, concentrée sur les derniers préparatifs du décollage, Florence ne prête pas vraiment attention à l'homme qui occupe le siège 18C, au fond du Boeing 727. D'ailleurs, pourquoi aurait-elle accordé plus d'importance à ce passager plutôt qu'à un autre ? Tout juste a-t-elle noté que l'homme, en toute tranquillité, a allumé une cigarette, puis commandé un bourbon-soda.

Ce n'est qu'une fois en vol, lorsque le passager en question se dirige vers elle d'un pas assuré et lui tend une enveloppe, qu'elle l'observe vraiment pour la première fois. Plus tard, l'hôtesse comme d'autres témoins le décriront comme un homme dans le milieu de la quarantaine, d'une taille comprise entre 1,90 mètre et 2 mètres. Selon la jeune femme, il portait alors un imperméable noir sur un costume sombre, une chemise blanche et une cravate noire retenue par une pince en nacre. Ses lèvres étaient minces, son front large et dégarni, et il arborait des lunettes de soleil masquant ses yeux.

J'ai une bombe dans ma sacoche

Par conscience professionnelle, Florence retient un soupir : encore un dragueur qui lui donne discrètement son numéro de téléphone ! Il ne se déroule pas un vol sans qu'un passager plus téméraire que les autres ne lui fasse des avances explicites. Fataliste, l'hotesse esquisse un sourire forcé à destination du séducteur aérien et glisse l'enveloppe dans sa poche sans l'ouvrir. Mais l'homme, sans la moindre gêne, s'assied alors à ses côtés et lui murmure en se penchant vers elle :

– Mademoiselle, vous feriez mieux de regarder cette note. Je suis en possession d'une bombe.

Florence sent son sang se figer. La blague n'est vraiment pas drôle !

D'un geste nerveux, elle retire l'enveloppe de sa poche, la décachette et lit le message : « J'ai une bombe dans ma sacoche. Je l'utiliserai si nécessaire. Je veux que vous vous asseyiez à côté de moi. Vous êtes détournés. » L'hôtesse de l'air, éberluée, parcourt la suite du texte : l'inconnu réclame 200 000 dollars en billets de 20 dollars non marqués et deux jeux de parachutes comportant deux parachutes principaux et deux parachutes ventraux d'urgence. Il est précisé sur la note que la remise de l'argent et des parachutes sera effectuée dès l'arrivée à l'aéroport Tacoma de Seattle.

Florence Schaffner, glacée par l'angoisse qui la gagne, se tourne vers son voisin et aperçoit le reflet de ses yeux sous les lunettes. L'homme ne plaisante absolument pas.

UN PIRATE NOMMÉ DAN COOPER

Conservant tant bien que mal son sang-froid, l'hôtesse de l'air remonte l'allée centrale de la carlingue jusqu'au poste de pilotage et avertit de la menace William Scott, le pilote de l'appareil. Celui-ci contacte aussitôt les autorités de Seattle, qui se concertent sur la marche à suivre avec le FBI, alerté au plus vite. Mis au courant, Donald Nyrop, le président de la Northwest Orient Airlines, ordonne à Scott de coopérer avec le pirate de l'air. Le pilote envoie alors son hôtesse de l'air aux côtés de l'inconnu afin qu'elle lui confirme qu'il est bien en possession d'un dispositif explosif.

Devant elle, le pirate ouvre sa sacoche suffisamment longtemps pour qu'elle puisse apercevoir des cylindres rouges ressemblant à de la dynamite, une batterie et plusieurs fils enchevêtrés. Il en profite pour exiger que le jet demeure en vol le temps que la rançon et les parachutes soient prêts sur l'aéroport de Tacoma. Entre-temps, les autorités au sol ont appris que le passager auquel on a attribué le siège 18C du vol 305 s'est enregistré pour un aller simple sous le nom de Dan Cooper.

Le Boeing 727 tourne en rond un moment au-dessus de Seattle tandis que les agents gouvernementaux imaginent un stratagème pour piéger le dénommé Cooper sans mettre en danger la vie des autres passagers, qui ignorent tout de la situation. Le FBI accepte les exigences du pirate, mais choisit des billets de 20 dollars imprimés en 1969, émis par la réserve de la banque fédérale de San Francisco et dont les chiffres de série commencent par la lettre L. Enfin, chacun des dix mille billets est photographié avant d'être mis en liasse. De son côté, la police de Seattle donne son accord pour fournir des parachutes civils avec des poignées d'ouverture manuelle. Négligeant la base McChord, toute proche de l'Air Force, elle se procure les toiles auprès d'un club local de parachutisme.

Exigences satisfaites

Une zone d'ombre subsiste concernant le comportement de Cooper avant l'atterrissage à Tacoma. Selon l'hôtesse de l'air Tina Mucklow, qui passe une bonne partie du vol non loin de lui, le pirate de l'air « semblait plutôt gentil ». Elle soulignera même qu'il a été en tout cas assez prévenant pour demander des repas pour l'équipage après l'atterrissage à Seattle. De son côté, Florence Schaffner, qui imagine déjà le pire – crash ou explosion de l'avion –, se rend rapidement compte que Cooper est plus serein qu'elle. Il n'avait pas l'air d'un criminel, encore moins d'un de ces fanatiques prêts à détourner un avion vers Cuba, confiera-t-elle plus tard.

Il est vrai que, jusqu'ici, les détournements d'avion, plutôt rares, ont été le fait d'activistes politiques – comme ces rebelles péruviens qui, le 21 février 1931, organisèrent le premier détournement connu de histoire en ordonnant au pilote d'un trimoteur Ford de survoler Lima pour y lancer des tracts politiques. Dans la zone aérienne américaine, le premier pirate de l'air fut Antulio Ramirez Ortiz, qui, le 1er mai 1961 sur un vol de la National Airlines vers Key West, menaça d'égorger le pilote s'il ne déviait pas la trajectoire de son appareil vers Cuba. La compagnie obtempéra et l'avion, après avoir déposé Ortiz sur le sol cubain, revint à Miami. L'individu y fut appréhendé en 1975 alors qu'il tentait de revenir aux États-Unis.

Cooper, lui, ne manifeste aucun comportement agressif. Il est plutôt poli et s'exprime correctement. Il offre même, à un moment, de régler la note de sa boisson avec un billet de 20 dollars et insiste pour que l'hôtesse conserve la monnaie de 18 dollars. Par ailleurs, lorsqu'il jette de brefs regards par le hublot, il a l'air de reconnaître le paysage. Un son de cloche très différent de la part du FBI, qui déclarera que le pirate s'est montré obscène et ordurier dans ses échanges – ce qui, après coup, semble moins un reflet de la réalité qu'une manœuvre pour le discréditer auprès d'une frange de la population qui va l'ériger en héros.

À 17 heures 24, les contrôleurs aériens annoncent enfin que les demandes de Cooper ont été exaucées et que l'avion peut atterrir. Quinze minutes plus tard, avec deux bonnes heures de retard, le Boeing 727 se pose sur le tarmac de Tacoma, rendu glissant par une tempête, et s'en va stationner sur une piste isolée, toutes lumières éteintes afin de dissuader les tireurs d'élite de la police d'ouvrir le feu. Les trente-six passagers peuvent quitter l'appareil sans encombre, accompagnés par Florence Schaffner, sans trop se douter de ce qui se trame à bord. Un employé de la Northwest Orient Airlines vient alors remettre la rançon ainsi que les parachutes. Le pirate de l'air retient à bord le pilote William Scott, le copilote Bob Rataczak, l'ingénieur de vol H. E. Anderson et l'hôtesse de l'air Tina Mucklow.

Disparu en plein vol

Dan Cooper – du moins l'homme qui se fait appeler ainsi – vérifie méticuleusement l'argent de la rançon tandis que les mécaniciens de l'aéroport réapprovisionnent l'appareil en carburant. Il est 19 heures 40 lorsque l'avion redécolle : il prend, selon les ordres de Cooper, la direction de Mexico. Le pirate exige également que le Boeing vole avec le train d'atterrissage sorti, à la vitesse relativement basse de 196 miles à l'heure et à une altitude de 10 000 pieds, soit trois fois plus bas que l'altitude de croisière habituelle d'un Boeing 727. L'avion de ligne est accompagné par deux jets de l'Air Force prêts à intervenir le cas échéant.

Le copilote Rataczak prévient que, dans ces conditions, à cette vitesse et à cette altitude, l'avion ne pourra voler que 1 000 miles environ. Aussi Cooper ordonne-t-il de détourner l'appareil vers Reno, dans le Nevada. Il demande aussi à ce qu'on dépressurise la cabine – ce qui, selon les experts qui analyseront l'affaire, doit augmenter légèrement ses chances de réussir un saut en parachute.

Cooper, qui a enfilé deux parachutes, l'un ventral, l'autre dorsal, commande à Tina Mucklow de se rendre dans le cockpit tandis qu'il rejoint l'arrière de l'appareil. Là, il actionne la manette abaissant l'escalier du Boeing 727, le seul avion à être équipé de ce type d'accès à l'arrière. Alors que l'air s'engouffre violemment dans la carlingue, Cooper dégringole les marches étroites et se lance dans le vide obscur, le sac de la rançon accroché au corps, invisible pour les jets de l'Air Force. Il est 20 heures 13. Nul n'a jamais revu Dan Cooper depuis…

À la recherche du moindre indice

Dès son arrivée à Reno, le Boeing 727 est fouillé de fond en comble. Cet examen minutieux permet de mettre la main sur la cravate et la pince à cravate de Cooper ainsi que sur deux des quatre parachutes. Les autorités trouvent aussi plusieurs empreintes digitales non identifiées. Cooper n'a emporté avec lui que deux parachutes, l'argent et sa sacoche. L'équipage et les passagers collaborent avec les experts médico-légaux afin d'établir un portrait-robot. À ce jour, celui-ci est d'ailleurs toujours considéré comme crédible.

Très peu de temps avant la fin du détournement, des agents du FBI ont interrogé un résident de Portland nommé D. B. Cooper, lequel n'a été à aucun moment présumé suspect. Mais des reporters mal avisés remplacent les initiales du faux Cooper par celles de son homonyme, et c'est ainsi que le pirate de l'air devient D. B. Cooper, un nom bientôt repris tel quel par tous les médias.

Les autorités pensent d'abord que Cooper peut avoir atterri près de Lake Merwin, dans l'État de Washington, à une trentaine de miles au nord de Portland. C'est une région boisée, accidentée, difficile d'accès, où l'on se perd facilement au milieu des forêts de pins et de sapins, des canyons et des torrents, avec en outre la menace bien réelle des couguars et des ours. Les enquêteurs ratissent le district rural durant dix-huit jours, puis reviennent au printemps 1972 avec quatre cents soldats de Fort Lewis pour une nouvelle fouille de six semaines. Mais les recherches s'avèrent stériles.

Plus l'enquête piétine, plus le mystérieux D. B. Cooper acquiert une aura mythique. De l'avis des observateurs de l'époque, c'est comme si son acte criminel devenait un exploit symbolique. Devenu une sorte de Robin des Bois moderne, l'inconnu reçoit le soutien tacite d'une partie de la population, qui espère qu'il a réussi à s'enfuir. L'anonymat du personnage renforce cette image de héros : D. B. Cooper, c'est aussi John Doe, le « Monsieur Tout-le-monde » américain, autrement dit le voisin, vous ou moi.

Au sein du FBI, on place beaucoup d'espoir sur la quête des billets de la rançon. La liste des dix mille numéros de série a été envoyée aux banques et autres organismes commerciaux, de même qu'aux agences internationales comme Interpol. De son côté, la compagnie Northwest Orient Airlines offre une récompense de 25 000 dollars pour toute information qui mènerait à l'arrestation et à la condamnation de Cooper. Mais personne ne se présente et la proposition est retirée. En novembre 1973, l'*Oregon Journal* offre à son tour une prime de 1 000 dollars à la première personne qui déclarerait la découverte de billets de la rançon. Mais, là encore, personne ne répond.

Encore plus tard, en 1978, un chasseur découvre, dans les bois près de la zone d'atterrissage présumée de Cooper, une brochure sur laquelle figurent les instructions pour abaisser l'escalier de queue d'un Boeing 727. Cependant, certains détails tardivement donnés, en 1980, par le pilote William Scott font déplacer le site présumé du saut d'une vingtaine de miles à l'est.

Durant toute cette période, les services de police s'interrogent sur les compétences de D. B. Cooper en matière de parachutisme. Dans un premier temps, sur la base de commentaires que le pirate a faits à bord du Boeing, notamment une référence à l'emplacement de la base militaire McChord, les agents du FBI le suspectent d'appartenir à l'Air Force, en tant qu'actif ou bien retraité. On le soupçonne également d'être un parachutiste professionnel. Cette hypothèse est finalement écartée lorsque les autorités décident qu'aucun parachutiste expérimenté et doté de bon sens ne sauterait de 10 000 pieds en pleine nuit sans un équipement de protection adéquat.

Une partie du butin dans la rivière

L'enquête est au point mort lorsqu'un événement inattendu la fait soudain rebondir le 13 février 1980. Parti pique-niquer avec ses parents sur les bords de la Columbia River, dans l'État de Washington, à 8 kilomètres au nord-ouest de Portland, le jeune Brian Ingram trouve 5 800 dollars en train de se décomposer dans un sac immergé dans le fleuve. Après vérification, les enquêteurs constatent que les numéros de série correspondent aux billets de la rançon de D. B. Cooper. Par ailleurs, les 294 billets de 20 dollars sont regroupés en liasses entourées de bandes en caoutchouc, un fait qui incite Ralph Himmelsbach, le porte-parole du FBI, à imaginer que les billets ont dû être déposés là deux ans au moins après le détournement de l'avion, car ces bandes de caoutchouc se détériorent rapidement et n'auraient pas retenu les liasses plus longtemps.

Le FBI passe toute la zone de découverte au peigne fin dans l'espoir de dénicher d'autres billets, voire le corps du pirate de l'air. En vain. Des chercheurs indépendants expriment leur désaccord : selon eux, l'argent a été dissimulé ailleurs, et c'est une opération de dragage du fleuve menée en 1974 par des ingénieurs militaires qui a déplacé le sac vers l'endroit où il a été repêché par le jeune garçon. Cependant, un autre chercheur « dissident », le géologue Leonard Palmer, de l'université d'État de Portland, rejette de son côté cette hypothèse, précisant que l'argent a été trouvé au-dessus des dépôts d'argile curés par les ingénieurs de l'armée. Pour le FBI enfin, les billets ont été cachés à l'endroit de leur découverte au moins trois ans après le piratage de l'avion, ils ont donc été transportés au préalable. Par qui et comment ? Mystère. Quoi qu'il en soit, cet événement relance l'affaire, et par conséquent les rumeurs autour de D. B. Cooper : pour beaucoup, si l'argent a été abandonné, c'est que Cooper est mort. Vivant, il n'aurait pas laissé son butin aussi longtemps caché dans la nature.

Une kyrielle de suspects

Depuis le détournement de 1971, les services impliqués dans la chasse à l'homme n'ont pas chômé. Ce sont des milliers de suspects qui ont été approchés, puis innocentés. Parmi ceux-ci, la police a bien cru à plusieurs reprises avoir identifié le pirate de l'air.

La première de ces personnalités douteuses s'appelle Richard Floyd McCoy Jr. Le 7 avril 1972, il embarque sous le faux nom de James Johnson sur le vol 855 de United Airlines à Denver, dans le Colorado. Une fois l'appareil en vol, McCoy tend à une hôtesse de l'air une enveloppe sur laquelle est écrit « *Hijack instructions* » (« Instructions pour le détournement »). Dans l'enveloppe, une demande de 500 000 dollars et de quatre parachutes. Armé d'un pistolet non chargé et d'un presse-papier en forme de grenade à main, McCoy ordonne aux pilotes du Boeing 727 de se poser sur l'aéroport international de San Francisco pour se réapprovisionner en carburant. Il obtient l'argent demandé et saute de l'avion, atterrissant sans dommage.

Les agents du FBI identifient le pirate grâce à ses empreintes digitales laissées sur sa demande de rançon, qu'il a oubliée dans l'avion… et l'arrêtent dès le 9 avril. Dans sa maison de l'Utah, ils retrouvent 499 970 dollars issus de la rançon. Il s'agit d'un ancien pilote d'hélicoptère, vétéran du Vietnam, qui, ironie de l'histoire, a participé à la traque contre D. B. Cooper. McCoy clame son innocence, mais écope d'une peine de quarante-cinq ans de prison. Cependant, en août 1974, grâce à un faux pistolet en pâte dentifrice (!), il parvint à s'échapper en compagnie d'autres détenus. Le FBI le traque durant trois mois jusqu'à sa dernière résidence en Virginie, où il est abattu, le 9 novembre, alors qu'il menaçait les policiers avec un fusil de chasse. L'agent qui a tué le pirate aurait déclaré : « Quand j'ai tué Richard McCoy, j'ai tué D. B. Cooper en même temps. »

Est-ce pour autant la réalité ? Dans un livre paru en 1991, *D. B. Cooper : The Real McCoy,* Russell Calame, un ancien du FBI, soutient cette thèse en fondant sa conviction sur la similitude des deux procédures de détournement – dont McCoy aurait cependant pu entendre parler dans les médias – ainsi que sur la cravate oubliée par Cooper dans l'avion en 1971. Celle-ci était en effet semblable à celle portée par les étudiants de Brigham Young, où McCoy étudiait le droit avant de partir au Vietnam... Selon Calame, McCoy « n'a jamais admis ni dénié être Cooper » ; lorsqu'il lui a été directement demandé s'il était Cooper, il a répondu : « Je ne veux pas en parler avec vous. » Une chose est sûre : lors de la sortie du livre, la veuve de McCoy intente un procès aux auteurs et à l'éditeur, jusqu'à ce qu'un accord à l'amiable soit trouvé en 1994.

D'autres personnages équivoques affirment haut et fort qu'ils sont D. B. Cooper, comme Jack Coffelt, un escroc qui a fait de la prison et qui meurt en 1975 sans qu'on tienne pour valables ses aveux, ou bien Barbara Dayton, née Bobby Dayton, qui, ayant changé de sexe en 1969, aurait détourné l'avion, déguisée en homme, pour se faire remarquer et intégrer l'aviation comme pilote de ligne...

Dans les années 1980, un suspect sort du lot : c'est John Emil List, né en 1925 dans le Michigan. Le 9 novembre 1971, cet habitant de Westfield, dans le New Jersey, assassine sa mère, sa femme et ses trois enfants avant de s'évanouir dans la nature. On ne découvre son crime qu'un mois plus tard. Le criminel vivra dix-huit ans sous le pseudonyme de Robert Peter Clark : ce n'est que le 1er juin 1989 qu'il est capturé, après que son crime a été évoqué dans l'émission populaire America's Most Wanted. List correspond assez bien à la description que l'on a faite de D. B. Cooper et l'agent du FBI Himmelsbach le qualifie de « suspect plausible ». Mais aucune preuve concrète ne l'a jamais associé à l'affaire Cooper. Condamné cinq fois à la prison à vie, List meurt d'une pneumonie en détention le 21 mars 2008.

« Je suis Dan Cooper »

Le suspect majeur suivant est Duane L. Weber, né en 1924. Peu avant sa mort, le 28 mars 1995, il aurait avoué à sa femme qu'il était Dan Cooper. Perplexe, Jo Weber, qui réside en Floride, entreprend quelques recherches sur le passé de son conjoint. Ce n'est qu'en juillet 2000 qu'elle dévoile son histoire, qui est reprise dans le magazine *US News & World Report.*

Jo Weber raconte que son mari a passé du temps dans une prison de l'Oregon durant la Seconde Guerre mondiale. Cela dit, au-delà de la « confession » de Duane Weber, les preuves apportées par sa veuve sont minces : Weber l'aurait emmenée une fois pour un voyage sentimental dans la région de Seattle et il aurait passé du temps seul au bord de la Columbia River en 1979, peu de temps avant que l'on retrouve les billets immergés. Il aurait eu une fois un cauchemar à propos d'une chute depuis un avion, et racontait à qui voulait l'entendre que sa vieille blessure au genou provenait d'un saut en parachute. Jo Weber révèle aussi qu'elle a trouvé à la bibliothèque municipale un livre sur l'affaire Cooper annoté de la main même de son mari. Malgré la pauvreté de ces preuves et le fait que les empreintes de Duane Weber ne correspondent pas à celles retrouvées dans l'avion de la Northwest, Himmelsbach, après avoir soupçonné John List, dit de cet homme qu'il est « l'un des meilleurs suspects sur lesquels je suis tombé ».

De nouvelles pistes en 2007

Sept ans après la piste Weber, le dossier Cooper revient sous les feux de l'actualité. En février 2007, les producteurs d'un programme radio de Floride, *The MJ Morning Show*, diffusent les photos d'un homme décédé présenté comme étant D. B. Cooper. Les proches de cet homme sans identité sont supposés collaborer avec le FBI afin d'établir les preuves de son implication dans le détournement de 1971. Il est même fait état d'une possible relation avec Richard McCoy. L'année suivante, en mai 2008, on apprend que le suspect en question, William Gossett, un vétéran de la Corée et du Vietnam, avait raconté à toute sa famille qu'il était bel et bien le pirate de l'air. Sa dernière mission l'avait amené à Fort Lewis, à une soixantaine de kilomètres au sud de Seattle. Son aspect physique et sa maîtrise du parachutisme en faisaient un suspect idéal, d'autant plus qu'il avait un frère prénommé Dan… Un point étrange : en 1988, William Gosset était devenu Wolfgang Pratt, prêtre catholique – une conversion subite interprétée *a posteriori* par certains comme une volonté de se faire oublier. Toujours est-il que Gossett avait pris sa retraite à Depoe Bay, dans l'Oregon, et qu'il est mort le 1er septembre 2003 sans divulguer plus d'informations.

Pour rester en 2007, en novembre cette fois-ci, le FBI rend publics des éléments du dossier qui n'ont pas été divulgués jusque-là, tels le billet d'avion de Cooper, qui a coûté 18,52 dollars, et un profil partiel de son ADN extrait de sa cravate. Deux mois plus tard, le 31 décembre, des agents gouvernementaux publient en ligne des photos et des fiches techniques afin de réveiller les mémoires sur cette affaire devenue légendaire. Enfin, le 24 mars 2008, le FBI reconnaît détenir un parachute qui a été déterré près d'Amboy, dans l'État de Washington, par un fermier qui retournait son champ. Cependant, Earl Cossey, l'homme qui avait fourni les parachutes en 1971, examine la relique et déclare le 1er avril être absolument certain qu'il ne s'agit pas de l'une des toiles données à Cooper.

Un boulot de l'intérieur ?

Cette déclaration passe relativement inaperçue car quelques mois plus tôt a éclaté la « bombe » Christiansen. Dans un article publié le 29 octobre 2007, le *New York Magazine* présente ouvertement Kenneth P. Christiansen comme l'un des suspects les plus convaincants depuis longtemps. La source à l'origine de cette information n'est autre que son propre frère, Lyle Christiansen, un habitant de Morris, dans le Minnesota, convaincu depuis 2003 que Kenneth Peter, dit Kenny, est en réalité D. B. Cooper.

Né le 17 octobre 1926, Kenny Christiansen a vécu à Bonney Lake, dans l'État de Washington, jusqu'à sa mort d'un cancer le 30 juillet 1994. Sa maison se trouve près du site où Cooper a sauté et Christiansen connaissait donc parfaitement le terrain. Surtout, c'était un employé de la Northwest Airlines, qui avait été auparavant parachutiste dans l'armée, dans la 11e Airborne Division, surnommée la division des Anges. Il avait voyagé dans plusieurs pays chauds comme la Jamaïque ou le Mexique, puis était entré dans l'aviation commerciale comme technicien, steward et enfin chef de cabine.

En octobre 1972, un an après le grand saut de Cooper, Kenny Christiansen achète comptant pour 14 000 dollars un modeste ranch dans les collines de Bonney Lake. L'année suivante, il fait l'acquisition d'une parcelle de terre pour 1 500 dollars. Au bout du compte, cela fait de jolies sommes, surtout lorsqu'on les compare avec le salaire mensuel moyen plutôt bas payé à l'époque aux chefs de cabine par la Northwest Airlines : 212 dollars. D'après son frère, Kenny éprouve du ressentiment envers la compagnie, qui traite aussi mal ses employés. Et puis, il y a cette phrase étrange que l'ancien parachutiste murmure à Lyle sur son lit de mort. Celui-ci se souvient que son grand frère l'a serré fort et lui a dit : « Il y a quelque chose que tu devrais savoir, mais je ne peux pas te le dire ! » Lyle n'insiste pas.

Peu après le décès de Kenny, sa famille découvre des éléments troublants : des pièces d'or et une collection de timbres de grande valeur, ainsi que 200 000 dollars répartis sur plusieurs comptes bancaires. Et ce n'est pas tout. Elle trouve aussi un dossier contenant des articles de presse sur la Northwest Orient Airlines depuis son embauche dans les années 1950 jusqu'au détournement de D. B. Cooper. Christiansen a continué à travailler pour la compagnie durant de nombreuses années, mais, de manière surprenante, il n'a plus collecté aucun article sur sa société. Dans son papier d'octobre 2007, le *New York Magazine* ajoute que l'ancien employé, qui fumait et buvait du bourbon, comme Cooper, ressemblait étrangement au pirate de l'air.

Les agents du FBI refusent d'admettre cette version, arguant du fait que la taille, le poids, la couleur des yeux et le teint de Kenny Christiansen étaient différents de ceux du D. B. Cooper décrit par les témoins. Cependant, lorsqu'on lui montre les photos du suspect, l'hôtesse de l'air Florence Schaffner admet qu'elles ressemblent à son souvenir de Cooper plus que toutes les autres photos de suspects qu'elle a déjà pu examiner. Elle n'est pourtant pas capable d'affirmer avec certitude qu'il s'agit bien du pirate de l'air. De son côté, Tina Mucklow, l'hôtesse qui est restée le plus longtemps avec Cooper, n'a jamais voulu accorder d'interview. Officiellement, pour manque évident de preuves, le FBI ne range donc pas Kenny Christiansen parmi les suspects majeurs de l'affaire D. B. Cooper.

Le dernier suspect en date

En 2009, c'est au tour de Marla Wynn Cooper de désigner son oncle, Lynn Doyle Cooper, ouvrier tanneur et vétéran de la guerre de Corée, comme possible candidat pour endosser l'identité du pirate de l'air. À la suite d'une longue conversation avec ses parents, elle s'est en effet souvenue qu'en 1971, à l'âge de 8 ans, alors qu'elle se trouvait chez sa grand-mère à Sisters, à 240 kilomètres de Portland, elle avait entendu L. D. Cooper et son autre oncle, Dewey, discuter de quelque chose de « malveillant » impliquant l'usage de talkies-walkies très onéreux. Or, le lendemain même, le vol 305 était détourné et L. D. Cooper, censé être parti chasser du gibier, était revenu blessé avec sa veste couverte de sang – conséquence, avait-il expliqué, d'un accident de voiture. Une discussion animée entre les deux frères avait suivi et Marla croyait les avoir entendu se dire : « Le détournement s'est bien passé et nos ennuis d'argent sont terminés… » Plus tard, les parents de Marla ont eux-mêmes commencé à se demander si L. D. n'était pas le pirate de l'air, d'autant que l'oncle, décédé en 1999, était un fan du héros de bandes dessinées Dan Cooper, dont il aimait punaiser les images sur son mur.

En 2011, dans son livre *Skyjack : The Hunt for D. B. Cooper*, le journaliste Geoffrey Gray révèle que l'un des passagers du vol 305, Robert Gregory, a pu fournir des informations inédites sur le pirate de l'air. Le nouveau portrait-robot établi à partir de son témoignage montre un homme portant des lunettes de soleil à monture d'écaille, une veste roussâtre à larges revers et des cheveux ondulés. Il ressemble davantage à l'ouvrier tanneur qu'à n'importe quel autre suspect. Le FBI, de son côté, affirme que l'ADN de L. D. Cooper ne correspond pas à celui retrouvé sur la cravate du pirate de l'air. Mais les enquêteurs reconnaissent, une fois encore, un point important : ils ne sont absolument pas certains que le criminel soit la source des éléments organiques décelés sur la fameuse cravate… Depuis lors, le FBI n'a fait aucune déclaration.

En août 2013, une exposition autour de l'affaire Cooper se tient au musée d'Histoire de Tacoma, dans l'État de Washington. Le public peut notamment découvrir l'un des parachutes remis à D. B. Cooper, une reconstitution du cockpit d'un Boeing 727, la carte d'embarquement du pirate de l'air et des billets de la rançon parmi ceux retrouvés en 1980 par le jeune Brian Ingram.

De cette affaire, il y aura une conséquence matérielle directe dès 1972. En effet, le pirate de l'air fait quelques émules dans l'année qui suit son détournement. Garrett Brock Trapnell détourne un vol entre Los Angeles et New York et réclame 306 000 dollars en espèces plus un entretien avec le président Richard Nixon. Frederick Hahneman, lui, use d'un pistolet pour prendre le contrôle d'un Boeing 727 d'Eastern Airlines au-dessus de la Pennsylvanie et exige lui aussi un peu plus de 300 000 dollars. Tous deux sautent ensuite en parachute depuis l'escalier arrière de l'avion, mais seront finalement capturés. La Federal Aviation Administration exige alors que tous les Boeing 727 soient équipés d'une cale aérodynamique destinée à bloquer l'abaissement de l'escalier arrière quand l'appareil est en plein vol – un mécanisme baptisé « Cooper vane ».

Aujourd'hui, l'affaire D. B. Cooper est toujours un carrefour d'impasses. Il est facile d'imaginer le dossier s'étendant sur des rayonnages entiers aux archives du FBI. Cooper a-t-il réussi son saut ? Et, si oui, qu'est-il devenu ? A-t-il perdu de l'argent durant son numéro de voltige ? Où se trouvent les billets de la rançon qui n'ont pas été retrouvés ? Personne ne le sait et il est à redouter qu'on ne le sache jamais. Les années passant, les chances d'identifier l'homme ou d'éventuels témoins se réduisent comme peau de chagrin. Le FBI lui-même, sans l'annoncer officiellement, estime que l'auteur du piratage aérien est aujourd'hui mort. Et les dizaines de cartons qui constituent le dossier lentement se couvrent de poussière dans les archives gouvernementales...

Sources

• Geoffrey Gray, *Skyjack : The Hunt for D. B. Cooper*, Crown, 2011.

• Kay Melchisedech Olson, *The D. B. Cooper Hijacking : Vanishing Act,* Compass Point Books, 2010.

• Geoffrey Gray, « Unmasking D. B. Copper », *The New York Magazine,* 21 octobre 2007.

• Le dossier Cooper sur le site du FBI : http://vault.fbi.gov/D-B-Cooper%20/

• Un site entièrement consacré au détournement du vol 305 : http://n467us.com/

3

Le naufragé silencieux de Sandy Cove

En 1863, c'est un homme sans identité, muet et infirme que l'on découvre sur la plage de Sandy Cove, en Nouvelle-Écosse, au Canada. Qui est-il, d'où vient-il et que lui est-il arrivé ?

L'homme qui venait de nulle part

C'est Collie qui l'a trouvé le premier. Ou plutôt George Colin Albright, mais, dans le village de Digby Neck, en Nouvelle-Écosse, sur la côte est du Canada, on surnomme « Collie » ce gamin de 8 ans qui, ce matin du 8 septembre 1863, déboule en courant dans la rue principale balayée par le vent d'automne. On ne l'a jamais vu aussi bouleversé. Aux premiers habitants qu'il croise, il crie :

– *Y'a un homme sur la plage ! Il vient de la mer !*

– *Qu'est-ce que tu racontes ? De quoi parles-tu, gamin ?*

– *Je l'ai vu ! Je ne le connais pas, mais il n'est pas de chez nous !*

– *Et comment tu le sais ?*

– *Il n'a plus de jambes !*

Dans la petite communauté de Digby Neck, près de la baie de Fundy, la vie est rude et l'on n'a pas l'habitude de prendre les nouvelles anormales à la légère. Un petit groupe de pêcheurs décide donc de braver la brume grise et humide et de se rendre sur la plage de Sandy Cove, à l'endroit où Collie était en train de ramasser des algues.

Effectivement, à l'emplacement désigné, ils découvrent, non loin d'un gros rocher, un homme pour le moins étrange, comme venu de nulle part. L'air abandonné, l'individu est trempé et transi de froid. Il a la peau plutôt sombre, un visage aux traits fins et les yeux bleus. Près de lui, un bidon d'eau et une boîte de biscuits. Les pêcheurs tentent de lui demander d'où il vient, mais il ne répond pas à leurs questions, comme incapable de prononcer un mot. Immédiatement, les hommes du village remarquent ce qui a choqué le petit Collie : l'homme est amputé des deux jambes au-dessus des genoux.

Les marins transportent l'inconnu jusqu'au village de Digby Neck, dans la maison des Albright. On le réchauffe, on lui fait boire de la soupe. L'homme ne dit toujours rien. Sur lui, aucune pièce d'identité. Les blessures dues à son amputation ne sont pas complètement guéries, mais aucun risque de gangrène, apparemment. L'opération a été réalisée, à l'évidence, par un professionnel qui connaissait son métier. On remplace ses bandages, qui ont subi l'attaque de l'eau et du sel. Et l'homme, qui souffre d'hypothermie, récupère lentement.

Un nom sort du silence

Dès les premiers jours, les questions fusent parmi les pêcheurs. Qui est cet homme ? D'où vient-il ? Et qui a pu laisser seul un infirme sur une plage ? Les marins se souviennent alors de ce bateau qui est passé à plusieurs reprises à un demi-mile du rivage dans la baie de Sainte-Marie. Se pourrait-il que l'homme ait été amené de nuit depuis ce navire et abandonné à son sort sur la plage ?

Dans l'immédiat, on doit d'abord s'occuper du malheureux. De la maison Albright, où il est difficile de nourrir une bouche supplémentaire, il semblerait – mais aucune source fiable ne le confirme – que l'homme ait été transféré chez les Gidney, de Mink Cove, à la demande des *Overseers of the Poor*, une petite association locale chargée des pauvres du comté de Digby. Les visiteurs qui viennent le voir sur son lit de convalescence tentent d'entrer en contact avec lui. Il ne semble comprendre aucun mot d'anglais, aussi fait-on venir des marins de diverses nationalités pour lui parler en français, en italien ou en espagnol. Mais personne n'obtient la moindre réaction de sa part, soit qu'il ne comprenne pas ces langues, soit qu'il ne veuille pas le montrer… L'homme paraît être capable de parler et ses expressions laissent penser qu'il saisit le sens des langues européennes. Il réagit même violemment lorsqu'un marin mentionne le nom de la ville de Trieste.

L'inconnu de Sandy Cove se contente de grogner de temps en temps, notamment à l'attention de certains visiteurs dont il pressent la venue motivée seulement par une curiosité malsaine. Finalement, le seul mot qui sort de sa bouche, c'est un prénom qu'il murmure de manière presque inaudible : « Jérôme ».

L'homme a-t-il encore toute sa tête ? En désespoir de cause, la petite communauté en est réduite à quelques déductions. Il semble être d'origine méditerranéenne, ses vêtements sont d'un drap fin de bonne qualité et la peau de ses mains est trop douce pour qu'il soit un travailleur manuel. Est-ce un officier ? Est-il d'origine noble ? Une chose est sûre : on l'appelle désormais Jérôme. La communauté anglo-protestante de Digby, de plus en plus convaincue que l'homme trouvé sur la plage de Sandy Cove est un Italien, l'emmène alors, le 3 février 1864, de l'autre côté de la baie Sainte-Marie, à Meteghan, chez les Acadiens, francophones et catholiques.

Chez Jean Nicolas

Celui qui accueille chez lui Jérôme s'appelle Jean Nicolas. C'est un déserteur corse, natif d'Ajaccio, qui est réputé pour parler plusieurs langues. Il va pourvoir aux besoins de son « invité » grâce à la subvention de 2 dollars par semaine votée spécialement par le gouvernement de Nouvelle-Écosse.

Jérôme va rester sept ans dans la maison de Jean Nicolas, mais ce dernier, malgré tous ses efforts, ne parviendra pas à lui arracher deux mots. Il lui parle en italien, en français, en anglais et même en russe et en allemand. En vain. Durant son séjour chez les Nicolas, l'infirme est bien traité et même choyé par les femmes du foyer, Julitte, la femme de Jean (décédée en janvier 1865, à l'âge de 53 ans), et sa belle-fille, Madeleine.

En 1870, cinq ans après la mort de sa femme, Jean Nicolas décide de repartir en Europe. Jérôme est alors confié à des membres de la famille de Julitte, son frère Dédier Comeau et son épouse Zabeth, qui vivent à Saint-Alphonse, près de Meteghan.

La vie routinière chez les Comeau

L'histoire de Jérôme ne s'arrête pas là. Notre personnage va vivre en effet près de quarante-deux ans chez les Comeau, qui prennent soin de lui, le logent, le nourrissent, l'habillent et le soignent lorsqu'il est souffrant. Peu à peu, il devient un membre à part entière de la famille, qui s'agrandit au fil des années. Lorsque l'inconnu arrive chez les Comeau, ils ont déjà quatre enfants : neuf autres suivront que le naufragé verra lentement grandir !

À l'époque, Saint-Alphonse s'appelle Chéticamp ou Petit-Chéticamp. La famille Comeau occupe une petite maison en bord de route qui n'existe plus de nos jours. C'est aussi une sorte de bureau de poste pour le village où l'on vient chercher son courrier et où l'on attend la diligence. Même après l'arrivée du chemin de fer, après 1870, l'arrêt de poste demeure un lieu de passage fréquenté. Ce n'est qu'en 1902 que la famille emménage dans une maison plus vaste, située sur une colline. Dédier, qui l'a bâtie avec ses fils, y a laissé sa santé : il meurt la même année, et Jérôme se retrouve avec Zabeth dans la nouvelle maison. C'est là qu'il passera les dix dernières années de sa vie. Chez les Comeau, Jérôme mène une vie passive, marquée par une routine sans faille. Pour parler trivialement, il fait partie des meubles. Son handicap est tel qu'il ne peut pas se rendre utile en effectuant des travaux manuels comme labourer, pêcher, couper du bois ou chasser. De plus, l'absence d'échanges renforce son isolement. Aussi se contente-t-il de se réveiller le matin et de regarder par la fenêtre. Par les belles journées d'été, il prend le soleil dehors mais, la plupart du temps, il ne s'éloigne pas du poêle à bois. Il partage ses repas avec la famille mais reste muré dans son silence.

Jérôme devient une curiosité locale

Au XIXe siècle et jusqu'à la Seconde Guerre mondiale, le public est très friand de voir des êtres humains qui sortent de la normalité. Les individus dont le physique n'entre pas dans les standards, les « curiosités de la nature », le fascinent, à l'instar des frères siamois, des géants, des nains et autres personnes au profil étrange. L'Américain Phineas Taylor Barnum, un propriétaire de cirque, fait ainsi fortune en présentant aux foules ahuries des personnages et des animaux insolites relevant parfois du plus parfait canular.

À son corps défendant, mais sans jamais se rebeller, Jérôme devient à son tour un spectacle à lui tout seul. Certes, il ne se produit pas dans un cirque, mais, tous les dimanches après la messe, les gens se rendent chez Dédier Comeau pour le voir, moyennant quelques sous. De l'avis des témoins de l'époque, l'homme restera toujours digne, refusant toujours l'argent qu'on veut lui donner et en paraissant offensé. Mais il accepte volontiers les petits cadeaux, confiseries, tabac ou fruits, et se comporte en parfait gentleman avec ses visiteurs imposés. Le plus souvent, il reste assis en leur présence, se déplaçant rarement sur ses moignons.

La mort de « l'homme mystère »

Par une cruelle coïncidence que réserve souvent le destin, Jérôme, le naufragé inconnu de la baie Sainte-Marie, meurt le 15 avril 1912.

C'est-à-dire le même jour que le naufrage du *Titanic.* Aussi sa mort passe-t-elle au second plan dans les journaux canadiens. Comme on ne connaît pas sa date de naissance, on ne peut donner son âge. Son acte de décès indique 85 ans environ, ce qui semble excessif, même s'il paraît vieux, avec des cheveux blancs, sur les rares photos que l'on a de lui. Peut-être n'en avait-il que 70 environ, ce qui signifierait qu'il n'avait guère plus de 20 ans lorsqu'on l'a découvert à Sandy Cove.

Jérôme est enterré dans le cimetière de Meteghan : une simple pierre portant une plaque métallique avec son seul prénom indique le lieu supposé de son dernier repos – il n'est en effet pas complètement sûr qu'il soit enterré là. Quoi qu'il en soit, le personnage le plus mystérieux de Nouvelle-Écosse a emporté tous ses secrets dans la tombe.

Par la suite, le personnage de Jérôme perdure dans la mémoire des populations locales, alimentant les spéculations, inspirant des articles et des livres, nourrissant l'imaginaire collectif de la communauté acadienne. Loin d'être oublié, il apparaît sur des tableaux, est évoqué dans des chansons et fait l'objet de plusieurs documentaires. De simple histoire, la vie de Jérôme devient une légende. Mais une légende aux multiples zones d'ombre…

Qui était vraiment Jérôme de Sandy Cove ?

Si personne ne peut se vanter de détenir la vérité, les hypothèses n'ont pas manqué pour tenter d'expliquer qui était Jérôme et les raisons de sa mutilation. Mais l'histoire de cet homme reste, dans sa globalité, un mystère complet. D'où venait-il ? Quel était son vrai nom ? Que faisait-il avant de se retrouver à Sandy Cove ? Pourquoi avait-il été amputé, et pourquoi gardait-il le silence ?

Était-il réellement italien ? Très vite, les habitants de Sandy Cove le pensent. Est-ce son teint mat qui les influence, ou la présence de marins italiens dans la baie Sainte-Marie ? À moins que ce ne soit sa réaction hostile lorsqu'on prononce le nom de Trieste ? Car il est un point curieux, tout de même : en 1863, l'année de sa découverte, l'Italie telle que nous la connaissons n'existe pas encore en tant que pays unifié. La péninsule est encore formée de nombreux petits États, royaumes et principautés qui ne seront regroupés qu'en 1870 sous un même drapeau. Et dans chaque pièce de ce puzzle, on parle un dialecte souvent différent de celui des régions voisines. Difficile pour un Piémontais de comprendre un Sicilien. Peut-être ne lui a-t-on pas parlé dans son dialecte d'origine Il est vrai aussi que des Américains ou des Irlandais ont affirmé lui être apparentés d'une manière ou dune autre, mais sans jamais pouvoir le prouver. Et Jérôme s'est bien gardé de répondre à leurs sollicitations.

Était-il vraiment noble ? Là encore, son origine sociale a suscité bien des spéculations chez les journalistes et les habitants de Nouvelle-Écosse. Comme les hypothèses dramatiques séduisent toujours, on a fait du naufragé un noble piégé dans une obscure conspiration en Europe dont il se serait échappé en s'exilant outre-Atlantique, au prix de ses jambes. Peut-être était-il un riche propriétaire que l'on a mutilé puis chassé afin que quelqu'un d'autre puisse hériter de ses biens ? En tout cas, au vu de ses mains fines et déliées, il n'avait rien d'un marin ordinaire. C'est pourquoi on a aussi imaginé que Jérôme avait été un officier haut placé qui aurait perdu ses jambes lors d'un épisode tragique (mutinerie ? accident à bord ?). À moins qu'il ne s'agisse tout bonnement d'un pirate amputé et abandonné en représailles

Pourquoi Jérôme se taisait-il ? En dépit des efforts de tous, il n'a jamais daigné répondre aux questions. Si l'on écarte la possibilité qu'il ait fait vœu de silence (rien ne montre qu'il était religieux), pourquoi ne parlait-il pas ? Avait-il vraiment perdu la parole, ou avait-il peur d'ouvrir la bouche ? Ou encore, était-il atteint d'une maladie mentale qui bloquait sa voix, ou souffrait-il d'une blessure qui touchait la partie du cerveau qui régule la parole ? Cela, en tout cas, expliquerait pourquoi il semblait incapable de prononcer des mots humains, juste de produire des sons d'animaux.

L'hypothèse de Gamby

En 2008, Fraser Mooney Jr., un historien de la ville de Yarmouth, en Nouvelle-Écosse, publie un livre intitulé *Jerome : Solving the Mystery of Nova Scotia's Silent Castaway*, dans lequel il propose une hypothèse inédite pour expliquer les mystérieuses origines du naufragé Jérôme. Ce que raconte l'auteur, c'est la découverte en décembre 1859, soit quelques années avant l'apparition de Jérôme, d'un jeune étranger à Chipman, au Nouveau-Brunswick. Ramassé au bord d'un sentier par un groupe de bûcherons, à 15 kilomètres de toute habitation, il serait tombé dans une rivière gelée. Comme il souffre de gangrène, un médecin du coin finit par l'amputer des deux jambes pour pouvoir le sauver. Ce jeune homme, les habitants de Chipman le surnomment bientôt « Gamby » – peut-être un dérivé de *gamba*, qui signifie « jambe » en italien ; en effet, comme il ne parle ni anglais ni français, on imagine qu'il est italien. Lourdement handicapé, Gamby s'impose peu à peu comme un fardeau pour les habitants. Tous ceux qui s'occupent de lui envoient leurs factures au village de Chipman, qui les réexpédie vers le comté de Queens, lequel les transfère au gouvernement du Nouveau-Brunswick. Mais, à l'automne 1863, les payeurs de taxe de Chipman estiment que les dépenses sont trop élevées et auraient alors décidé d'acheter les services du patron d'un schooner pour embarquer Gamby. Le capitaine se serait peut-être contenté de naviguer de l'autre côté de la baie, vers la Nouvelle-Écosse, afin d'y laisser le jeune infirme. Toujours est-il que la présence de Gamby au Nouveau-Brunswick aurait été attestée de 1859 en 1863, justement l'année où apparaît le fameux Jérôme à Sandy Cove. De l'avis de plusieurs historiens, cette théorie relève davantage de la fiction que de la réalité. Pour autant, est-il possible que Gamby et Jérôme aient été une seule et même personne ? Et, dans ce cas, une question reste ouverte : qui était Gamby ?

Sources

• Fraser Mooney Jr., *Jerome : Solving the Mystery of Nova Scotia's Silent Castaway*, Nimbus Publishing, 2008.

• Le site de référence sur ce dossier Jérôme : www.canadianmysteries.ca/sites/jerome/accueil/indexfr.html.

• Un autre site à visiter : www.mysteriesofcanada.com/Nova_Scotia/jerome.htm.

PARTIE 2

LIEUX ÉTRANGES

4

Mortelle randonnée au col Dyatlov

Dans la nuit du 1er au 2 février 1959, dans une région retirée du nord de l'Oural, neuf randonneurs à ski trouvent la mort dans des circonstances très étranges. Ont-ils été victimes d'une simple avalanche ou bien d'« une force irrésistible inconnue », comme il est noté dans le rapport officiel ? Et pourquoi, après le drame, a-t-on interdit la zone durant trois ans ?

L'affaire du col Dyatlov est l'une des histoires les plus énigmatiques jamais arrivées dans l'ex-Union soviétique. Elle eut pour conséquence la mort violente de neuf personnes sans que personne, encore aujourd'hui, ne puisse apporter une explication satisfaisante sur les causes et le déroulement du drame. L'absence de témoins, les conclusions surprenantes des autorités et la propagation de rumeurs dérangeantes n'ont fait que renforcer le mystère autour de cette histoire dont le théâtre se trouve près d'un col de montagne sans nom, que l'on baptisera par la suite col Dyatlov, du nom du leader du groupe de randonneurs.

Une simple excursion entre amis

À la fin des années 1950, puisque les citoyens soviétiques n'ont pas, sauf autorisation exceptionnelle, le droit de sortir des frontières de l'URSS, faire du tourisme signifie, notamment pour les jeunes générations, partir à la découverte de leur propre pays. Les amateurs d'aventure organisent donc des expéditions, en général bien vues par les autorités pour leur symbolisme patriotique, dans des endroits reculés voire inexplorés de l'Union soviétique. Concrètement, on s'équipe de sacs à dos bourrés de vivres, de tentes, de vêtements chauds et parfois de vodka ainsi que d'une guitare pour animer les longues veillées devant le feu de camp. Comme le racontera Vladimir Shunin, qui a très bien connu la plupart des membres de l'expédition Dyatlov, « nous avions une très grande curiosité qui nous aidait à étudier, apprendre, travailler, faire du sport et voyager. La randonnée jouait un rôle fondamental dans nos existences. En lisant des livres tels que *Dersou Ouzala*, le récit autobiographique de Vladimir Arseniev, nous avions développé le culte de l'aventure et du courage face aux obstacles. Il n'y avait pas d'argent en jeu, tout cela, nous le faisions pour le romantisme de la taïga et des montagnes, et l'amour de la mère patrie ».

C'est empreints de cet esprit « écolo » avant l'heure que, en janvier 1959, dix jeunes gens forment le projet d'une randonnée à ski dans l'Oural. Cette région centrale de la Russie, réputée pour ses paysages sauvages et grandioses, est un paradis pour les randonneurs. Sa ville principale, Sverdlovsk (aujourd'hui Iekaterinbourg), la quatrième du pays, est à 200 kilomètres à peine à l'est de Moscou. Pour nos dix touristes, l'objectif est clairement établi : rallier en ski de randonnée, depuis Sverdlovsk, la montagne d'Otorten, située dans le nord de l'Oural. Ce périple est loin d'être une promenade dominicale. En cette période hivernale, le parcours, long d'une centaine de kilomètres, est même classé en catégorie 3, la plus difficile. Mais nos jeunes aventuriers n'en sont pas à leur première expédition. Ce sont des randonneurs aguerris, habitués à des sorties de longue durée dans des conditions climatiques éprouvantes. Bref, rien d'infranchissable pour eux.

Dix citoyens russes très ordinaires

D'ailleurs, ces randonneurs, qui sont-ils ? Ce sont huit hommes et deux femmes, dont la plupart sont étudiants ou diplômés de l'Institut polytechnique de l'Oural (aujourd'hui université technique d'État de l'Oural). Vladimir Shunin dira plus tard de ses anciens compagnons qu'ils « étaient des enfants de la guerre. Chacun d'eux avait vécu la jeunesse affamée d'après-guerre. Pourtant, ils ne vénéraient pas l'argent. Ils croyaient aux idéaux de fraternité, égalité, liberté et avaient foi dans l'éclat brillant du socialisme. Ils avaient le même niveau de pauvreté et, en tant qu'étudiants, trouvaient de l'argent là où ils le pouvaient, notamment en chargeant et déchargeant les wagons de chemin de fer ».

Le chef du groupe s'appelle Igor Alekseïevitch Dyatlov. Au moment de l'expédition, il vient de fêter ses 23 ans. Étudiant en cinquième année à l'université de l'Oural, il est un ingénieur talentueux, spécialisé dans la technologie radio. Trois ans plus tôt, en 1956, il a conçu et assemblé une radio qu'il a utilisée au cours de plusieurs randonnées. Ceux qui ont connu Igor le décrivent comme un homme sérieux, qui ne prenait que des décisions mûrement réfléchies. C'est l'un des membres les plus athlétiques du groupe, celui qui ouvre la voie pour les autres. Il semblerait qu'il faisait la cour à une autre adepte de la randonnée, Zina Kolmogorova, qui ne paraissait d'ailleurs pas insensible à ses tentatives de séduction.

Justement, Zinaïda Alekseïevna Kolmogorova, 22 ans, en quatrième année à l'université, aspire elle aussi à devenir ingénieur radio. Le caractère dynamique et extraverti de cette brune aux traits affirmés lui vaut la réputation de « moteur de l'université ». Très populaire, toujours pleine de ressources, elle possède, dit-on, le don merveilleux d'attirer les gens à elle. C'est une randonneuse confirmée, qui a déjà effectué six excursions difficiles. Lors de l'une d'entre elles, elle a même été mordue par une vipère, mais elle a refusé qu'on porte sa charge, malgré la douleur. Après la randonnée à venir, elle a prévu de rejoindre ses parents, qui lui manquent beaucoup.

L'autre femme du groupe est plus jeune. La blonde Lioudmila Aleksandrovna Doubinina n'a que 21 ans, elle étudie l'économie et l'ingénierie en troisième année à l'université de l'Oural. Très active au sein du groupe touristique, elle aime chanter et prendre des photos. C'est elle qui a pris la majorité des clichés retrouvés après l'expédition. Elle aussi s'est blessée lors d'une précédente randonnée en 1957 : dans l'est des monts Saïan, un touriste qui nettoyait son fusil l'a touchée accidentellement. Très courageuse, Lioudmila a enduré la souffrance sans se plaindre, s'excusant même pour les ennuis qu'elle causait !

Dans les rangs des hommes, on compte sept autres membres. Le front haut, les yeux clairs, une petite moue aux lèvres, Alexandre ou « Sacha » Sergueïevitch Kolevatov, 25 ans, est un étudiant en quatrième année de physique. Il a travaillé auparavant sur la métallurgie des métaux lourds non ferreux au collège de Sverdlovsk, puis, s'étant distingué comme très bon élève, a été envoyé à Moscou pour étudier dans différents instituts gouvernementaux liés à la production de matériaux pour l'industrie nucléaire naissante de l'URSS. En 1956, Kolevatov est revenu à Sverdlovsk pour intégrer l'Université polytechnique. Ses amis le décrivent comme un garçon appliqué, méthodique, pour ne pas dire tatillon, avec des qualités indéniables de leadership.

Au sein du groupe, Roustem Vladimirovitch Slobodine, 23 ans, est probablement le plus athlétique. Bien que russe d'origine, son père, professeur dans une autre université de Sverdlovsk, lui a donné un prénom traditionnel tatar, s'inscrivant dans la tendance de l'époque de célébrer l'amitié entre tous les hommes. Très brun, beau garçon, Roustem est en dernière année à l'université. Plutôt calme de caractère, il aime jouer de la mandoline, qu'il emporte autant que possible en randonnée.

Né le 7 février 1935, Gueorgui « Iouri » Alekseïevitch Krivonischenko, l'air juvénile et les oreilles décollées, est également étudiant en dernière année à l'université. Deux ans plus tôt, il a brièvement travaillé sur un site nucléaire et il était présent sur celui de Chelyabinsk le 29 septembre 1957 lors de l'incident de Kychtym, une fuite radioactive dans une usine de plutonium. À cette période, le jeune Iouri possède une connaissance de la radioactivité bien supérieure à celle de la majorité de ses contemporains.

Le plus jeune des garçons, c'est Iouri Nikolaïevitch Dorochenko, 21 ans. Il est arrivé dans l'Oural depuis l'Ukraine au début de la Deuxième Guerre mondiale, lorsque toute sa famille a été déplacée en même temps que son usine pour échapper à l'occupation et aux bombardements nazis. Son père est mort en 1954 et, l'année suivante, Iouri a été diplômé du collège avec les félicitations de ses professeurs. Lui aussi est étudiant à l'université de Sverdlovsk, et lui aussi est un randonneur expérimenté qui a déjà emmené plusieurs groupes dans la chaîne de l'Oural lors d'escapades de difficulté variable. Iouri a vécu une idylle avec Zina Kolmogorova, mais le couple a rompu. Malgré tout, le jeune homme entretient toujours de bonnes relations avec Zina, comme avec Igor, le nouveau prétendant de la jeune femme.

Nikolaï Vladimirovitch Thibeaux-Brignolles, 24 ans, que ses proches surnomment « Kolya », doit son nom à son père, un communiste français exécuté sous Staline. Lui-même est né dans un camp de concentration pour prisonniers politiques. C'est le seul membre du groupe à être diplômé de l'Université polytechnique. Ses amis l'apprécient surtout pour son énergie, son sens de l'humour et son caractère ouvert. Tous ceux qui sont partis en excursion avec lui ont évoqué sa très grande disponibilité pour ses compagnons de route. On peut toujours compter sur lui lorsqu'il faut donner un coup de main, aider les plus jeunes ou les moins forts à porter leur sac. Nikolaï a promis à sa mère que cette expédition dans l'Oural serait sa dernière sortie.

Le dernier des étudiants s'appelle Iouri Efimovitch Ioudine. Âgé de 22 ans, il est en quatrième année. Paradoxalement, des soucis de santé vont lui sauver la vie…

Enfin, il y a Alexandre « Semen » Alekseïevitch Zolotarev. Lui n'est pas un étudiant. Beaucoup plus âgé que ses partenaires – il a 38 ans –, il travaille comme guide pour touristes dans la région de l'Altaï, dans le sud sibérien, depuis le début des années 1950. C'est un personnage énigmatique sur lequel nous reviendrons. Mais, pour l'heure, il est temps de plier bagage et de prendre la route avec nos randonneurs pour l'Otorten…

Dans une région reculée de l'Oural

Le 25 janvier 1959, nos dix excursionnistes à ski débarquent en train à Ivdel, une petite bourgade située au centre de l'oblast – la région – de Sverdlovsk. De là, ils grimpent dans un camion qui les conduit jusqu'à Vijaï, le dernier village habité au nord de l'oblast. Le 27 janvier, la petite troupe peut entamer sa marche en direction d'Otorten.

Dès le lendemain, le 28, un premier incident survient : l'un des membres du groupe, Iouri Ioudine, doit renoncer. Depuis une précédente randonnée, son dos le fait douloureusement souffrir et, manifestement, il a surestimé ses forces. À sa grande déception, il doit laisser ses compagnons. Une photo le montre en train de donner l'accolade à Lioudmila Doubinina au moment du départ, devant un Igor Dyatlov très souriant. L'expédition se poursuit donc sans lui. À cet instant, Ioudine ne peut imaginer qu'il ne reverra pas vivants ses neuf compagnons.

C'est grâce aux journaux et aux appareils photos retrouvés plus tard sur le site de leur dernier campement que l'on peut retracer la suite du parcours des randonneurs. Après trois jours de ski à suivre les chemins tracés par des membres du peuple autochtone des Mansis, le groupe atteint, le 31 janvier, une région de hauts plateaux. Par précaution, en prévision du périple du retour, la petite troupe dépose des vivres et des équipements dans une vallée boisée près de la rivière Aspia. Dans le journal du groupe, on trouve ces mots : « Nous avons dû choisir un emplacement pour la tente. Du vent, un peu de neige. L'épaisseur de neige est de précisément 1,22 mètre. Épuisés, nous avons commencé à préparer la surface plane pour la tente. Nous n'avons pas assez de bois pour le feu. Nous étions trop fatigués pour creuser un trou pour le feu. Et nous avons dîné directement dans la tente. C'est difficile d'imaginer un tel confort ici sur la crête, avec ce vent perçant, à des centaines de kilomètres des premiers habitats humains… »

Le lendemain, le 1er février, les excursionnistes entament la longue montée vers le col de l'Otorten. Leur objectif : camper la nuit suivante de l'autre côté. Mais l'arrivée du blizzard et la faible visibilité perturbent leur avancée. Les voici égarés à l'ouest de leur chemin, en direction du mont Kholat Syakhl, qui s'élève à environ 1 100 mètres d'altitude. Vers 17 heures, ayant réalisé leur erreur, les randonneurs décident de faire une pause et d'installer leur campement à flanc de montagne. Ils sont alors à une quinzaine de kilomètres de leur destination finale et à tout juste 1,5 kilomètre d'une forêt qui aurait pu leur servir de refuge.

À ce moment, il est impossible d'imaginer qu'un événement atroce va s'abattre sur Igor Dyatlov et ses huit compagnons, et qu'aucun d'entre eux n'en réchappera…

Des découvertes terrifiantes

Avant de partir, Dyatlov avait indiqué qu'il enverrait un télégramme au club sportif de tourisme dès le retour de l'équipe à Vijaï, prévu au plus tard pour le 12 février. Lorsque cette date est atteinte puis dépassée, personne ne s'étonne d'abord de l'absence de message car, dans ce genre d'expédition, il est fréquent d'avoir quelques jours de retard. Mais, après plusieurs autres jours d'attente, les familles des randonneurs, désormais en proie à l'inquiétude, réclament une intervention auprès du président de l'Institut polytechnique. Sans attendre l'intervention de l'armée et de la police, celui-ci organise une opération de sauvetage, composée de professeurs et d'étudiants, qui se met en marche le 20 février. Six jours plus tard, le 26 février, l'équipe de secours parvient sur la dernière zone connue du groupe disparu. Là, sur les flancs du mont Kholat Syakhl, elle va faire des découvertes aussi macabres qu'incompréhensibles.

Tout d'abord, les sauveteurs trouvent le campement vide et constatent que la tente est gravement endommagée, comme déchirée de l'intérieur. Mais les effets personnels des randonneurs sont toujours là. Du camp partent des empreintes de pas (bottes, chaussettes et même pieds nus !) qui montrent que les membres de l'équipe ont fui dans la plus grande précipitation.

Les secouristes s'empressent de suivre ces traces jusqu'à la lisière d'un bois situé de l'autre côté du col, à environ 1,5 kilomètre au nord-est. À partir de cet endroit, les empreintes s'évanouissent, effacées par la neige. Mais non loin de la lisière, sous un grand sapin, les secours repèrent les restes d'un feu de camp et deux corps inertes. Ce sont ceux de Krivonischenko et Dorochenko. Les deux hommes sont déchaussés et portent seulement leurs sous-vêtements ! Sur le sapin, les secouristes remarquent des branches cassées jusqu'à une hauteur de 5 mètres environ, ce qui laisse supposer que l'un des malheureux a tenté de grimper dans l'arbre.

En revenant sur leurs pas, les sauveteurs trouvent encore trois cadavres : à 300 mètres du sapin gît sur le dos Igor Dyatlov. Le chef de l'expédition, dont le visage est tourné vers le camp, est habillé, mais il ne porte pas de chaussures. Il serre encore dans sa main une petite branche de bouleau. Environ 180 mètres plus loin, toujours en direction de la tente, c'est au tour de la dépouille de Zina Kolmogorova. Elle aussi est déchaussée. Puis, encore 150 mètres plus loin, le corps de Slobodine. Son crâne est fracturé, son pied gauche est nu alors que son pied droit, enfilé dans une botte de feutre, porte quatre chaussettes ! D'après la position des corps et les brûlures qu'ils ont aux mains, il semble que les randonneurs étaient en train de ramper, usant leurs dernières forces dans l'ultime espoir de regagner le campement.

Quatre membres de l'équipe manquent encore à l'appel… Mais dès la découverte des cinq premiers corps, l'enquête commence. Les médecins légistes sont vite formels : les victimes sont toutes mortes d'hypothermie. Certes, Slobodine a le crâne fracturé, mais cette blessure n'a pas causé sa mort.

Deux longs mois plus tard, le 4 mai, on découvre enfin les quatre derniers corps, ensevelis sous 4 mètres de neige, dans un ravin à l'intérieur du bois, à 75 mètres environ du sapin de la première découverte. Trois des randonneurs sont décédés de mort violente. Thibeaux-Brignolles, qui a subi une fracture du crâne, repose dans les eaux d'un ruisseau tandis que Kolevatov et Zolotarev sont allongés l'un contre l'autre ; ce dernier a la cage thoracique enfoncée et n'a plus d'yeux. Quant à Lioudmila Dubinina, retrouvée à genoux face au ruisseau, elle aussi a subi de graves fractures à la poitrine, et sa langue a été arrachée !

Une enquête vite classée

À l'époque, seules quelques parties de l'enquête sont rendues publiques. Les journalistes qui suivent le dossier font leurs choux gras avec quelques rares éléments : six des membres du groupe sont morts d'hypothermie et trois de blessures mortelles ; rien ne prouve qu'il y avait d'autres personnes présentes dans les environs ; la tente a bien été arrachée de l'intérieur ; les victimes sont mortes six à huit heures après leur dernier repas et les empreintes de pas montrent que tous les membres du groupe sont partis à pied de leur plein gré.

Un point intrigue tout le monde, notamment les médecins légistes : les corps ne présentent aucune blessure externe, comme s'ils avaient enduré une très haute pression. Selon le docteur Boris Vozrojdenny, seule une très grande force, comparable à celle subie lors d'un accident de voiture, peut infliger de tels dégâts corporels. Impossible que l'agression soit le fait d'un être humain car « la force des coups était trop grande et les parties charnues n'ont pas été endommagées ». Par la suite, sans qu'on ne puisse juger du crédit à leur apporter, des rumeurs persistantes vont faire état de contamination radioactive à hautes doses sur quatre corps. Aucun document contemporain du drame n'y fait référence, seulement des documents plus tardifs, ce qui fait douter de la véracité de cette information. Un autre point est plus troublant. Les proches des victimes vont constater sur les corps, au moment des funérailles, deux anomalies : la peau présente un hâle rouge orangé et les cheveux ont une coloration grisâtre. Qu'est-ce qui a pu provoquer de telles altérations physiques ?

L'enquête officielle est assez rapidement bouclée : dès mai 1959, les autorités soviétiques referment le dossier en raison de l'« absence de partie coupable ». Le rapport de Lev Ivanov, qui a dirigé les investigations, tient en une formule : c'est une « force irrésistible inconnue » qui a causé la mort des neuf touristes ! À l'époque, les médias sont aux mains du pouvoir. Comme la population ne dispose guère d'autres moyens de s'informer, elle ne questionne pas ces conclusions pour le moins surprenantes. Tous les documents sont stockés dans un fonds d'archives secret et la zone du drame est interdite aux skieurs et randonneurs durant trois ans. Le récit de l'affaire du col Dyatlov se perpétue cependant durant trente ans au sein de la société soviétique, se nourrissant uniquement de rumeurs véhiculées par le bouche à oreille.

Les langues se délient à la chute de l'URSS

Dès 1967, Iouri Iarovoï, un écrivain et journaliste de Sverdlovsk qui a participé à la première opération de secours et à l'enquête comme photographe officiel, contourne la censure en publiant un roman inspiré de l'affaire. Dans son livre *De la plus grande complexité* – au passage, notez le titre plutôt curieux –, il présente une version très optimiste de l'histoire, où seul le chef de l'équipe trouve la mort. Mais ses proches déclareront plus tard que Iarovoï a en réalité rédigé des versions alternatives de son roman, dont deux ont été rejetées par la censure. L'écrivain mourra avec sa femme dans un accident de voiture au milieu des années 1980. Et, de manière étrange, toutes ses archives (textes, photographies, journaux) ne seront jamais retrouvées.

Ce n'est qu'au tournant des années 1990, alors que l'empire soviétique s'effondre et que la censure relâche ses liens, que les documents sur l'affaire du col Dyatlov sont peu à peu déclassifiés. L'opinion publique se passionne de nouveau pour cette histoire et des témoins contemporains du drame reviennent alors sur le devant de la scène.

C'est bien entendu dans la région de Sverdlovsk que l'affaire suscite le plus de discussions. Mais voilà, lorsque parents et journalistes se plongent dans les archives, ils remarquent très vite que plusieurs parties manquent dans les documents divulgués au public. Ainsi, le journaliste Anatoly Gouchtchine, à qui la police permet d'accéder aux documents originaux, note qu'un certain nombre de pages en sont exclues, ainsi qu'une « enveloppe » mystérieuse pourtant citée dans la liste des éléments de l'enquête. Gouchtchine résume ses trouvailles dans un livre, *Le prix des secrets d'État est neuf vies*, dans lequel il postule que l'explication finale du drame est à chercher du côté de l'expérimentation d'une arme secrète. Une prise de position qui nourrit la polémique mais aussi la ferveur pour cette affaire, d'autant que, dans le même temps, des parties éparses de l'enquête sont divulguées dans le public, suscitant l'engouement d'enquêteurs amateurs de paranormal.

En 2000, une chaîne de télévision régionale diffuse un documentaire intitulé *Le Mystère du col Dyatlov*. Anna Matveïeva, écrivaine à Iekaterinbourg, s'appuie sur les documents réunis par l'équipe de tournage pour publier sa propre version des faits sous forme romancée. Même si son approche est celle de la fiction, son ouvrage, qui porte le même titre que le documentaire, constitue une compilation très riche et détaillée de toutes les pièces de l'enquête, avec plusieurs documents inédits comme les journaux des victimes ou des entretiens avec les sauveteurs. Demeure la grande question : si les autorités soviétiques ont bien masqué certains documents, dans quel but était-ce ? Au fil des décennies naissent de nombreuses théories, des plus simples aux plus farfelues, sans qu'aucune, jamais, ne puisse s'avérer assez complète pour expliquer définitivement ce qui s'est passé au col Dyatlov dans la nuit du 1er au 2 février 1959. Nous vous les présentons maintenant – mais, rappelez-vous, c'est à vous de vous forger votre propre opinion !

La coulée de neige mortelle

C'est la supposition la plus rationnelle, qui ne fait référence à aucun secret militaire ou phénomène surnaturel. C'est aussi l'explication préférée des sceptiques, qui constatent que le drame s'est déroulé dans le nord, en hiver et sous la neige, donc rien de mystérieux : c'est une coulée de neige qui aurait surpris l'expédition Dyatlov en pleine nuit.

Sous l'effet de la panique, les neuf randonneurs auraient fui le campement dans le noir et la précipitation, incapables de se rhabiller correctement. Pour s'échapper plus vite, les campeurs auraient déchiré leur tente de l'intérieur. Un premier groupe se serait rassemblé près du bois et aurait tenté d'allumer du feu. Slobodine aurait essayé de grimper à un arbre pour attraper du bois, mais il aurait chuté, se blessant mortellement. Dyatlov et Kolmogorova, tétanisés par le froid, auraient décidé de retourner vers le campement, mais seraient morts d'hypothermie en chemin. Quant aux membres de l'autre groupe, Thibeaux-Brignolles, Doubinina, Kolevatov et Zolotarev, rendus aveugles par l'obscurité, ils seraient tombés dans une ravine et, pris au piège voire blessés, auraient fini par succomber l'un après l'autre.

Ce qui expliquerait pourquoi Zolotarev portait le manteau en fausse fourrure de Doubinina, et pourquoi le pied de celle-ci était enveloppé dans un morceau du pantalon de laine de Krivonischenko, peut-être dans une tentative pour garder la chaleur. Cependant, personne ne peut expliquer pourquoi Thibeaux-Brignolles portait deux montres au poignet, l'une indiquant 8 heures 14, l'autre 8 heures 39...

Cette hypothèse s'avère rassurante pour l'esprit, mais elle se heurte à quelques contradictions sur le terrain : le danger d'avalanche dans la région de l'incident n'est pas si fréquent, le mont Kholat Syakhl n'est pas très élevé et ses pentes ne sont pas vraiment raides. De plus, le journal du groupe fait état d'une couverture neigeuse relativement mince. Cela dit, qu'une couche de neige se soit détachée et ait glissé vers le campement n'est pas impossible. Elle aurait piégé les randonneurs dans leur tente, les obligeant à en découper la toile pour sortir. Pourtant, curieusement, on a du mal à imaginer qu'une simple avalanche ait pu terrifier à ce point neuf personnes pour qu'elles s'enfuient par - 20 °C sans prendre le temps de se vêtir chaudement... Ces randonneurs étaient très expérimentés et savaient parfaitement qu'ils avaient bien davantage à redouter du froid glacial que d'une avalanche.

À moins qu'il ne s'agisse d'une coulée de neige gigantesque, amplifiée par des rafales de vent. Mais, dans ce cas, les neuf touristes n'auraient pas eu le temps de prendre la fuite et leur campement aurait disparu sous des mètres de neige. Or, la comparaison entre les dernières photos prises par l'équipe le 1er février et celles prises par les sauveteurs le 26 février montre que la hauteur de neige est demeurée presque la même... Alors, si ce n'était pas la neige, y a-t-il eu intervention humaine ?

La malédiction des neuf Mansis

Les neuf randonneurs n'ont pas trouvé la mort dans une zone complètement inhabitée. Un peuple autochtone, les Mansis, vit en effet dans la région depuis bien avant l'arrivée des Russes. Autrefois appelés Vogoules, les Mansis, qui prétendent descendre des Sumériens, se sont installés sur les rives du fleuve Ob, aujourd'hui le district autonome de Khantys-Mansis, et sont en contact avec l'État russe au moins depuis le XVIe siècle. Aujourd'hui, ils ne comptent guère plus de 13 000 personnes dans leurs rangs.

Coïncidence étonnante, les Mansis ont justement baptisé la montagne la plus proche du drame, le mont Kholat Syakhl, « le mont des Neuf Cadavres » ! Neuf comme le nombre des randonneurs de l'expédition Dyatlov de 1959... mais neuf également comme les victimes de trois crashes aériens successifs en 1960, et neuf comme les corps de touristes de Leningrad découverts en 1961 ! Plus récemment, selon le site Russia beyond the headlines, un hélicoptère s'est écrasé à l'approche du mont Kholat Syakhl, sans faire de victimes heureusement, mais avec à son bord... neuf passagers ! Manifestement, en ce lieu, le chiffre 9 est associé à une signification mortifère. Vingt-sept personnes y ont perdu la vie en cent ans environ. Une malédiction mansi planerait-elle sur la région pour punir ceux qui ont osé pénétrer sur une terre sacrée ? Toujours est-il que le drame de 1959 délie les langues : on se remémore que, dans les années 1930, des chamanes avaient enlevé puis noyé une géologue russe qui s'était aventurée sur une montagne interdite. De là à penser que les mêmes Mansis ont attaqué les neuf randonneurs parce qu'ils étaient entrés sur leur territoire sacré, il y a un pas que certains observateurs franchissent d'un bond. D'autant que, dans le journal de l'expédition, il est fait mention du peuple des Mansis.

Mais la piste s'efface d'elle-même d'abord parce que le village mansi le plus proche du lieu du drame se trouve à une centaine de kilomètres à l'est et que les autochtones ne se déplacent guère en hiver. Ensuite, le mont Kholat Syakhl, bien que craint et évité, n'est pas non plus un territoire sacré. Par ailleurs, on ne dispose d'aucune preuve ni de témoignage de la présence de Mansis dans la région à ce moment-là. Enfin, si des membres de ce peuple, réputé pour son tempérament pragmatique, avaient effectivement attaqué la petite troupe, ils auraient laissé des traces de leur passage dans la neige et se seraient très probablement emparés de tous les objets de valeur disponibles pour améliorer leurs conditions de survie sous un climat très rude, ce qui n'a été à l'évidence pas le cas. Il semble donc bien que les Mansis n'avaient rien à gagner à s'approcher du mont Otorten dans des conditions climatiques qui ne se prêtaient pas à l'élevage ou à la pêche. Doit-on ajouter d'ailleurs que, dans leur langue, « Otorten » signifie « ne pas y aller » ?

Les randonneurs ont-ils croisé des criminels ?

À défaut d'une tribu mansi, le groupe Dyatlov a peut-être eu la malchance de tomber sur une clique de prisonniers en fuite. À cette époque, le goulag est toujours une réalité du paysage sibérien. Si de nombreux prisonniers politiques ont été libérés entre 1953 et 1956, après la mort de Staline, les criminels de droit commun sont toujours derrière les barbelés de petits camps de concentration qui essaiment dans la région. D'ailleurs, non loin du col Dyatlov se trouve celui d'Ivlag.

Les archives ont révélé qu'il n'y avait pas eu d'évasion à l'époque de l'incident de 1959, mais cela ne veut pas dire pour autant qu'il n'y ait pas eu de fuite de prisonniers plus tôt ! Pourquoi ne pas imaginer qu'un petit groupe de détenus, peut-être d'anciens officiers ayant ouvertement critiqué Staline durant la Seconde Guerre mondiale, ait réussi à s'échapper et qu'il se soit caché dans les bois durant des années ? Isolés et oubliés, ils n'auraient pas eu connaissance de l'amnistie en faveur des prisonniers politiques et auraient survécu tant bien que mal, apprenant à tuer et à se défendre. Cette petite communauté aurait croisé par hasard le chemin de nos neuf randonneurs et, de peur d'être pourchassée par la police, aurait décidé de supprimer ces témoins gênants… Pour soutenir cette hypothèse, il y a la découverte inexpliquée, parmi les effets personnels des victimes, de lambeaux d'un vêtement réputé pour être utilisé par les soldats dans les années 1940 et plus tard par les prisonniers des goulags staliniens. Comme par hasard, cette curieuse trouvaille disparaîtra par la suite du stock d'objets retrouvés sur le site…

L'attaque d'une créature sauvage

Des randonneurs terrorisés qui fuient dans l'obscurité glacée et dont on retrouve les corps marqués de blessures étranges, comme si « on les avait étreints très fortement », voilà qui peut faire penser à l'attaque d'une bête sauvage. Si l'on écarte l'hypothèse d'un animal connu, comme l'ours, le loup et la panthère des neiges, la première image d'un animal inconnu qui vient à l'esprit est celle du yéti.

Une rumeur a circulé affirmant que la dernière phrase du journal du groupe était celle-ci : « Maintenant, nous savons que l'homme des neiges existe. » C'est absolument faux. En revanche, il y est bien fait allusion à la présence d'hommes des neiges dans les montagnes d'Otorten, mais c'est sur le ton de la plaisanterie et en référence à un débat qui avait eu lieu plus tôt à propos de l'existence supposée de ces créatures dans l'Oural.

Il est vrai que les observations d'hommes des neiges ne sont pas rares en Russie. Il est tout aussi exact que les Mansis, qui vivent dans les environs depuis des siècles, croient en l'existence de créatures sauvages et violentes, les *menkvi*, qui seraient les survivants d'un déluge cataclysmique, condamnés à vivre dans l'immensité et la solitude de la toundra sibérienne. Certaines de ces créatures, devenues immortelles au fil du temps, hanteraient ainsi les pentes du mont Luv-Syakvur, près du col Dyatlov. Les randonneurs auraient-ils assisté à l'apparition d'un monstre géant inconnu à ce jour, qui aurait vécu jusque-là loin des humains ? Un monstre si habile et doté de tels pouvoirs qu'il n'aurait pas touché à leur nourriture et qu'il serait reparti sans laisser la moindre trace derrière lui ?

Les témoins gênants d'une opération militaire ?

Une autre hypothèse attribue froidement la mort des neuf touristes du col Dyatlov aux forces spéciales soviétiques, qui auraient voulu se débarrasser d'intrus involontaires. Les randonneurs avaient informé les autorités de leur excursion, mais sans fournir de trajet précis. Et si, involontairement, ils avaient traversé un terrain militaire top secret ?

Deux ans avant le drame, en 1957, l'Union soviétique a envoyé le premier satellite dans l'espace, le fameux *Spoutnik*, depuis le cosmodrome de Baïkonour, au Kazakhstan. Son programme spatial est alors encore balbutiant. Il est peu crédible qu'une fusée envoyée depuis le cosmodrome ait pu se perdre dans le nord de l'Oural, et encore plus s'abattre sur un groupe de malheureux touristes… Et Plesetsk, l'autre pas de tir soviétique majeur, plus proche géographiquement, ne sera inauguré qu'à la fin de l'année 1959.

En revanche, à cette époque, l'armée soviétique, démunie contre les avions-espions américains, tente de rattraper son retard en termes de missiles sol-air. Plusieurs batteries ont d'ailleurs été déployées tout autour de Sverdlovsk, le point de départ de l'équipée. On y adoptera en mars 1959 les roquettes de type R-12, à la suite de nombreux tests à répétition qui ont parfois tourné à l'échec – un point sur lequel les ingénieurs sont toujours restés aussi discrets que possible. Cette activité ultrasecrète mais intensive se traduira d'ailleurs par un premier succès en mai 1960, lorsque des missiles soviétiques réussiront à abattre un avion-espion américain U2 piloté par Francis Gary Powers. La zone de tir se trouve à 67 kilomètres à peine de

Sverdlovsk… Peut-être que notre groupe de skieurs a été victime d'un test raté ? Ont-ils vu une arme confidentielle qu'ils n'auraient jamais dû voir ? Au cours d'une promenade dans la région en 2007 avec un groupe de touristes, Yury Kuntsevich, qui est à la tête de la fondation du mémorial du groupe Dyatlov, assure être tombé sur une zone parsemée de ferraille rouillée. Quelles opérations militaires clandestines ont pu se dérouler dans la région ? « Nous ne pouvons pas dire quel genre de technologie militaire a été testée, mais la catastrophe de 1959 était d'origine humaine », est convaincu Kuntsevich. Une hypothèse qui justifierait par ailleurs les rayonnements radioactifs prétendument enregistrés sur les cadavres, ainsi que leur bronzage déroutant, entre le brun foncé et l'orange.

Cela dit, si les services secrets soviétiques sont toujours restés muets, c'est peut-être parce que cette théorie ne tient pas vraiment. Ses détracteurs soulignent qu'aucun des sauveteurs n'a signalé d'empreinte suspecte autour du campement. La plupart des membres du groupe ayant perdu une voire deux chaussures, leurs empreintes étaient facilement reconnaissables et identifiables. D'un autre côté, il est exact que ces traces n'ont jamais été vraiment examinées de près. Comme personne ne s'attendait à retrouver neuf cadavres, il est dans l'ordre du possible qu'une preuve décisive ait été négligée lors des opérations de recherche.

Sauf que deux éléments viennent en contradiction. En premier lieu, on n'a jamais retrouvé aucune trace d'explosion près du mont Kholat-Syakhl. En second lieu, si vraiment nos randonneurs avaient été les victimes malheureuses d'un essai désastreux, comment penser que les autorités, dont la priorité était de protéger leurs secrets militaires, auraient laissé les corps sur place, dans la neige, au lieu de les transporter et de les enterrer dans un lieu reculé ? Le simple fait de les laisser accessibles aux sauveteurs ouvre grand la porte au mystère et aux questions irrésolues…

DES AGENTS DOUBLES DANS LE GROUPE ?

À la fin des années 1950, les satellites de surveillance sont encore très rares et les avions-espions prennent des risques insensés pour rapporter des informations souvent lacunaires. Pour la CIA, toujours avide de savoir ce que fabriquent les Soviétiques derrière le rideau de fer, et plus particulièrement dans les zones reculées de leur territoire, la seule solution, c'est de se rendre sur place. Sauf que les Soviétiques placent sous surveillance étroite le moindre étranger qui s'éloigne des parcours officiels. Impossible pour un ressortissant d'une autre nation d'approcher par lui-même, même de loin, les sites jugés sensibles.

C'est pourquoi la CIA et les agences de renseignement occidentales font appel aux services de citoyens soviétiques eux-mêmes. Lorsqu'on découvre que l'URSS se lance dans la course à l'armement nucléaire, toute information devient très précieuse. Ainsi, on examine de près tout objet, même le plus anodin, rapporté d'une zone à risque afin d'en mesurer le taux de radioactivité. On raconte que, en 1955, la ville secrète de Tomsk-7 a été classée comme site d'enrichissement du programme nucléaire soviétique sur la foi... d'un simple bonnet de ski ! Les Soviétiques, ayant compris la méthode des Occidentaux, prennent alors un malin plaisir à brouiller les pistes en fournissant du matériel radioactif en provenance de régions où il ne se passe rien...

Dans ce contexte, il a été suggéré que certains membres du groupe de touristes – deux, voire plus – auraient été recrutés par le KGB à l'insu de leurs compagnons de voyage pour fournir de fausses preuves de vêtements soumis à des radiations. Le randonneur auquel on pense, c'est Krivonischenko, qui, on l'a vu, avait travaillé pour le développement du programme nucléaire. Étant donné son profil, peut-être a-t-il été approché par les services secrets occidentaux, avant de devenir agent double, chargé de fournir du faux matériel radioactif à l'Ouest ?

Pour l'aider dans sa tâche, Zolotarev apparaît comme le personnage tout désigné. Arrêtons-nous un instant sur le membre du groupe le plus mystérieux, dont nous avons peu parlé jusqu'à présent. Beaucoup plus âgé que les autres (il est né en 1921), Zolotarev n'est pas un étudiant. Il se présente à ses compagnons sous le nom d'Alexandre, mais, en réalité, il se prénomme Semen. Son expérience durant la guerre présente quelques étrangetés.

En octobre 1941, Zolotarev rejoint l'armée. Il aurait atteint la ligne de front le 10 mai 1942, soit après six mois de formation, alors que les unités du génie militaire auxquelles il appartient sont envoyées au combat après trois mois seulement. Sa biographie indique que son unité, comme toutes les autres, était chargée de créer des brèches dans les défenses allemandes. Autant dire que cette situation en première ligne, sous le feu nourri de l'ennemi, entraînait un taux de mortalité énorme : lors de grandes batailles, certaines de ces troupes ont vu leurs effectifs fondre de 80 % en quelques jours à peine, au point d'être qualifiées d'unités suicides. L'immense majorité de la classe d'âge de Zolotarev a disparu dans le conflit : seulement 3 % de la classe 1921-1922 a ainsi survécu. Mais lui s'en tire sans problème jusqu'en 1946 et reçoit même quatre médailles : l'ordre de l'Étoile rouge, « Pour la défense de Stalingrad », « Pour la prise de Königsberg » et « Pour la victoire sur l'Allemagne ». Ce nombre est très élevé pour un soldat soviétique : peu vivent assez longtemps ou ne sont pas assez qualifiés pour s'en voir décerner autant. De plus, il n'est pas évident pour certaines nationalités ou classes sociales d'être médaillées. C'est le cas des Tchétchènes, qui sont déportés au Kazakhstan à partir du 23 février 1944, ou des Cosaques, trop religieux et indépendants dans l'âme pour ne pas agacer Moscou. Or, Zolotarev est un Cosaque ; de plus, curieusement, on ignore les circonstances et le lieu des faits militaires qui lui ont valu de telles récompenses. Connaissant la sévérité dont fait alors preuve l'URSS envers les faussaires, on imagine mal qu'il ait inventé de toutes pièces ses faits d'armes ou falsifié des documents. À moins que le KGB ne soit complice de cette désinformation...

Toujours est-il que, après la guerre, Zolotarev rejoint le parti communiste et travaille dès 1946 pour l'université de génie militaire de Leningrad, puis pour l'Institut d'éducation physique de Minsk. Au début des années 1950, il est guide pour les touristes qui souhaitent découvrir les beautés de l'Altaï, dans le sud de la Sibérie. Étrange parcours pour un héros de guerre, non ? Et ce n'est pas tout : au lieu de s'installer dans un lieu fixe, Zolotarev a la bougeote. Il se déplace à plusieurs reprises dans toute l'Union soviétique sans la moindre justification. C'est un Cosaque, nous l'avons dit, et pourtant il ne s'est jamais marié et n'a jamais eu d'enfants. Enfin, par une coïncidence grinçante, il devait fêter son trente-huitième anniversaire le 2 février 1959. Ce sera le jour de sa mort...

À supposer, donc, que Zolotarev et Krivonischenko étaient des officiers du KGB chargés par exemple de dépister une cellule d'agents de la CIA installée dans la région, qu'a-t-il bien pu se passer ? Les deux hommes auraient profité de la randonnée pour croiser la route d'un autre groupe de faux randonneurs à qui ils auraient remis des échantillons radioactifs sous couvert d'un échange de cadeaux. Ils en auraient profité pour prendre des photographies des espions américains. Mais la rencontre se serait mal passée et les Américains, découvrant le double jeu joué par Zolotarev et Krivonischenko, auraient fini par tuer tout le groupe.

Cette hypothèse se heurte malgré tout à deux questions : comment expliquer que les deux hommes du KGB soient partis à un rendez-vous hautement dangereux avec des espions ennemis en s'embarrassant d'une troupe d'étudiants innocents ? Et si des espions étrangers ont assassiné les randonneurs russes, pourquoi ne l'ont-ils pas fait avec des armes à feu, dont l'usage est alors largement répandu dans l'Oural, plutôt qu'en les laissant mourir de froid ou en leur infligeant des blessures ?

L'hypothèse ovni

En général, dans les dossiers inexpliqués, l'hypothèse de l'ovni est celle que l'on aborde avec des pincettes tant elle semble la plus improbable. Sauf que, dans l'affaire du col Dyatlov, l'explication paranormale (avec l'intervention d'extraterrestres ?) est du domaine du plausible. La formule est loin d'être gratuite : elle découle d'éléments pour le moins troublants.

En priorité, il y a, au début des années 1990, les déclarations fracassantes de Lev Ivanov, l'homme en charge de l'enquête sur l'affaire Dyatlov. L'enquêteur de police, maintenant à la retraite, confesse à un petit journal kazakh, le *Leninsky Put*, que la mystérieuse force qu'il évoquait en 1959 dans son rapport était associée à un événement inhabituel de nature paranormale. Accompagné à l'époque par E. P. Maslenikov, un spécialiste envoyé par Moscou, il a été intrigué par les pins de la forêt où ont été retrouvés les corps : la partie supérieure des arbres était comme brûlée. Puis Ivanov lance un gros pavé dans la mare : il affirme qu'Andreï Kirilenko, chef du parti communiste de l'Oural et membre du Congrès des Soviets, a rendu compte de l'enquête à Nikita Khrouchtchev en personne. À la suite de quoi, lui-même et son conseiller A. F. Ashtokin ont intimé l'ordre à Ivanov de clore le dossier. Au préalable, on lui a demandé d'en retirer toutes les références à des objets volants non identifiés ou à des phénomènes étranges, rapportés notamment dans des témoignages et dépeints dans des dessins réalisés par des chasseurs mansis.

Selon Ivanov, les autorités n'avaient alors aucune explication rationnelle à fournir et se montraient préoccupées par les rapports de nombreux témoins oculaires, dont les services météorologiques et des militaires, à propos de mystérieuses « sphères lumineuses volantes » aperçues dans la région en février et mars 1959. « Je me doutais bien à l'époque, et je suis presque sûr maintenant, que ces sphères lumineuses volantes ont une connexion directe avec la mort du groupe », soutient l'ancien policier. Parmi ces témoignages, les plus solides sont ceux d'un autre groupe de randonneurs, des étudiants géographes qui se trouvaient, la nuit du drame, à quelque 50 kilomètres plus au sud. Ils affirment avoir observé d'étranges sphères orange dans le ciel, vraisemblablement en direction du Kholat Syakhl. L'un des étudiants décrit un corps circulaire brillant flottant dans le ciel, de la taille d'une pleine lune, émettant une sorte de lumière blanche et bleue entourée d'un halo bleuâtre. Selon son témoignage, le halo formait des flashes de lumière, comme ceux d'un orage lointain.

Durant les mois de février et mars 1959, plusieurs autres témoins, parmi lesquels les services météorologiques mais aussi les militaires, ont eu l'occasion d'apercevoir ces lumières inconnues à Ivdel et dans ses environs. Ainsi, des soldats ont raconté avoir observé le mouvement lent du sud vers le nord d'un « nuage de sphères mobiles » le 17 février, vers 6 heures 40 du matin. Le phénomène a duré de cinq à quinze minutes selon la position qu'occupaient les hommes, très éloignés les uns des autres. Même des civils ont rapporté cet événement au journal local *Taghilsky Work*, qui a publié un article sur les étranges visions recensées dans la région. Des chasseurs mansis prétendent également avoir vu des sphères volantes près du Kholat Syakhl.

Quant à l'équipe de recherches, elle aussi a été confrontée, à plusieurs reprises, à ces phénomènes lumineux. Valentin Yakimenko, un bénévole qui faisait partie des sauveteurs, a ainsi raconté ce qu'il avait aperçu dans la nuit du 31 mars 1959 : « C'est arrivé très tôt le matin, alors qu'il faisait encore nuit. Viktor Mescheryakov, qui effectuait son tour de garde, a quitté la tente et remarqué une large sphère lumineuse dans le ciel. Il a réveillé tout le monde. Nous avons contemplé ce disque environ vingt minutes jusqu'à ce qu'il disparaisse derrière la montagne. Depuis notre tente, nous l'avons vu s'éloigner du sud-est vers le nord. Cet événement nous a tous effrayés. Nous étions sûrs qu'il avait un lien avec la mort du groupe Dyatlov. »

Se peut-il que l'un des skieurs se soit absenté de la tente durant la nuit, peut-être pour satisfaire un besoin naturel, qu'il ait aperçu la sphère fonçant vers la tente, ou tout autre phénomène effrayant, et qu'il ait hurlé pour réveiller ses amis et fuir au plus vite ? Ces phénomènes lumineux ont-ils poursuivi les neuf randonneurs et les ont-ils tués les uns après les autres, d'une manière qui puisse faire croire qu'ils étaient morts de froid ? Ces boules lumineuses étaient-elles radioactives ? Et qui ou quoi les contrôlait ?

Ou alors, faut-il croire qu'Ivanov a beaucoup exagéré et qu'il comptait surtout sur cette interview pour gagner de l'argent ? L'on sait cependant que Kirilenko, personnage haut placé, s'est montré très actif dans la recherche d'informations sur les ovnis dans les archives du KGB, révélant plus qu'un simple intérêt pour le paranormal. Curieusement, cette obsession s'est développée après l'affaire Dyatlov. Cette initiative d'un membre du plus haut corps législatif soviétique n'est-elle pas troublante sous un régime qui prohibait tout intérêt pour le paranormal, considéré par les communistes comme une pseudo-religion ?

L'ultime réponse ?

Aujourd'hui encore, la tragédie du col Dyatlov continue d'inspirer un certain nombre d'œuvres. En 2013, l'Américain Renny Harlin a ainsi réalisé un film d'horreur du genre *found footage* intitulé *Dyatlov Pass Incident*, qui présente l'hypothèse du complot gouvernemental. À la toute fin de cette même année, un autre Américain, le documentariste Donnie Eichar, relance tout le dossier en publiant un ouvrage, *Dead Mountain : the Untold True Story of the Dyatlov Pass Incident*, dans lequel il prétend détenir la vérité sur ce qui s'est passé cinquante-quatre ans plus tôt.

Dans un article du *Daily Mail* du 24 décembre 2013, Eichar présente une théorie inédite qui bat en brèche toutes les hypothèses complotistes avancées jusque-là. Lui-même assure avoir passé quatre années à enquêter. À l'aide de journaux et de photos de l'époque ainsi que de documents longtemps conservés discrètement par les autorités russes, il a retracé l'expédition des randonneurs, retrouvant des témoins et des proches des victimes. Ses conclusions sont étonnantes : la mort des randonneurs s'explique par « une série d'événements particuliers liés à de forts vents qui ont déclenché des infrasons engendrant un sentiment de panique générale dans le campement ». Autrement dit, des vibrations sonores habituellement de faible fréquence auraient gagné en puissance au point d'engendrer des douleurs d'oreilles insupportables. Rendus comme fous, les randonneurs auraient brutalement fui leur tente pour échapper à cette torture sonore. Transis de froid, ils seraient ensuite morts d'hypothermie.

À l'appui de sa théorie, Eichar avance d'une part la topographie particulière du mont Otorten, qui favoriserait la propagation de ces vagues d'infrasons, et d'autre part l'ignorance des scientifiques de l'époque sur ce curieux phénomène : « Les enquêteurs officiels ne bénéficiaient pas alors des connaissances et de la technologie d'aujourd'hui. C'est grâce au progrès scientifique accompli depuis lors que j'ai pu arriver à cette conclusion », explique le documentariste au *Daily Mail*.

Bien que des scientifiques russes aient apporté leur soutien à Donnie Eichar, cette thèse, plus rationnelle que nombre d'autres soulevées depuis 1959, ne semble pas suffisamment convaincante pour refermer le débat sur l'une des plus grandes énigmes de l'ère soviétique. Certes, elle repose sur un fondement scientifique, mais elle est loin d'expliquer comment sont vraiment morts les neuf randonneurs ainsi que la nature des blessures dont ont été victimes certains d'entre eux. Et il ne semble pas qu'un tel phénomène, apparemment terrifiant, ne se soit jamais reproduit dans la région du drame, ni ailleurs.

On le voit, l'affaire du col Dyatlov est loin d'avoir livré tous ses secrets. Une fondation Dyatlov a été créée à Iekaterinbourg avec l'appui de l'université technique d'État de l'Oural, où étudiaient les jeunes gens. Sa mission avouée est de convaincre les autorités de relancer l'enquête et de perpétuer la mémoire des randonneurs. Au col Dyatlov, baptisé ainsi en l'honneur du leader de l'équipe, se dresse aujourd'hui un mémorial édifié par quelques bénévoles. Seul survivant de cette dramatique affaire, Iouri Ioudine s'était confié ainsi : « Si j'avais une seule question à poser à Dieu, ce serait : qu'est-il arrivé à mes compagnons cette nuit-là ? » Il est mort le 27 avril 2013 sans jamais avoir obtenu la réponse. Depuis le 4 mai, il est enterré au cimetière Michailovskoe, aux côtés de ses amis.

Sources

• Tony Rennell, « Just what did slaughter nine hikers on Siberia's Death Mountain in 1959 ? », *Daily Mail*, 23 août 2013.

• Dary Gonzales, « The Dyatlov Pass Incident location draws in tourists », Russia beyond the headlines, 25 février 2013.

• Donnie Eichar, *Dead Mountain : the Untold True Story of the Dyatlov Pass Incident*, Chronicle Books, 2013.

• Nathalie Lamoureux, « L'affaire du col Dyatlov », *Le Point*, 21 septembre 2012.

• Svetlana Osadtchouk, « Mysterious deaths of 9 skiers still unresolved », *St. Petersburg Times*, 19 février 2008.

• Le site Aquiziam World Mysteries : www.aquiziam.com.

5

Le pont des chiens suicidaires

L'Overtoun Bridge, en Écosse, a une sale réputation : depuis les années 1950, de nombreux chiens qui empruntent ce pont anodin s'en élancent sans raison... et toujours du même côté !

Tous les amateurs d'insolite vous le diront : l'Écosse est une terre fertile en légendes et en mystères. Pourtant, qui aurait entendu parler de l'Overtoun Bridge, près de la ville de Milton, si, sur ce pont justement, il ne s'était déroulé de curieux événements ? Des phénomènes à ce point troublants pour la population des alentours, et bientôt le reste de l'Écosse, que des experts s'en sont mêlés afin d'éclaircir ce mystère canin. Car, dans cette histoire, il est question non d'humains mais d'animaux. Un dossier très étrange, où les explications de nature scientifique côtoient les puissances surnaturelles...

Attention, chute de chiens !

Nul ne sait quand cela a vraiment commencé. Dans les années 1950, selon l'estimation la plus souvent faite, mais sans qu'une année, encore moins une date précise, ne soit avancée. Toujours est-il que, si l'on en croit les habitants de cette région de l'ouest de l'Écosse, des chiens ont changé d'attitude dès qu'ils ont emprunté le pont Overtoun. De tranquilles ou indifférents, ils sont devenus tendus et agités lors du passage de ce pont. Et, pratiquement toujours au même endroit, du côté droit de l'ouvrage, certains d'entre eux ont escaladé le parapet et se sont élancés dans le vide, s'écrasant une quinzaine de mètres plus bas, à la grande horreur de leurs maîtres impuissants. Chaque fois, la scène s'est déroulée lors d'une journée sèche et ensoleillée. Plus stupéfiant encore : certains chiens qui, par miracle, ont survécu à leur chute seraient remontés sur le pont Overtoun et auraient tenté de nouveau d'en sauter !

Avec le temps, les chiffres les plus fantaisistes ont circulé : il a été question de centaines de chiens morts dans d'atroces conditions. Mais si l'on recoupe toutes les déclarations, les articles et les analyses publiés sur cette histoire, ce serait en réalité autour d'une cinquantaine de chiens qui auraient péri en se jetant depuis le pont.

D'abord anecdotique, ce phénomène angoissant a vite alimenté les rumeurs à mesure que les incidents, tous identiques dans la forme, se sont multipliés. Les propriétaires de chiens, sensibles à la mauvaise réputation grandissante du pont, bientôt rebaptisé « the Dog Suicide Bridge » (« le pont où les chiens se suicident »), ont peu à peu évité d'y promener leurs animaux de compagnie.

Une vision traumatisante

Certains, défiant les racontars, se sont malgré tout aventurés sur le pont, raconte le *Daily Mail* en 2006. Comme Donna Cooper, qui, en 1995, a vu son chien Ben, un colley, grimper soudainement sur le parapet et s'élancer dans le vide pour s'écraser sur les rochers en contrebas. Une scène traumatisante pour le jeune fils de cette femme, lui aussi présent. « L'une des pattes de Ben et sa mâchoire étaient cassées, son dos était aussi brisé. Le vétérinaire a dit que le chien souffrait et qu'il ne s'en remettrait pas, aussi avons-nous dû le laisser partir », raconte Donna. Une autre amie des chiens, Fiona Craig, a également vu le sien courir vers le pont et sauter. De son côté,

Ken Low, un autre habitant de la région, n'a rien pu faire lorsque son compagnon à quatre pattes s'est jeté de l'Overtoun Bridge. Un drame similaire est arrivé à Kenneth Meikle, qui, avec sa famille, a assisté, impuissant, à la chute de son golden retriever Hendrix. « Je me promenais avec ma conjointe et les enfants quand tout à coup le chien a grimpé sur la rambarde et sauté. Ma fille a hurlé et j'ai couru vers la rive à l'endroit où le chien était étendu. Nous avons réussi à le récupérer. » Par chance, Hendrix a en effet touché terre sur un tapis de mousse qui a amorti sa chute. Il s'en est tiré sans blessure grave. Un véritable miracle !

Un pont vraiment sinistre ?

De l'Overtoun Bridge, on sait en définitive assez peu de choses. Surplombant l'Overtoun Burn, un ruisseau qui se faufile dans la campagne près de Milton, dans le burgh de Dumbarton, le pont se trouve à quelques mètres d'un vieux manoir victorien, Overtoun House, construit dans les années 1860 par un certain James White. En 1884, ce dernier décède et son fils héritier, John Campbell White, devenu lord Overtoun, emménage au manoir après la mort de sa mère en 1891. L'année suivante, il s'entend avec le révérend Dixon Swan, détenteur des terres adjacentes de la ferme Garshake, pour étendre sa propriété vers l'ouest. C'est pour relier les deux parties de son nouveau domaine, séparées par une chute d'eau, que White fait édifier un pont en 1895.

De style victorien, l'Overtoun Bridge est un ouvrage de granit en arc, doté sur les côtés de bastions crénelés qui offrent une meilleure vue sur le paysage. On doit sa conception à Henry Milner, fils du fameux architecte paysagiste anglais Edward Milner (1819-1884). La structure, qui n'est guère impressionnante par sa taille – environ 30 mètres de long sur une quinzaine de hauteur –, domine un petit ravin en friche où sillonnent des sentiers non entretenus.

Pour autant que l'on sache, la construction de l'ouvrage n'a été marquée d'aucun fait inquiétant ou anormal. Ce qui n'empêche pas de petits malins en informatique d'ajouter, sur les photos disponibles sur Internet, un traitement graphique pouvant laisser croire que le pont est entouré d'une aura sinistre de pluie et de brouillard, dans le plus pur style « gothique » – alors qu'en réalité, par beau temps, ce qui était le cas lors de chaque chute de chiens, l'endroit, verdoyant et paisible, dégage plutôt un charme suranné.

Le geste d'un fou

L'Overtoun Bridge, un endroit tranquille, en somme ? Pas si sûr. Car hormis les « suicides » de chiens, il s'y est quand même passé un fait divers réellement angoissant. En 1994, un habitant de la région, un certain Kevin Moy, est tout à coup persuadé que son jeune fils est l'Antéchrist. Terrifié, perdant la tête, il le jette du haut du pont Overtoun. Le garçon, grièvement blessé, décède le lendemain. Quant à Moy, après son infanticide, il pénètre dans Overtoun House, se saisit d'un couteau de cuisine et entreprend de se suicider en se tailladant les veines. Sauvé de justesse, il survivra à ses blessures et sera interné dans un établissement spécialisé. Juste avant d'être écarté du monde, il aurait expliqué aux autorités que Satan avait posé sa marque sur la tête de son enfant et que le garçon était à l'origine de la guerre du Golfe de 1990-1991. Kevin Moy, dont on apprendra aussi qu'il prenait des drogues, ne cessera de clamer que le pont est hanté et qu'il agit autant sur les hommes que sur les chiens...

Très probablement ne fait-il que rapporter à sa manière les rumeurs qui circulent déjà depuis longtemps autour du pont, mais la violence de son acte avive la curiosité de nombreux amateurs d'insolite, qui viennent en masse de tout le Royaume-Uni et d'ailleurs pour tenter de découvrir le fin mot de l'histoire. Une force mystérieuse pousse-t-elle les chiens à sauter de l'Overtoun Bridge ? Comment expliquer ce phénomène saisissant ? Comme pour chaque dossier non élucidé, les hypothèses ne manquent pas. Mais quelles pistes doit-on privilégier ? Le facteur psychologique, l'explication rationnelle ou bien la thèse… surnaturelle ?

Les chiens peuvent-ils se suicider ?

Les chiens sautent-ils du pont de leur plein gré ? Comment être certain qu'ils ont bien l'intention de mettre fin à leur existence ? S'il est avéré que les animaux peuvent adopter des comportements sociaux similaires à ceux des humains, comme l'adultère ou l'homosexualité, de l'avis de l'immense majorité des spécialistes, ils ne se suicident pas.

Dans le dictionnaire, le suicide se définit par « le fait de se tuer, de se donner la mort, ou de tenter de se la donner, pour échapper à une situation psychologique intolérable ». Cet acte, dans l'esprit de celui qui le commet, doit entraîner sa mort à coup sûr. Le suicide implique par conséquent de disposer d'un ensemble de capacités cognitives très évoluées. Au premier chef, cela signifie qu'il faut avoir conscience de sa propre existence. Autrement dit, il faut pouvoir se projeter dans l'avenir et comprendre qu'une action précise engendrera la mort, une mort que, de plus, l'on recherche.

Si certaines espèces comme les primates, les pies ou les dauphins sont capables de reconnaître leur reflet dans un miroir, elles n'ont pas ou très peu conscience de leur existence. Dans le cas d'un animal comme le chien, il est improbable qu'il cherche délibérément à se supprimer, et même qu'il soit conscient qu'il puisse mourir s'il se comporte d'une façon dangereuse. A-t-on déjà vu un chien se jeter sous une voiture ou s'empoisonner lui-même ? Certes, il existe des « cimetières » où les éléphants et les dauphins devenus trop vieux s'isolent pour finir leur existence ; mais il s'agit plus d'un comportement instinctif, d'un réflexe acquis pour ne pas nuire au groupe, que de la volonté manifeste de se suicider. De la même façon, lorsqu'un animal se jette dans le vide, seul ou en groupe (on pense au fameux exemple des lemmings), c'est pour tenter désespérément d'échapper à un danger plutôt que pour se tuer.

Ainsi, jusqu'à preuve du contraire, aucune espèce animale en dehors de l'homme ne détient le triste pouvoir de se donner délibérément la mort. Ce qui est certain, en revanche, c'est que les animaux sont plus sensibles que les humains à quantité d'émotions et de stimuli extérieurs. Dotés d'une intelligence qui leur est propre, ils peuvent éprouver joie et tristesse. Un chien, comme d'autres animaux, est ainsi capable de déprimer et de trouver la vie pénible. Demandez à ceux qui en possèdent un : ils vous diront tous que leur animal favori peut passer par des phases de langueur qui le poussent à rester inactif, à moins jouer ou à délaisser sa nourriture. Si l'animal s'ennuie et déprime, il peut devenir victime de troubles du comportement.

Nous avons tous entendu l'histoire de ces chiens qui, paraît-il, se laissent mourir de tristesse ou de faim après la disparition de leur maître. Mais ce n'est pas un désir conscient de se donner la mort. En fait, le chien est « programmé » pour vivre d'une certaine manière : le décès de son maître le prive de ses repères habituels au point de modifier son comportement et de dégrader sa santé jusqu'à la mort. C'est donc l'altération mal maîtrisée de l'environnement qui déclenche un trouble menant au « suicide », pas une volonté de mourir. Bref, ce n'est pas parce qu'un chien déprime qu'il a conscience de son existence et donc qu'il est capable d'y mettre un terme de lui-même. L'Overtoun Bridge n'est donc en aucun cas un « cimetière de chiens ».

L'attaque d'un parasite ?

Si le chien ne se suicide pas, se pourrait-il alors qu'il soit victime d'un dérèglement physiologique ? Ainsi, il a été établi que certains parasites pouvaient déclencher des comportements suicidaires chez les animaux. En 2011, des scientifiques ont montré que des rats infectés par le *Toxoplasma gondii*, un parasite intracellulaire agent de la toxoplasmose, affichaient des signes d'excitation sexuelle au lieu d'éprouver de la peur après avoir reniflé de l'urine de chat. Dans cette situation, les rongeurs avaient tendance à rechercher la présence de leur ennemi mortel au lieu de le fuir, et donc à aller droit vers la mort. Mais, là encore, il ne s'agit pas de suicide, juste d'un acte provoqué par une maladie.

Admettons qu'un parasite déclenche un phénomène analogue chez les chiens. Pourquoi, dans ce cas, cela se manifesterait-il uniquement sur le pont Overtoun, et seulement par beau temps ?

Et si les chiens étaient télépathes ?

Certains avancent une thèse plus subtile : les chiens très attachés à leur propriétaire seraient hypersensibles à l'état d'esprit de leur maître et absorberaient littéralement, comme une « éponge psychique », leurs pulsions suicidaires ! Kendal Shepherd, une vétérinaire du Northamptonshire réputée dans toute l'Angleterre pour sa connaissance du comportement canin, est ainsi convaincue que les chiens peuvent souffrir de psychose. De tout temps, ils ont été élevés pour le travail, la garde ou la chasse. De nos jours, s'ils travaillent moins, ils sont encore des compagnons très proches de nous, de sorte que nous pourrions, peut-être à notre insu, transférer sur eux nos émotions, positives ou non.

Rupert Sheldrake, un biochimiste anglais devenu parapsychologue, va plus loin. Très décrié dans le monde scientifique pour ses théories novatrices sur la « résonance morphique », auteur de l'ouvrage à succès *Sept expériences qui peuvent changer le monde* (1994), ce docteur en biochimie de Cambridge, titulaire à l'Institut des sciences noétiques de Californie, s'intéresse notamment de près à la télépathie humaine et animale. Chez l'homme, il a étudié la fameuse « sensation d'être observé par quelqu'un ». Chez les chiens, il a également mené plusieurs expériences qu'il a synthétisées dans *Ces chiens qui attendent leur maître* (2001).

Dans l'une de ces expériences, Sheldrake a voulu prouver que les chiens pouvaient capter à distance les pensées et les intentions de leur maître et qu'ils ne réagissaient pas seulement à des indices physiques pour comprendre ce que souhaitait leur propriétaire. Pour cela, une femme et son chien ont été filmés séparément dans plusieurs environnements. Tandis que le quadrupède restait à la maison, la propriétaire s'absentait pour la journée avec pour instructions de revenir à une heure choisie par les organisateurs de l'expérience, à bord d'un taxi pour ne pas produire des sons de voiture familiers au chien. Ce qui s'est passé est très étonnant : onze secondes à peine après qu'on a demandé à la femme de regagner sa maison, l'animal s'est posté à la fenêtre pour attendre le retour de sa maîtresse et il n'en a pas bougé durant les quinze minutes qu'il a fallu à cette dernière pour arriver !

Si l'on admet qu'il est possible de transmettre des pensées ou des intentions aux chiens, il se pourrait donc que ceux qui ont sauté de l'Overtoun Bridge l'aient fait parce qu'ils recevaient des signes négatifs de la part de leurs maîtres. À l'appui de cette théorie, il y a le constat que la ville de Dumbarton, non loin de l'endroit où le pont est situé, est une zone économique en net déclin, régulièrement citée comme l'un des endroits les plus déprimants où vivre en Grande-Bretagne… Les suicides au sein de la population jeune y auraient fortement augmenté ces dernières années et constitueraient désormais la cause majeure de décès pour les jeunes hommes, davantage même que les accidents de la route.

Sauf que cette explication perd de sa valeur lorsqu'on sait qu'aucun propriétaire de chien victime du pont n'affichait publiquement de tendances suicidaires. Selon la vétérinaire Kendal Shepherd, « le suicide humain est d'ordinaire accéléré par le sentiment que demain ne sera pas mieux qu'aujourd'hui. Or, il n'y a aucune preuve que les chiens possèdent les notions d'aujourd'hui et demain ». Par ailleurs, le phénomène de ces suicides canins a commencé dans les années 1950, dans une période moins difficile sur le plan économique. Enfin, à supposer que les chiens soient effectivement sensibles aux états d'âme de leur maître, il faudrait là encore expliquer pourquoi ils se jettent du pont Overtoun et pas d'un autre.

Un stimulus sensoriel ?

Outre les hypothèses psychologiques ou paranormales sur la conscience de la race canine, que nous reste-t-il ? Il faut peut-être chercher du côté de stimuli envoyés aux chiens lorsqu'ils traversent l'Overtoun Bridge.

Manifestement, il y a un élément qui perturbe certains d'entre eux à un endroit précis du pont. Pour s'en assurer, on y a reconduit Hendrix, le golden retriever connu pour avoir survécu à sa chute. Ce que l'on a observé laisse songeur : l'animal s'est comporté normalement jusqu'à ce qu'il arrive avec son maître à l'extrémité droite du pont, là même où il avait sauté plusieurs années auparavant. S'est-il alors souvenu de l'endroit, a-t-il ressenti de nouveau quelque chose ? Quoi qu'il en soit, le chien a grogné, s'est crispé et s'est approché du mur pour l'observer de près. Hendrix, très âgé, n'a rien tenté de plus, mais l'expérience a semble-t-il troublé les témoins.

On s'est d'abord demandé si les chiens apercevaient quelque chose qui les poussait à sauter. En fait, lorsqu'on passe sur l'Overtoun Bridge à hauteur de quadrupède, les murets de granit sont si hauts qu'on ne voit rien des alentours. Privés de repères visuels, n'ayant peut-être pas mémorisé qu'ils se trouvaient sur un point élevé par rapport au sol, les chiens pourraient grimper sur le parapet par curiosité et se trouveraient soudain projetés dans le vide par surprise. Sauf que cette thèse n'explique pas pourquoi certains d'entre eux, ayant réchappé à leur chute, tenteraient une nouvelle fois de sauter lorsqu'ils repassent sur le pont…

Une autre hypothèse envisagée : les chiens sont attirés par un son particulier. Ces animaux, on le sait, ont une ouïe particulièrement fine.

Pourquoi ne percevraient-ils pas un son indécelable par l'oreille humaine, et qui perturberait leur psychisme ? On a soulevé la possibilité d'ondes nocives transmises par les lignes électriques aériennes ou enfouies sous le pont. Certaines mauvaises langues ont également accusé la base nucléaire de Faslane, à proximité, de diffuser des sons audibles seulement par les chiens. Mais les spécialistes en électro-acoustique qui ont examiné le site et procédé à des tests n'ont rien trouvé d'anormal. Cependant, tous ceux qui sont passés sur le pont ont remarqué le bruit permanent de l'eau qui s'écoule sous l'ouvrage et envahit en quelque sorte le paysage sonore.

La piste olfactive

Si ce n'est ni la vue, ni l'ouïe, serait-ce… l'odorat ? Cette piste semble d'autant plus judicieuse que tous les chiens victimes du pont – des colleys, des labradors, des golden retrievers… – appartenaient à des races réputées pour leur flair très développé. Comme le souligne le docteur Sands, sur le pont, « lorsque vous vous abaissez à la hauteur d'un chien, les murs de granit épais de 30 centimètres masquent la vision et retiennent tous les sons. Par conséquent, le seul sens primaire qui ne soit pas confiné, c'est celui de l'odorat, qui s'exacerbe brutalement ».

David Sexton, sollicité à son tour en qualité d'expert en comportement animal, a observé de près la zone située directement sous le pont. Il a très vite découvert que des souris et des visons vivaient là, de même que des écureuils, dont il déniché les tanières dans les soubassements de la structure. Pour en savoir plus, il s'est alors livré à une expérience avec dix chiens appartenant aux races touchées par les suicides pour étudier leur comportement en présence d'odeurs. Sur un terrain préparé à l'avance, il a disposé des objets contenant des effluves de souris, d'écureuil et de vison. Les résultats se sont révélés remarquables : alors que l'un des chiens s'est dirigé vers l'odeur d'écureuil, deux ont choisi de rester avec leur maître… et les sept autres ont foncé tout droit vers l'odeur de vison ! Les chiens seraient donc ultrasensibles aux traces très fortes laissées par les glandes anales des visons.

De là à en déduire que les animaux traversant le pont Overtoun ont été attirés par la forte odeur des visons vivant en contrebas, il n'y a qu'un pas. D'autant que deux éléments viennent appuyer cette thèse. D'abord, les visons, introduits en Écosse dans les années 1920, seraient devenus très nombreux à partir des années 1950, la période où justement les incidents ont commencé. Ensuite, il est connu que leur odeur est plus concentrée par temps sec. Or, tous les accidents ont eu lieu sous le soleil !

Si cette hypothèse est de nature à réduire l'incompréhension de certains maîtres touchés par la perte de leur compagnon à quatre pattes, elle n'explique pas pour autant pourquoi les chiens sautent précisément de ce pont pour chasser des visons qui existent par ailleurs par dizaines de milliers en Écosse. D'ailleurs, David Sexton admet qu'il faudrait davantage qu'une simple odeur, aussi séduisante soit-elle, pour convaincre un chien de sauter de 15 mètres de haut. Il n'a pas non plus d'argument pour expliquer pourquoi, même si une odeur précise pousse les animaux à franchir le parapet, ceux qui ont survécu à leur chute sont remontés sur le pont pour sauter de nouveau…

Une force paranormale ?

Des rumeurs circulent depuis toujours sur l'endroit même où a été construit le pont Overtoun. L'ouvrage a d'ailleurs la réputation d'être fréquenté par des entités spectrales. Pour certains, ce serait le fantôme d'une femme, à l'identité inconnue, qui hanterait le pont et qui inciterait les chiens à sauter vers le sol. Ceux-ci, on l'a vu, sont plus sensibles que les humains et perçoivent des sons ou des ondes que nous ne décelons pas. Est-il alors possible qu'une force paranormale prenne « possession », en quelque sorte, de nos animaux de compagnie et les influence au point qu'ils s'élancent délibérément vers leur trépas ?

Des chroniqueurs locaux se plaisent à rappeler régulièrement que, selon la tradition celtique, Overtoun est un lieu à part, une « zone fragile » entre deux mondes, le nôtre et l'au-delà. D'ailleurs, Overtoun House, le manoir tout proche, a lui aussi la réputation d'être habité par des fantômes... Au pays du loch Ness et des châteaux hantés, rien d'étonnant, n'est-ce pas ? Si l'on prend cette théorie au sérieux, les chiens verraient-ils quelque chose dans le monde qui nous est invisible, une scène qui les traumatiserait jusqu'à les pousser à sauter dans le vide pour échapper à cette vision ?

Autant dire que médiums, voyants et spécialistes du surnaturel ont rendu visite en nombre à cet endroit insolite pour y mesurer l'hypothèse surnaturelle. Mais rien n'est jamais venu attester d'une quelconque présence inexpliquée. Mary Armour, qui se présente comme médium, a voulu s'en rendre compte par elle-même et s'est promenée sur le pont en compagnie de son propre labrador. Lors de sa sortie, elle s'est concentrée sur ses sensations mais n'a rien ressenti d'inhabituel, déclarant après coup que le problème n'était pas d'origine psychique ou surnaturelle. Elle a rapporté que, une fois sur la structure, elle avait plutôt éprouvé un sentiment de calme et de sérénité, aucune énergie négative. Malgré tout, elle a remarqué que son chien tirait sa laisse vers le côté droit du pont...

Si la théorie olfactive semble la plus séduisante, elle n'explique pas tout pour autant, notamment le fait que le phénomène soit localisé dans une zone très étroite de l'Overtoun Bridge. Y aurait-il une autre explication à laquelle personne n'aurait encore songé ? Jusqu'ici, ce site mystérieux, qui continue d'alimenter de folles rumeurs, demeure le théâtre d'un phénomène inexpliqué.

Sources

• « Why have so many dogs leapt to their death from Overtoun Bridge ? », *Daily Mail*, 17 octobre 2006.

• Rupert Sheldrake, *Ces chiens qui attendent leur maître : autres pouvoirs inexpliqués des animaux*, Éditions du Rocher, 2001.

• David Sands, « The Overtoun Bridge Mystery » : www.problem-pets.co.uk/media/overtounbridge.asp.

• Le site de Kendal Shepherd : www.kendalshepherd.com.

• Un reportage en français sur le pont Overtoun : www.wat.tv/video/pont-mort-26djp_2f1q1_.html.

• Le pont de la mort : www.youtube.com/watch?v=41eSvwwJ1-I.

6

Le château de Lunéville est-il maudit ?

Il était une fois, en Lorraine, un château si beau qu'on l'a surnommé « le petit Versailles ». Mais ce joyau architectural serait frappé d'une malédiction : pas moins de treize incendies, pour la plupart inexpliqués, l'ont dévasté… dont deux d'entre eux à une date identique !

Le désastre de 2003

Ce 2 janvier 2003, vers 18 heures 30, toute la cité lorraine de Lunéville, près de Nancy, est en émoi. Les sirènes de pompiers hurlent dans les rues inquiètes. Dans les casernes, la nouvelle terrifiante se répand chez les soldats du feu : le château est en feu !

Le « château des Lumières », un chef-d'œuvre d'architecture à la française, est la fierté de la ville. Mais, pour l'heure, les flammes l'ont pris d'assaut. Et il faut faire vite, très vite, car le feu a pris sous la toiture de la chapelle et s'étend très rapidement vers le corps central de l'aile sud. Sur place, ce sont bientôt cent cinquante pompiers qui se massent devant l'édifice, mais le vent, qui souffle en rafales de 100 kilomètres par heure, complique considérablement leur tâche.

Vers 19 heures 15, la situation s'avère critique. La violence du vent porte les flammes vers l'ensemble des ailes sud-est du château et réduit la portée des jets des lances à incendie. Même le lance-canon de plain-pied peine à toucher les pans de toiture. Vers 22 heures, les flammes progressent toujours. Attisées par le vent, elles touchent les jardins et dévastent la partie militaire du château. Ce n'est finalement que tard dans la nuit que les hommes du feu, exténués, parviennent à circonscrire le sinistre. Au total, l'intervention des pompiers aura mobilisé 51 engins et 442 hommes. Au plus fort du sinistre, vers 21 heures 30, ce sont 164 sapeurs-pompiers qui étaient en action. Michel Closse, le maire de l'époque, apparaît en larmes devant les médias : « C'est une catastrophe comme on n'en a pas eu depuis longtemps. Le château de Lunéville, c'est le symbole du renouveau de la ville. Aujourd'hui, quand on voit ce désastre, c'est effrayant ! »

Au réveil, le 3 janvier, toute la population de Lunéville est sous le choc. Mais le labeur des secouristes n'est pas terminé. Toutes les parties dévastées sont désormais menacées par la neige, le gel et l'eau déversée en abondance par les pompiers. On s'emploie à sortir des ruines tout ce qui peut encore être sauvé : boiseries, pierres, décorations, fragments de pièces uniques... Puis on se presse pour déployer une sorte de parapluie métallique sur les sections éventrées par les flammes pour les mettre à l'abri des intempéries.

Des pertes incommensurables

Malgré tous les efforts, les dégâts sont considérables. C'est près de la moitié du château qui a été dévasté par les flammes. Une grande partie des collections n'est plus que cendres. Huit mille ouvrages sont partis en fumée, auxquels s'ajoutent les trente mille documents de la bibliothèque militaire en son entier, dont des correspondances de Napoléon. Sont perdues à jamais une partie de la collection des faïences de Lunéville et de Saint-Clément, dont l'emblématique « Nain de Stanislas », ainsi que les deux cents pièces de faïence de la

Pharmacie, une « apothicairerie » du XVIIIe siècle. Parmi les objets précieux consumés, des tableaux, gravures et portraits, des tapisseries et tentures, et plusieurs lustres anciens.

Plus tard, les experts déterminent que, à l'origine de cet incendie, il y a eu un court-circuit dans le boîtier de dérivation alimentant l'éclairage de la charpente de la chapelle. Celle-ci s'est embrasée avant que le feu n'atteigne toute l'aile sud du château, qui abritait le musée des faïences, les salons de réception, l'escalier d'honneur, les anciens appartements ducaux et la bibliothèque.

Douze autres incendies !

De manière incroyable, le grand incendie de 2003 est le treizième sinistre à s'abattre sur le château de Lunéville. Et le premier d'entre eux, qui a marqué les mémoires, a eu lieu jour pour jour 284 ans avant le dernier, dans la nuit du 2 au 3 janvier 1719 précisément !

Ce tout premier incendie se déclare à 5 heures du matin dans l'aide droite du château, dans les appartements occupés par le duc Léopold Ier de Lorraine et sa femme. Leur fils aîné, âgé d'une douzaine d'années, est gagné par la terreur. Il faut l'intervention d'un soldat téméraire pour extirper l'adolescent tétanisé hors de sa chambre en feu. Voici le récit du drame qu'en donne la Princesse Palatine dans une lettre du 8 janvier 1719 adressée à sa sœur consanguine, la raugrave[1] Louise :

« Bien-aimée Louise, il nous vient derechef un malheur. Tout le château de Lunéville est brûlé de fond en comble avec tout le mobilier, le 3 de ce mois, à cinq heures du matin. Une baraque prit feu ; les gens voulurent cacher la chose, ils crurent pouvoir arrêter l'incendie en démolissant et en creusant les murs ; mais il y avait tout près de

1. *Titre de noblesse allemand.*

là un bûcher. Le vent y poussa la flamme, aussitôt tout ce bois brûla, le feu se communiqua au jeu de paume, de là gagna la toiture, et dans l'espace d'une heure, tout fut brûlé, tout le garde-meuble en premier lieu. On a voulu sauver les archives et les papiers, mais plus de cent personnes ont payé cette tentative de leur vie. »

La chapelle du château aussi, tout nouvellement bâtie et fort belle, avait-on dit, est en cendres. On estime la perte à quinze ou vingt millions. On a sauvé les enfants en les emportant en chemise, enveloppés dans des couvertures, et ma fille a voulu se faire porter en chaise, les jambes nues, mais les porteurs tremblaient tellement qu'ils n'ont pas pu avancer. Elle a donc, par deux pieds de neige, dû traverser tout le jardin, non chaussée. Vous vous figurez l'angoisse horrible où elle était, jusqu'à ce qu'elle eût retrouvé ses chers enfants.

Vingt ans plus tard, en 1739, un nouvel incendie part dans l'aile de l'avant-cour au premier étage. Le 14 janvier 1744, vers 19 heures 30, un feu consume le premier étage de cette même aile, sans heureusement faire de victimes. Le 6 février 1755, vers 3 heures du matin, un incendie se déclenche au même endroit qu'en 1744. Le feu, rendu plus ardent par le froid excessif, dévore tout en trois heures de temps. Le comte de Lucé, averti par la fumée, se sauve à demi nu, et son valet de chambre saute par la fenêtre dans le canal glacé ! Et encore un autre sinistre le 11 décembre 1759, qui prend sa source au même endroit qu'en 1739. Puis, dans la nuit du 11 au 12 juillet 1762, alors que tout le monde dort, les restes, probablement mal éteints, d'un feu d'artifice détruisent le kiosque de Stanislas dans le parc des Bosquets, près du château. Toute la population avoisinante, croyant que le château lui-même est en flammes, accourt pour apporter son secours. L'incendie est circonscrit vers 6 heures du matin et on n'avertit le roi que plus tard dans la matinée. Un nouveau kiosque sera édifié deux mois plus tard.

La mort tragique du maître du château

L'incident du 5 février 1766 est demeuré célèbre car il marque la fin dramatique de Stanislas Leszczynski, roi de Pologne de 1704 à 1709, qui, en 1737, est devenu duc de Lorraine et s'est installé au château de Lunéville[2]. Stanislas Leszczynski, alors âgé de 88 ans, est un homme de forte corpulence. Ce soir-là, sa robe de chambre prend accidentellement feu devant la cheminée de sa chambre. En proie à la panique, il s'agite en vain, ne parvenant pas à retirer lui-même le vêtement enflammé et à étouffer les flammes qui l'attaquent. Une femme de chambre, entendant les cris de son maître, surgit pour tâcher d'éteindre les flammes qui le consument. Très grièvement brûlé, perdant conscience, le duc de Lorraine aurait eu ce mot digne d'un prince : « Qui eût dit, Madame, qu'un jour nous brûlerions des mêmes feux ? » Après une longue et douloureuse agonie, il meurt le 23 février 1766. Il est inhumé dans l'église Notre-Dame-de-Bon-Secours, à Nancy.

En 1789, c'est au tour des cuisines du sous-sol du château de s'embraser, sans faire de victime. Cet incendie est souvent considéré comme mineur car il a pu être éteint assez vite. Mais il aurait pu en être tout autrement, car le feu se propageait déjà jusqu'au grand escalier, dont les marches de pierre ont freiné son avancée.

Et la série noire se poursuit

Dans la nuit du 1er au 2 janvier 1814, les flammes dévorent une partie de l'aile nord de la cour d'honneur qui donne sur la rivière, entre l'ancien commissariat et le musée de la broderie perlée. Cette aile calcinée ne sera reconstruite que treize ans plus tard.

L'incendie suivant, le 23 novembre 1849, éclate au petit matin, vers 6 heures, au même endroit qu'en 1719, c'est-à-dire au premier étage du

2. Sa fille, Marie Leszczynska, a épousé Louis XV en 1725. Stanislas Leszczynski est donc l'arrière-grand-père de Louis XVI.

pavillon lorsqu'on contemple la terrasse. Le feu naît dans l'appartement de l'aide de camp du général et se propage rapidement dans les combles. On s'inquiète pour le donjon et la chapelle, mais les pompiers, arrivés en nombre depuis Nancy et de toutes les communes limitrophes de Lunéville, réussissent à le contenir en édifiant des pare-feux et en isolant les bâtiments et les charpentes au niveau du corps central et des petites ailes du château. Une partie de la population participe à l'extinction de l'incendie : il se forme une chaîne de citoyens entre le château et le canal, chacun passant des seaux en bois à son voisin. Seul le pavillon subit la morsure des flammes, mais il faut une bonne journée pour venir à bout du brasier. On ne dénombre aucune perte humaine, mais les poutres et les cheminées, en s'effondrant, font de nombreux blessés, dont deux grièvement : un militaire doit être amputé d'un pied, un autre des deux doigts.

Plus aucune alerte majeure jusqu'au 18 octobre 1908, qui voit le théâtre du château, « la bonbonnière de Stanislas », ravagé par les flammes. C'est la régente du duché de Lorraine, Élisabeth-Charlotte d'Orléans, qui a fait édifier en 1733 dans la continuité du château une salle de comédie. Réservé à l'usage exclusif de la cour, ce théâtre est à cette époque relié par une galerie aux appartements de la famille ducale. Sous le règne de Stanislas Leszczynski, Voltaire y a joué la comédie avec d'autres courtisans. C'est d'ailleurs à Lunéville, en 1749, qu'est créée l'une de ses pièces, *La Femme qui a raison*, à l'occasion d'une fête donnée en l'honneur du monarque polonais détrôné.

Enfin, ce sont probablement les travaux destinés à aménager de nouveaux bureaux qui sont à l'origine du départ de feu, vers 5 heures du matin dans l'aile gauche, de l'incendie du 19 mars 1961. Les secours, situés dans l'autre aile du château, sont intervenus très rapidement. Malgré le renfort des pompiers de Nancy, cet incendie, l'avant-dernier de la série, ravage entre 300 et 500 mètres carrés de toitures et de charpentes, détruisant les bureaux situés juste au-dessous. Au cours de l'intervention, deux sapeurs-pompiers sont blessés. Puis une quarantaine d'années se passe avant le dernier sinistre en date, celui de 2003, dont l'ampleur catastrophique et la brutalité raniment la croyance qu'on pensait disparue en une malédiction qui frapperait le château depuis 1719.

Le fabuleux « château des Lumières »

Le château de Lunéville, bâti au début du XVIIIe siècle, s'est imposé d'emblée comme la demeure officielle des ducs de Lorraine. À son origine, il y a Léopold Ier (1679-1729), duc de Bar et de Lorraine, qui a la désagréable surprise, en 1702, d'assister à l'arrivée des troupes françaises dans sa capitale, Nancy, comme les y autorise le traité de Ryswick. Le duc décide alors de se replier avec famille, suite et biens à Lunéville, où le château d'alors, trop petit, fait l'objet d'un agrandissement dès 1703, repris en 1709 par Germain Boffrand, un disciple de Jules Hardouin-Mansart, l'architecte de Louis XIV. Personne ne s'étonne donc que le nouveau château, dont la construction n'est achevée qu'en 1720, présente de fortes ressemblances avec son modèle versaillais. En son centre, trois arcades permettent d'accéder directement aux jardins depuis la cour d'honneur.

Un mariage fastueux va donner à Lunéville ses lettres de noblesse : François III, le fils du duc Léopold, épouse en effet en 1736 l'archiduchesse Marie-Thérèse d'Autriche, ce qui lui permet de troquer son titre de duc de Lorraine contre celui d'empereur du Saint Empire romain germanique ! En 1737, le duché de Lorraine, jusqu'alors sous protectorat français, est remis à titre viager à l'ex-roi de Pologne Stanislas Leszczynski. Privé de tout pouvoir réel, le nouveau duc de Lorraine règne sur les arts et se plaît à embellir le château de son prédécesseur. Emmanuel Héré, le créateur de la place Royale (aujourd'hui place Stanislas) de Nancy, lance des travaux remarquables : dans les jardins, les jeux d'eau et les ornements créent un décor féerique pour les divertissements et les fêtes. Le château acquiert également une notoriété croissante grâce aux manifestations intellectuelles et philosophiques qui s'y déroulent. On en parle comme du « château des Lumières », le lieu où l'on peut faire la fête et dialoguer sans craindre la censure du roi de France. La cour de Lunéville rassemble les beaux esprits et les grands personnages de l'époque et il est de bon ton d'y séjourner d'une journée à plusieurs mois. On y croise des personnalités comme Émilie du Châtelet ou Montesquieu. Voltaire, qui fréquente aussi Lunéville, écrit en 1738 dans *Le Siècle de Louis XIV* : « On ne croyait presque pas avoir changé de lieu quand on passait de Versailles à Lunéville. » Mais les plaisirs de la cour et les fêtes fastueuses ne font pas oublier les incendies qui, avec une étonnante régularité, ruinent le château.

Coïncidence ou malédiction ?

S'il est vrai que les incendies de châteaux n'étaient pas rares autrefois – de nos jours encore, il s'en produit un par an en moyenne en France –, ce qui frappe dans le cas de Lunéville, c'est leur nombre. Comme le déclare, dans une émission sur TF1, Thierry Franz, adjoint du patrimoine au château de Lunéville, « effectivement, il y a une part d'ombre dans ces désastres successifs. C'est vraiment une demeure qui est frappée par le sort parce que, dans d'autres grandes demeures, même si on a souvent des départs de feu, on n'a jamais d'incendies aussi catastrophiques qu'à Lunéville : treize au total » !

Pour justifier ce nombre élevé, on pourrait avancer que ces édifices, et celui de Lunéville au moins autant que les autres, sont des structures anciennes et vulnérables. La présence de nombreuses bougies pour éclairer les pièces, de boiseries, de salles mal entretenues pourrait expliquer les sinistres les plus anciens. Les départs de feu à plusieurs reprises dans les cuisines pourraient également résulter de manipulations maladroites au moment de la préparation des repas. Si l'on ajoute à cela l'absence ou l'insuffisance de systèmes de protection contre le feu, il est aisé de déduire que la moindre étincelle peut déboucher sur un désastre. Sans compter que, dans certains cas, il n'est pas exclu qu'une main malveillante, pour une raison qui lui appartient, ait aidé les flammes à se répandre dans l'édifice...

Cependant, les incendies les plus récents ne peuvent être imputés à des bougies ou à la vétusté des lieux. Et il n'en reste pas moins que, plus qu'ailleurs, le feu s'est montré impitoyable à Lunéville. D'autant que des similitudes sont frappantes : non seulement plusieurs incendies, dans des circonstances mal élucidées, sont partis du même endroit, parfois à plusieurs dizaines d'années d'intervalle, mais certains sinistres se sont déclarés à la même période de l'année. « Le plus troublant, reconnaît Thierry Franz, c'est qu'ils se déclenchent souvent à la même date. Il y en a une qui semble maudite pour le château, c'est le début du mois de janvier. Le premier incendie a lieu le 3 janvier 1719, l'incendie de 1814 a lieu dans la nuit du 1er au 2 janvier. Enfin, celui de 2003 a lieu également dans la nuit du 2 au 3 janvier. Donc, on est à quelques heures d'intervalle quasiment toujours à la même époque de l'année, ce qui laisse planer une sorte de suspicion sur cette date, qui pourrait vraiment être une malédiction pour le château de Lunéville ». Alors, même jour, même endroit, de simples coïncidences dans le calendrier ? Ou bien les pouvoirs d'une ancienne malédiction ?

Le pacte secret avec le nain

Si la malédiction existe bel et bien, qui en est à l'origine ? Un spectre pyromane qui hanterait les couloirs du château, attendant le moment propice pour embraser l'édifice ? Ou bien, comme l'ont suggéré certains auteurs, Stanislas Leszczynski, le dernier duc de Lorraine lui-même, qui, en trahissant un pacte secret, serait en fait le responsable de la plupart des incendies ? Mais de quel pacte parle-t-on, en l'occurrence ? Quelques années avant sa mort, le duc Stanislas aurait conclu un accord secret avec son confident, le nain Nicolas Ferry. Ce pacte était clair : celui qui le trahirait attirerait le malheur sur lui pour tout le reste de son existence et périrait… par le feu !

Nicolas Ferry, voilà un personnage hors du commun ! Né le 11 novembre 1741 à Champenay, dans les Vosges, il est frappé de nanisme dès ses premiers jours : on dit qu'un sabot lui sert de berceau. Vers l'âge de 5 ans, il ne mesure que 15 pouces de haut et pèse seulement 12 livres. Or, depuis le milieu du XVe siècle, la présence de nains dans les cours royales et princières est devenue une tradition. Ces êtres d'exception surprennent et fascinent, témoignant de cette recherche de l'effet propre au baroque. Leur statut hors catégorie leur confère une liberté de parole qui détonne aux côtés des grands de ce monde.

Rien d'étonnant, par conséquent, à ce que le duc Stanislas, ayant entendu parler de ce Nicolas Ferry, le reçoive à Lunéville le 25 juillet 1746. Très impressionné, le duc de Lorraine s'entiche du gamin et demande à son père de lui en confier l'éducation afin qu'il lui tienne compagnie. C'est une situation qui peut nous choquer aujourd'hui, mais l'ex-roi de Pologne considère le nain comme son bouffon et son jouet tout en lui portant une affection indéfectible. C'est lui qui l'affuble du surnom de « Bébé » (ou peut-être sa femme Catherine), introduisant pour la première fois dans la langue française ce mot qui désignera ensuite un nourrisson.

Pour l'heure, le « bébé » en question se fait surtout remarquer pour son caractère cyclothymique. Tantôt charmeur et rieur, tantôt irascible et parfaitement odieux, il en fait voir de toutes les couleurs à son entourage. En effet, Bébé ne supporte pas la moindre contrariété, ce qui déclenche des crises de colère durant lesquelles il brise de la vaisselle ou se réfugie, boudeur, dans la petite maison de bois que Stanislas lui a fait construire dans l'une des pièces du château. Lorsque le duc le fait appeler, le nain ouvre la fenêtre de la cabane et répond laconiquement : « Vous direz au roi que je n'y suis pas. » À mesure qu'il grandit – tout relativement, disons-le, car Nicolas ne mesure que

70 centimètres à 15 ans, 89 centimètres à la fin de sa vie –, le jeune homme se montre toujours aussi insupportable. Mais Stanislas cède à tous ses caprices et personne autour de lui n'ose le contredire. On voit ainsi le nain se pavaner dans une petite calèche tirée par quatre chèvres, l'un des nombreux cadeaux de son protecteur.

Ne supportant pas qu'on ne s'intéresse pas à lui, Nicolas Ferry crée des esclandres mémorables : ainsi, un jour où, voyant sa préceptrice, la princesse de Talmont, dont il s'est amouraché, occupée à caresser un petit chien, il laisse éclater sa jalousie, se saisit de l'animal et le jette par la fenêtre... Il y a aussi cet épisode fameux, en décembre 1759, lorsque la comtesse Humircka, une cousine de Stanislas, arrive au château en compagnie du nain Józef Boruwlaski[3], dit « Joujou ». Celui-ci, âgé alors de 20 ans, est un gentilhomme polonais ; plus intelligent que Bébé – il parle trois langues, notamment –, il est surtout plus petit que lui d'une bonne quinzaine de centimètres[3] ! Selon l'expression d'un témoin, le nain de Stanislas se met alors à « crever de dépit ». Incapable de maîtriser sa jalousie, Bébé ne trouve rien de mieux que de... jeter son rival au feu ! Mais le Polonais, plus alerte, se défend et lui administre une correction.

On envie cependant Stanislas de posséder un favori si extraordinaire. Un jour, les gardes du château surprennent même un émissaire de l'impératrice de Russie alors qu'il tente de l'enlever dans une sacoche cachée sous son ample manteau ! De peur de le perdre, le duc le fait garder dans son palais. Mais Bébé, privé de liberté, se met à dépérir d'ennui et de tristesse. Aussi Stanislas cherche-t-il un moyen d'adoucir son sort et de calmer du même coup ses délires. C'est ainsi qu'il aurait décidé, en 1761, de passer un pacte secret avec lui, se donnant pour

3. Józef Boruwlaski a trois ans de plus que Nicolas Ferry, mais il lui survivra beaucoup plus longtemps, atteignant l'âge exceptionnel de 98 ans, et publiant des Mémoires remarquables.

mission de lui trouver une épouse.

Ayant beaucoup cherché, Stanislas repère finalement Thérèse de Sauvay, une naine originaire elle aussi des Vosges. Mais, au grand dam de Nicolas Ferry, le mariage ne se fera pas. Car Bébé, pourtant âgé de 20 ans à peine, est frappé d'un mal mystérieux qui lui donne l'aspect d'un vieillard[4]. Plongé contre son gré dans la solitude, le nain aurait reproché à son protecteur d'avoir rompu le pacte – et, depuis lors, son fantôme piquerait à date fixe de terribles colères qui déclencheraient les incendies du château. C'est peut-être même lui, voulant que les règles du pacte s'appliquent jusqu'au bout, qui aurait provoqué la mort tragique de Stanislas…

Toujours est-il que Nicolas Ferry, surnommé par tous « le Nain jaune » en référence au personnage cruel du conte de la baronne d'Aulnoy publié en 1698, meurt d'une grippe le 8 juin 1764, à l'âge de 23 ans, emportant dans le trépas son ressentiment et peut-être le secret qu'il partageait avec Stanislas. On peut encore voir son squelette au Muséum national d'histoire naturelle de Paris. Quant à sa statue grandeur nature en faïence de Lunéville, par un clin d'œil ironique de l'histoire, elle a été détruite lors du dernier incendie du château, en 2003 !

Tel un phénix, le château renaît lentement de ses cendres et défie la malédiction du feu. Et aujourd'hui, Lunéville retrouve le sourire. Après l'incendie de 2003, les habitants, des partenaires privés et les autorités copropriétaires du château, le conseil général de Meurthe-et-Moselle et le ministère de la Défense, se sont mobilisés pour lancer la reconstruction. Plus de 100 millions d'euros sont investis sur ce chantier de restauration du patrimoine, le plus important en Europe, qui devrait s'achever vers 2016. L'État a pris en charge 60 % du montant, les collectivités territoriales 40 %. Il reste à espérer que, le jour où le château sera rouvert au public, la malédiction de Lunéville, si tant est qu'elle ait existé un jour, reste piégée à jamais dans les arcanes de l'histoire…

---

4. Probablement la progéria, maladie inconnue à cette époque.

Sources

• France 3 Lorraine, « Château de Lunéville, dix ans après », 2 janvier 2013.

• L'incendie du château de Lunéville : www.culture.gouv.fr/lorraine/luneville.

• Dossier complet sur Nicolas Ferry, dit « Bébé », par Jean Granat, chercheur associé au Muséum national d'histoire naturelle, et Évelyne Peyre, chargée de recherche au CNRS.

PARTIE 3

TROUBLANTES APPARITIONS

7

Les créatures de Varginha

Des êtres venus d'ailleurs auraient-il été capturés, en 1996, par l'armée brésilienne dans une petite ville du nom de Varginha ? Des dizaines de témoins l'affirment, en tout cas. Retour sur cette affaire incroyable, digne d'un épisode de *X-Files* !

Dans la communauté des chasseurs d'extraterrestres, et même parmi le grand public, lorsqu'on évoque un crash d'ovni, on pense tout de suite à l'affaire de Roswell, au Nouveau-Mexique (États-Unis), où un objet volant non identifié se serait écrasé en juillet 1947, offrant la vision de prétendus cadavres d'extraterrestres à des témoins que l'on tenta de faire taire par la suite. Or, il semblerait que des événements similaires se soient déroulés au Brésil au milieu des années 1990, avec un retentissement qui s'est propagé dans tout le pays et même au-delà...

Rencontre dans le parc

Ce 20 janvier 1996, à Varginha, une cité de 120 000 âmes dans l'État du Minas Gerais, au sud-est du Brésil, trois jeunes filles ignorent encore que leur existence va être bouleversée à jamais. Kátia Andrade Xavier, 22 ans, est la plus âgée du petit groupe. C'est une jeune femme comme il en existe des milliers dans cette ville. Elle occupe une place de femme de ménage et passe une bonne partie de son temps libre avec une amie plus jeune, une étudiante de 16 ans, Liliane Fátima da Silva. Ce jour-là, celle-ci est en compagnie de sa jeune sœur, Valquíria, 14 ans. Plus tôt dans la journée, elles ont donné un coup de main pour un déménagement dans le quartier de Jardim Andere et elles sont en train de rentrer vers celui de Santana, où elles résident. Il est 15 heures 30, l'été brésilien bat son plein, il fait très chaud dans les rues.

– Si on prenait le raccourci ? suggère l'une des filles.

– Je ne sais pas trop, je n'aime pas cet endroit, répond une autre.

– Si, c'est une bonne idée, moi je n'en peux plus, tranche la troisième.

La route habituelle qui relie les deux quartiers, situés chacun sur une colline, est encore longue. Aussi ce chemin, qui permet de couper court à travers un vallon bordé par un bois et quelques prés, est-il une véritable aubaine pour les jeunes filles épuisées. C'est juste que l'endroit, inhabité, n'a pas très bonne réputation. D'ailleurs, les jeunes de la ville adorent se faire peur en colportant des rumeurs sur cette zone inquiétante. Mais qu'importe, à cette heure-ci de l'après-midi, que pourraient redouter nos trois amies ? Sans hésiter, elles s'engagent sur la pente herbeuse.

Quelques minutes plus tard, elles atteignent le fond du vallon et traversent un terrain en friche, parsemé de murs qui tombent en ruine. Soudain, Valquíria pousse un gémissement.

– Là, là ! Vous avez vu ?

Ses deux compagnes se retiennent de hurler. Juste devant elles, à une dizaine de mètres, recroquevillée au pied d'un mur, est prostrée une créature extrêmement étrange. « Ce n'était ni un homme ni un animal », affirmera plus tard Kátia. L'être en question, de forme humanoïde, est doté de membres filiformes, « comme du caoutchouc ». Les trois filles sont suffisamment proches de lui pour distinguer que sa peau brune, de texture huileuse, dégage une odeur très désagréable. Toujours plus étonnant, son crâne difforme est surmonté de trois bosses arrondies.

C'est alors que l'entité bizarre, qui jusqu'ici ne semblait pas avoir remarqué les trois filles, tourne la tête et les dévisage de ses deux grands yeux, rouges et presque lumineux. Prenant brutalement conscience de l'anormalité de la situation, nos trois témoins paniqués prennent la fuite et courent se réfugier chez les deux sœurs. À la mère de ces dernières, elles racontent leur rencontre terrifiante et décrivent la créature, grande de 1,50 mètre environ, avec ses protubérances sur la tête. Pour elles, cela ne fait aucun doute : elles ont croisé un démon à trois cornes !

Luiza Helena da Silva, la mère, écoute les trois filles, la mine perplexe. Elles n'ont pas l'air de plaisanter : il semble qu'il se soit vraiment passé quelque chose d'inhabituel dans le vallon. Une demi-heure plus tard, elle décide de se rendre sur les lieux. Comme son mari José Lopes, chauffeur de bus, est au travail, Luiza convainc une voisine de l'accompagner. Sur place, les deux femmes n'observent rien de particulier si ce n'est, comme l'indiquent plusieurs sources, des traces suspectes dans l'herbe et une forte odeur d'ammoniac qui persiste dans l'air.

D'autres incidents insolites

L'affaire, déjà curieuse, aurait pourtant pu s'arrêter là et vite tomber dans l'oubli. Mais dans une petite ville comme Varginha, les rumeurs circulent vite et alertent la presse locale. Ubirajara Rodrigues, avocat réputé mais également ufologue à ses heures perdues, s'intéresse dès le début à cette histoire bizarre, ce qui lui permet de recueillir vite de précieux témoignages, notamment celui des jeunes femmes.

C'est ainsi que l'ufologue rencontre un couple de fermiers, Oralina et Eurico de Freitas, qui vivent dans une plantation de café à 10 kilomètres au nord-ouest de la ville, à mi-chemin entre Varginha et Três Corações, la ville natale du célèbre footballeur Pelé. Ce même 20 janvier, très tôt dans la nuit, ils ont aperçu « un objet gris, similaire à un sous-marin, de la taille d'un petit bus, qui volait lentement en direction du sol ». Les deux témoins racontent que l'objet, parfaitement silencieux et sans lumière, émettait une fumée de couleur blanche ou grise sortant d'une sorte de déchirure sur le côté. Apparemment en difficulté, il se déplaçait très lentement. Les fermiers ajoutent qu'ils ont signalé l'événement aux autorités alors qu'ils n'étaient pas encore au courant de l'aventure vécue par les trois jeunes femmes. Ce témoignage est capital parce qu'Ubirajara Rodrigues l'a recueilli une semaine à peine après l'incident et qu'il confirme la date précise de l'observation.

Un dernier témoin, un étudiant logeant non loin de la ferme, vient appuyer les dires des époux Freitas. Ce 20 janvier, peu après 8 heures du matin, Hildo Lúcio Galdino ouvre la fenêtre de sa chambre, située au rez-de-chaussée, et tombe nez à nez – si l'on peut dire – avec une créature bizarre qui le laisse muet de surprise. La description qu'il en fait est analogue à celle des trois filles : un être de petite taille, 1,50 mètre au maximum, apparemment nu, doté d'une grosse tête chauve et de petites mains avec trois longs doigts, et dont la peau brune semble huileuse. Tout juste le jeune homme a-t-il le temps de pousser un cri que l'apparition s'enfuit dans les bois.

Un nouvel enquêteur en renfort

Les jours passent, la rumeur se propage, reprise par la presse locale, mais sans que rien de nouveau ne surgisse. Vers le 11 février entre alors en scène un nouvel enquêteur, Vitório Pacaccini. Propriétaire de plantations de café, résidant à Belo Horizonte, la grande ville du Minas Gerais, il est aussi un ufologue passionné. Il a appris l'incident de Varginha par la presse et décide d'en avoir le cœur net. Comme ses affaires lui laissent des loisirs, il consacre désormais une large partie de son temps à enquêter.

Prenant conscience qu'ils possèdent des éléments précieux récoltés chacun de leur côté, Ubirajara Rodrigues et Vitório Pacaccini décident de mettre leurs ressources en commun et s'activent pour médiatiser ce qui devient l'affaire de Varginha, lançant notamment un appel à témoins *via* des centaines d'affichettes. Ensemble, ils vont déployer des efforts prodigieux, malgré les pressions et les obstacles, pour identifier et s'entretenir avec plus d'une vingtaine de témoins directs, aussi bien civils que militaires. Grâce à Pacaccini, on commence à en savoir plus sur ce qui s'est passé dans la matinée du 20 janvier, avant que la créature ne soit aperçue par les trois jeunes femmes dans le vallon. Surtout, l'homme de Belo Horizonte découvre, trois semaines après ce qui semble bien être un crash d'ovni, que les pompiers de Varginha ont été impliqués dans l'incident !

Première traque

Officiellement, les pompiers, qui disposent au Brésil du statut de militaire, opposent un démenti formel : ils n'ont effectué aucune intervention inhabituelle le 20 janvier 1996. Pourtant, ce matin-là, leur caserne reçoit dès 7 heures plusieurs appels faisant état d'une bête sauvage aperçue dans les fourrés du parc Jardim Andere, dans la banlieue nord de Varginha. La nature de l'animal est indéfinie, mais certains parlent d'un jaguar. Deux heures plus tard, quatre pompiers se rendent dans le secteur afin d'y capturer l'animal errant. Et là, immense surprise : ils tombent sur des soldats occupés à encercler une créature inconnue !

Ayant demandé des instructions à la caserne, les pompiers sont renforcés par le major Maciel. Lorsque celui-ci arrive, vers 10 heures 30, l'être bizarre a déjà été capturé sans trop de résistance grâce à une canne munie d'une corde coulissante, puis caché à la vue de tous dans une boîte en bois recouverte d'une bâche blanche en plastique opaque. De nombreux habitants du voisinage auraient assisté à la scène, notamment trois enfants, qui auraient jeté des pierres en direction de la créature. La boîte aurait été ensuite montée à bord d'un camion de l'armée qui aurait pris le chemin de l'Escola de Sargento das Armas (ESA), une école militaire située à Três Corações, à 25 kilomètres de Varginha.

L'information est de taille : la capture a eu lieu dans la même zone que celle où les trois jeunes filles ont vu un être étrange, mais des heures plus tôt. Il y aurait donc plusieurs créatures ! Vitório Pacaccini, qui a réussi à déterminer l'identité des soldats et des pompiers présents ce jour-là, parvient à obtenir auprès de sources militaires anonymes de nouvelles informations sur la créature : elle aurait de grands pieds avec deux doigts en forme de V et elle aurait émis lors de sa capture un son proche du bourdonnement de l'abeille... Par ailleurs, d'après notre enquêteur, il existerait une vidéo car des témoins lui ont rapporté avoir vu des soldats portant une caméra. Par la suite, d'autres feront allusion à ce film, sans jamais pouvoir en prouver l'existence.

Que se passe-t-il dans les bois ?

En début d'après-midi, toujours ce 20 janvier, d'autres événements étranges se déroulent dans les bois jouxtant la zone où les militaires viennent de faire leur capture. Vers 13 heures 30, un avocat de Varginha, ancien soldat dont l'identité est inconnue, est en train de faire son jogging lorsqu'il assiste à plusieurs opérations auxquelles il n'a manifestement pas été convié. Tout d'abord, il voit passer à basse altitude deux avions de chasse prêt à attaquer – c'est son expérience de militaire qui lui permet de faire cette interprétation. Puis il observe des mouvements de soldats, notamment une patrouille de sept hommes armés, en tenue de camouflage, qui se déploie vers la forêt toute proche. Un peu plus tard, le joggeur entend trois fortes détonations et, revenu sur les lieux, aperçoit les soldats qui ressortent des bosquets en portant deux sacs dont l'un, qui remue, semble contenir une forme vivante... Les soldats grimpent dans un camion qui les emmène vers une destination inconnue, mais qui pourrait être la même que celle des autres militaires plus tôt dans la journée.

De ces différents témoignages, une conclusion s'impose aisément : avant même la rencontre entre la créature et les trois jeunes femmes dans cette zone de Varginha, les autorités ont déjà mis la main sur au moins trois autres êtres mystérieux, morts ou vivants !

Le patient secret de l'hôpital Regional

Et qu'est-il arrivé à l'être croisé par les trois jeunes Brésiliennes ? De nombreux témoignages, peu étayés, paraissent indiquer que de nouveaux mouvements auraient eu lieu en début de soirée dans la zone du terrain vague. Entre-temps, une averse de grêle a balayé les maigres traces observées au sol par la mère des deux jeunes témoins. Il semblerait bien que des policiers, ainsi que des hommes en civil identifiés par certains comme des membres du S-2 – les services secrets brésiliens –, auraient patrouillé dans le quartier et fini par débusquer une étrange créature blessée tapie dans un terrain en construction. Selon des témoins rencontrés par les deux enquêteurs, deux policiers l'auraient emmenée vers l'un des trois hôpitaux de Varginha, l'hôpital Regional.

L'un de ces fonctionnaires de police, le jeune Marco Eli Chereze, 23 ans, passe chez ses parents pour changer ses vêtements trempés par l'averse et les avertir qu'il ne rentrera pas de la nuit. Quelques jours plus tard, pour une raison totalement inconnue, il tombe malade, et finira par mourir d'une infection foudroyante le 15 février. Le docteur Cesário Lincoln Furtado, qui a tout fait pour le sauver, ne s'explique toujours pas ce qui a pu causer le décès du jeune homme, dont on dit qu'il aurait été égratigné par l'une des créatures lors de leur capture...

Pour savoir ce que celles-ci sont devenues, Vitório Pacaccini et Ubirajara Rodrigues se partagent les tâches. Tandis que le premier sollicite ses contacts à Três Corações, où se trouve l'école des sous-officiers de l'armée brésilienne, le second porte son intérêt sur l'hôpital Regional. Rodrigues parvient à rencontrer une infirmière qui, sous couvert d'anonymat, lui fait des révélations saisissantes. Le lendemain de l'incident, le dimanche 21 janvier, l'hôpital a été envahi par des médecins venus d'autres villes ainsi que par des militaires. L'infirmière mentionne aussi une forte odeur d'ammoniac régnant dans les locaux durant toute la nuit. Par ailleurs, elle raconte que les militaires ont instauré un périmètre de sécurité très strict dans une partie de l'établissement. Elle ignore sincèrement ce qu'il s'est passé dans cet espace prohibé, mais, dès le 22 janvier, le directeur de l'hôpital leur a intimé l'ordre, à elle comme à d'autres employés, de ne rien divulguer de cette agitation inhabituelle. Leur supérieur aurait déclaré au personnel qu'il s'agissait « juste d'un exercice d'entraînement destiné aux médecins et aux militaires » mais qu'il fallait se taire, notamment face aux questions indiscrètes d'enquêteurs indépendants.

Rodrigues a pu croiser ce témoignage avec celui d'une de ses anciennes étudiantes qui se trouvait justement avec un groupe d'amis à l'accueil de l'hôpital Regional le dimanche 21, sur le coup de 22 heures 30. L'employé de garde leur aurait confié, en réponse à leurs questions concernant les rumeurs, que le « petit monstre » aurait été transféré à l'hôpital Humanitas, plus petit. Une information que semblent confirmer des voisins de ce dernier établissement, qui ont observé ce jour-là le passage de militaires.

Une autopsie secrète ?

De l'hôpital Regional, l'une des créatures aurait donc été transportée à l'hôpital Humanitas, sans doute plus facile à placer sous embargo. Les témoins interrogés par Ubirajara Rodrigues et Vitório Pacaccini ont tous affirmé qu'une vive agitation avait régné dans les deux établissements médicaux tandis que des personnes mal identifiées (militaires ? services secrets ?) étaient présentes sur les lieux. De plus, l'épouse d'un patient présent à l'hôpital Humanitas a raconté que son mari avait aperçu sur un brancard le cadavre d'un être très étrange. Cette dépouille aurait été conservée durant une trentaine d'heures dans l'établissement avant d'être transférée, le 22 janvier vers

18 heures, à l'Escola de Sargento das Armas. Le convoi, qui circulait sous bonne garde, comportait trois camions occupés chacun par deux chauffeurs, sans que l'on sache dans quel véhicule se trouvait la créature. De l'ESA, où il serait resté environ neuf heures, le même convoi serait ensuite reparti, le 23 janvier à une heure indéterminée, en direction d'UNICAMP, l'université d'État de Campinas, à plus de 300 kilomètres au sud, dans l'État de São Paulo. Fondée en 1966, UNICAMP rassemble près de 40 000 étudiants sur un campus spécialisé notamment dans la recherche médicale et biologique.

Selon le témoignage anonyme d'un officier de l'ESA, capté dans un enregistrement vidéo de trois quarts d'heure, toute l'opération de transfert depuis Varginha a été supervisée par le lieutenant-colonel Olimpio Wanderley Santos, lui-même assisté par le capitaine Ramirez et le lieutenant Tiberio, ainsi que par le sergent Pedrosa, du S-2. Les deux hommes conduisant le camion dans lequel se trouvait l'entité inconnue étaient le caporal Cirilo et le soldat Vassalo. La source au sein de l'ESA donne même les noms des militaires présents dans les autres camions !

De son côté, un autre témoin, toujours parmi les militaires de l'ESA, affirme avoir vu sur le bureau d'un commandant un document révélant le passage d'un cadavre non humain à Campinas, confirmant par ailleurs l'agitation autour de l'institut médico-légal entre le 20 et le 25 janvier.

Ce qui semble acquis à ce stade de l'enquête : une fois parvenue à Campinas, l'étrange cargaison aurait été délivrée à une autre unité militaire. Un étudiant en médecine d'UNICAMP – qui n'est autre que le propre frère de Vitório Pacaccini – a appris par voie détournée qu'une autopsie aurait même été pratiquée dans les sous-sols aménagés de l'université ! Le médecin légiste aurait été le fameux Fortunato Badan Palhares, qui avait procédé en 1992 à des tests génétiques afin d'identifier la dépouille de l'ancien tortionnaire nazi Josef Mengele, mort en 1979. Interrogé à plusieurs reprises sur son rôle dans l'affaire de Varginha, le docteur Palhares a toujours nié toute intervention. Il aurait cependant avoué à l'un de ses étudiants qu'il voudrait bien en parler mais pas avant une dizaine d'années… En 2005, Ubirajara Rodrigues a eu l'opportunité de lui poser la question en face lors d'un débat télévisé. Le médecin légiste, très aimablement, a réfuté une fois encore toutes les allégations le concernant et justifié sa présence dans ce débat par sa seule volonté de mettre fin à toutes les rumeurs qui lui gâchaient la vie depuis bientôt dix ans.

Toujours est-il que le parcours des extraterrestres ne s'arrête pas là. À mesure que l'on s'éloigne de Varginha, les pistes s'effilochent et les informations deviennent parcellaires. Ainsi, selon certaines sources, une créature morte aurait été emportée au cimetière d'Amarais, près de l'université de Campinas, où elle aurait été congelée avant expédition. À moins que cette opération de congélation ne fasse partie de l'autopsie évoquée plus haut. Mais de nouveaux venus vont faire irruption dans le récit…

Tiens, voilà les Américains !

Jusqu'ici, cette histoire extraordinaire avait pour unique cadre le Brésil. Or voici que les langues se délient, et l'on apprend soudain que les États-Unis suivent l'affaire de très près. Il se peut même qu'ils aient été les premiers alertés !

En effet, selon les ufologues John Carpenter et Ricardo Varela Corrêa, qui rapportent les propos d'un militaire de l'armée de l'air brésilienne et d'un employé des services des radars de la base aérienne VI Comar, dans la nuit du 19 au 20 janvier, le NORAD – le Commandement de la défense aérospatiale de l'Amérique du Nord – aurait averti son équivalent brésilien, le CINDACTA – le centre de la défense et du trafic aériens –, qu'un ovni était en train de se déplacer et de descendre vers le sud de l'État du Minas Gerais.

Rien d'étonnant, par conséquent, à ce que l'on signale ici et là la présence de civils américains autour du lieu supposé du crash – par exemple ces deux Américains dotés d'un équipement vidéo inhabituel, qui auraient occupé sous une fausse identité une chambre dans un motel près de l'hôpital Regional et que l'on aurait aperçus par la suite aux alentours de l'hôpital Humanitas. Rien de stupéfiant non plus à ce que des témoins de bonne foi affirment haut et fort que six petits êtres vivants, capables de se déplacer seuls, auraient été conduits à l'aéroport de Campinas pour embarquer sur un bimoteur Buffalo des forces armées brésiliennes afin de rejoindre São Paulo. Là, ils auraient changé d'appareil et emprunté un avion de transport C-17 de l'armée américaine ayant pour destination, selon des sources au sein de la tour de contrôle, Albrook Air Force Station, au Panamá. Une base militaire qui, coïncidence ou pas, sera fermée le 30 novembre 1997...

Que sont devenues ces créatures, nul ne le sait. La piste s'interrompt sur le tarmac de l'aéroport de São Paulo... Demeure une question : se pourrait-il qu'une ou plusieurs entités inconnues se trouvent encore au Brésil, à l'université de Campinas ou ailleurs, soit mortes au fond d'un tiroir dans une morgue, soit peut-être vivantes au sein d'un laboratoire dont l'existence serait tenue secrète ? En attendant, l'incident de Varginha continue d'alimenter les gazettes.

Nez à nez avec une créature !

Trois mois après les faits, dans la soirée du 21 avril 1996, Terezinha Gallo Clepf, une femme au foyer de 67 ans, participe à un anniversaire au restaurant du jardin zoologique de Varginha. Sur le coup de 21 heures, elle s'absente un moment pour allumer une cigarette dans la véranda que jouxte un épais fourré. Alors qu'elle avale sa première bouffée, elle manque de s'étrangler en découvrant, à quelques mètres d'elle à peine, une étonnante figure, très similaire à celle des créatures de Varginha. Une seule différence : le crâne de l'être aux yeux rouges et lumineux est protégé par une sorte de casque doré. Terrorisée, la dame appelle les autres convives mais, lorsqu'ils arrivent dans la véranda, plus aucune trace de la créature.

Qu'a vu Mme Clepf ce soir-là ? Un survivant du crash de l'ovni, ou bien a-t-elle confondu un animal du zoo – un lémurien, par exemple – avec une forme de vie inconnue ? Est-il possible qu'une créature extra-terrestre sévisse encore dans la région de Varginha ? Ou bien d'autres, venus récupérer leurs « collègues » capturés le 20 janvier ? Plus tard, la propriétaire et biologiste du zoo, Leila Cabral, confiera qu'à cette période cinq de ses animaux sont morts de manière inexpliquée...

Témoin gênant du crash ?

À l'automne 1996, un nouveau récit surgit sur le devant de la scène : celui de Carlos de Souza, un artisan spécialiste en dératisation qui, après s'être longuement tu, avoue désormais avoir été le témoin direct du crash d'un ovni.

Carlos connaît très bien les routes de la région, qu'il emprunte souvent. Alors qu'il roule entre São Paulo et Belo Horizonte un matin du mois de janvier, il croise vers huit heures la route qui relie Varginha, à l'ouest, et Três Corações, à l'est. C'est là qu'il est distrait par un étrange vrombissement qui gagne en ampleur. Arrêtant son véhicule sur le bas-côté, le conducteur s'en extrait et regarde le ciel vers l'ouest. Un objet oblong, en forme de cigare, y évolue à vitesse modérée – entre 50 et 80 kilomètres à l'heure, selon Carlos –, à une trentaine de mètres du sol. Le dératiseur a le temps de bien observer l'engin, dont il estime la longueur de 10 à 12 mètres et la hauteur de 4 à 5 mètres. Soudain, l'objet émet un bruit sourd et semble perdre de la vitesse. Carlos constate qu'il présente une sorte de déchirure sur l'un de ses côtés, d'où jaillit une fumée blanche...

Le témoin se précipite dans son véhicule et se lance à la poursuite du mystérieux cigare volant. Il parvient à le suivre sur une quinzaine de kilomètres, jusqu'au moment où l'engin disparaît hors de sa vue, en chutant derrière une colline. Carlos, fasciné, tourne alors sur un chemin de terre puis quitte son véhicule pour poursuivre à pied durant une vingtaine de minutes. Quelle n'est pas sa surprise, en parvenant au sommet du tertre, d'apercevoir en contrebas une troupe de militaires encerclant l'engin, qui s'est écrasé au sol !

Le plus discrètement possible, Carlos s'approche et met la main sur l'un des débris de l'ovni. À ce moment, un soldat le remarque et lui ordonne de décamper sur-le-champ. Notre témoin, intimidé, ne se fait pas prier et regagne sa voiture. Plus loin sur la route, il s'arrête à une station-service pour boire un café et reprendre ses esprits. Il affirme alors que des hommes en civil sont arrivés peu après : ils connaissaient son nom et l'ont incité à ne rien raconter de l'incident, sous peine d'avoir de sérieux ennuis.

Impressionné, Carlos reste silencieux durant neuf mois, ne se confiant qu'à ses proches. Un journaliste de São Paulo va réussir à le convaincre de retourner sur le site, où ils ne trouveront rien de flagrant. Concernant la date précise de l'incident, le dératiseur hésite entre le 13 et le 20 janvier. S'il s'agit bien de la seconde date, il devient compliqué pour d'éventuelles créatures de se retrouver un peu plus tard dans la journée à Varginha. Sauf si l'ovni observé par Carlos est celui que d'autres témoins ont aperçu plus tôt dans une zone boisée à proximité de la ville. Le cigare volant aurait alors eu le temps de déposer ses passagers avant de s'écraser plus loin pour une raison inconnue (avarie mécanique ? attaque armée ?)… Mais si la date du crash est bien le 13 janvier, alors nous serions en face de deux événements distincts. Or, des témoins auraient justement déclaré avoir aperçu les débris d'un engin sur un camion militaire le 13 janvier. La coïncidence est troublante mais, compte tenu du rôle équivoque joué par l'armée dans cette affaire, on peut sérieusement douter de l'authenticité de ces témoignages.

Reste un point qui, pour le coup, laisse songeur : le récit de Carlos de Souza présente des similitudes avec celui d'Oralina et Eurico de Freitas, les deux fermiers qui ont également aperçu un cigare volant. Sans compter que le lieu présumé du crash se situe à quelques kilomètres à peine de leur ferme !

Aucune preuve tangible

Si nous résumons les événements, l'histoire tient en définitive en peu de mots : aux premières heures du 20 janvier 1996, un objet volant non identifié se serait écrasé près de la ville de Varginha avec à son bord une demi-douzaine de créatures non humaines qui auraient survécu et auraient été aperçues par de nombreux témoins avant d'être abattues ou capturées par les autorités pour être autopsiées. L'armée aurait ensuite tout mis en œuvre pour étouffer l'affaire.

Au final, seul le témoignage des trois jeunes filles à l'origine de toute l'histoire semble plausible. Tous les experts qui ont pu les rencontrer n'ont pu déceler de contradictions ou d'imprécisions dans leurs récits. Le seul point sur lequel elles ont varié concerne l'odeur très forte qui émanait de la créature : interrogées en 2003 par le docteur Roger Leir, un Américain spécialiste des enlèvements extraterrestres et auteur du livre de référence sur l'incident de Varginha, les filles n'ont pas confirmé ce détail. Ce médecin, tout comme avant lui le psychiatre américain John Mack, qui a pu les rencontrer dès juin 1996 lors d'un congrès ufologique au Brésil, a été remué par l'apparente sincérité de ces trois témoins principaux. D'après l'ufologue français Gildas Bourdais, Mack aurait même affirmé que, si ces filles étaient des affabulatrices, il irait jusqu'à déchirer ses diplômes !

En revanche, toutes les autres parties du récit sont issues de sources souvent anonymes, de témoignages peu fiables ou de seconde main, de faits non avérés, voire de rumeurs alimentées par des personnes plus ou moins bien intentionnées.

Un autre point important qu'il ne faut pas oublier, c'est l'absence complète de preuves matérielles : malgré la présence de dizaines d'enquêteurs venus de plusieurs pays, aucune photo ou vidéo de l'ovni ou des créatures, aucun échantillon de débris ou de matière organique, aucun enregistrement sonore, si ce n'est celui de témoins dont les déclarations ne valent que ce que l'on veut leur faire dire… Certes, il existe bien sur Internet des vidéos d'ovni censées avoir été prises dans la région de Varginha, mais elles sont de piètre qualité et difficilement interprétables. Des dizaines de personnes auraient assisté à des scènes extraordinaires et, tout ce qui en résulte, ce sont des dessins d'artistes des créatures qui peinent à nous donner des informations utiles…

Malgré cela, les événements de Varginha prennent rapidement une ampleur croissante au Brésil et dans les pays voisins. Des récits affluent, mêlant témoignages et spéculations. Le 12 juillet 1996, le très sérieux *Wall Street Journal* s'empare du sujet et titre : « *Tale of stinky extraterrestrials stirs up UFO crowd in Brazil* », que l'on peut traduire par « Une histoire d'extraterrestres malodorants met en émoi les ufologues au Brésil » !

Les autorités opposent une fin de non-recevoir

Ne perdant rien de sa détermination, l'ufologue Ubirajara Rodrigues réclame un rendez-vous avec le commandant Mauricio, de la police militaire. Dans un premier temps, celui-ci déclare ne rien savoir de cette histoire, mais il se montre aimable et demande à Rodrigues de patienter, le temps qu'il prenne quelques renseignements. L'ufologue tentera de le rappeler à plusieurs dizaines de reprises sans jamais réussir à lui reparler. Une autre source au sein de la police lui apprendra que les témoignages sur la créature mystérieuse n'ont cessé d'affluer, sans que les autorités ne les prennent au sérieux.

Du côté des pompiers, Rodrigues se heurte au même mur du silence. Le capitaine Alvarenga nie toute participation de ses hommes dans le transfert d'une créature inconnue vers un hôpital de Varginha. Le lieutenant Rubens l'assure : « Ce jour-là n'a pas été différent des autres et nous avons effectué des interventions de routine. » Cependant, lorsqu'on lui demande de présenter le rapport d'activité du 20 janvier 1996, il refuse car celui-ci est classé confidentiel… À l'hôpital, si le docteur Rogerio assène : « Je ne comprends pas comment vous pouvez perdre votre temps avec ce genre de choses, c'est du non-sens. Il n'y a pas d'extraterrestre », il confie presque au même moment à un journaliste de Varginha : « Je ne sais pas ce qu'il est, ce pourrait être un monstre [humain], mais je n'ai jamais vu quoi que ce soit comme lui [auparavant]. »

Les explications douteuses de l'armée

Mise en cause dès le début dans cette affaire, l'armée est sommée de donner sa version des faits. Aux journalistes brésiliens et étrangers qui réclament des explications sur ce qui s'est passé à l'hôpital Regional, un officier du nom de Calza répond qu'il s'agissait d'un couple de nains dont la femme était enceinte !

Selon les officiels, les trois jeunes filles auraient aperçu un humain tout à fait authentique, à savoir Luis Antonio de Paula, un marginal de Varginha d'une trentaine d'années, sourd-muet, souffrant de malformations et légèrement attardé. Portant le sobriquet de Mudinho, cet homme a en effet pour habitude de passer son temps accroupi ou courbé dans les rues, à observer les gens, les véhicules ou les animaux. Autant dire que cette explication sonne très peu crédible et les témoins, tout comme la famille de Mudinho, ne se sont pas privés de le clamer haut et fort : Luis Antonio n'est pas difforme comme la créature observée et les trois jeunes femmes n'auraient pas pu le confondre, car à cette époque elles l'avaient déjà croisé ! Ces explications maladroites font sourire et rappellent par certains aspects les thèses bricolées par les autorités à l'occasion d'autres événements ufologiques majeurs, comme celui de Roswell.

Ce qui paraît beaucoup moins drôle, ce sont les pressions dont ont fait l'objet nombre d'enquêteurs privés comme de témoins pour les obliger à cesser leurs investigations ou à revenir sur leurs propos. Certains ont été mis sur écoute, d'autres ont même subi des intimidations physiques. C'est le cas de Liliane et de Valquíria da Silva, les deux sœurs qui ont aperçu l'entité inconnue dans le vallon : « Le 29 avril 1996, vers 22 heures, quatre hommes vêtus de noir sont venus à la maison pour nous demander de revenir sur nos déclarations en échange d'une forte somme d'argent en liquide. Ces hommes ont envahi la maison sans nous demander l'autorisation et ils nous ont priées de fermer la porte à clé. Ils ont demandé à ma mère si elle avait des soucis d'argent, de quoi nous rêvions et si nous avions du travail. J'ai refusé la très forte somme d'argent qu'ils me proposaient en échange de mon silence et d'une interview devant la caméra d'une chaîne de télévision nationale. Mais ils m'ont dit qu'ils reviendraient… »

En définitive, que penser de cette étonnante histoire ? Un engin extraterrestre s'est-il vraiment écrasé près de Varginha et ses passagers ont-il été récupérés en secret par l'armée brésilienne ? Ou bien s'agit-il d'une fable inventée de toutes pièces et que la rumeur populaire s'est chargée de nourrir jour après jour, en y ajoutant des épisodes inédits pour nourrir la soif de savoir des ufologues et des médias ? Ou alors, se pourrait-il que derrière cette histoire hors du commun se dissimule un autre secret, des opérations moins « extraterrestres » mais tout aussi inquiétantes qui auraient associé le Brésil et les États-Unis ? Peut-être une opération militaire sur des humains qui aurait mal tourné et que l'on aurait tenté de dissimuler derrière un autre récit de science-fiction ?

Quoi qu'il en soit, le comportement étrange de la plupart des protagonistes de l'affaire et les zones de mystère qui subsistent conduisent à penser qu'il s'est réellement déroulé quelque chose d'anormal à Varginha en 1996. Mais quoi ? Aujourd'hui, presque vingt ans ans après les faits, la ville de Varginha assume son titre de « Roswell brésilien » et se réjouit d'attirer sur son territoire des touristes férus d'ufologie. En 2001, on a même bâti un château d'eau en forme de soucoupe volante, le *Nave espacial.* Surtout, l'affaire a permis l'essor de tout un merchandising autour des extraterrestres, accentuant s'il en était besoin la ressemblance avec la cité cousine du Nouveau-Mexique.

Sources

- Philippe Auger, *Ovni, l'affaire Varginha*, Ankama, 2009.
- Roger K. Leir, *Des extraterrestres capturés à Varginha au Brésil. Le nouveau Roswell*, Le Mercure dauphinois, 2004.
- Le blog de Gildas Bourdais : bourdais.blogspot.fr/2009/09/varginha-un-crash-dovni-au-bresil.html.
- Le cas Varginha : www.ufo.se/ufofiles/english/issue_3/varginha.htm.
- Matt Moffet, « Tale of stinky extraterrestrials stirs up UFO crowd in Brazil », *The Wall Street Journal*, 12 juillet 1996 : www.anomalies.net/archive/cni-news/CNI.0060.html.

8

Les enfants verts de Woolpit

Lorsque les habitants d'un petit village anglais du XIIe siècle voient surgir du néant deux enfants à la peau verdâtre... Conte de fées enjolivé ou récit véridique ?

Une idée largement répandue voudrait que l'authenticité d'une histoire se juge en proportion de sa distance dans le temps. Autrement dit, plus un récit est ancien, plus il aurait des chances d'être inventé de toutes pièces. C'est vite oublier que nous disposons de nombreux détails sur des faits attestés de l'Antiquité ou du Moyen Âge et que des sornettes inventées il y a moins d'un an sont prises pour argent comptant par une large partie de la population. Rendez une petite visite au site Hoaxbuster, la première ressource francophone sur les canulars du web, et vous pourrez mesurer l'ampleur du phénomène... et de la crédulité humaine. En d'autres termes, ce n'est pas parce qu'un événement s'est déroulé voici plusieurs centaines d'années qu'il relève forcément de la légende. À cet égard, l'histoire des enfants verts de Woolpit est l'un de ces dossiers inexpliqués qui traversent les siècles sans que l'on puisse y apporter une conclusion satisfaisante.

Le village aux loups

Avant toute chose, situons le village de Woolpit sur une carte. C'est une toute petite bourgade d'Angleterre, située dans le comté de

Suffolk, au nord-est de Londres. Aujourd'hui encore, elle ne compte que 2 000 âmes environ. Il y a onze siècles, le village était mentionné sous le nom de Wlpit, une contraction du vieil anglais *wulf-pytt*, qui désigne une fosse servant à piéger les loups. Ces fosses étaient en fait de grands trous de forme conique, recouverts de branchages, dans lesquels on jetait des carcasses de bétail pour attirer les loups. Une fois au fond, les animaux sauvages ne pouvaient plus s'en échapper.

Durant l'époque médiévale, le village dépend de l'abbaye de Bury St Edmunds, située à une douzaine de kilomètres, qui en assurera la tutelle jusqu'à sa dissolution en 1539. Woolpit jouit d'une bonne réputation au-delà de sa propre région en raison de la présence d'une source aux vertus miraculeuses. Celle-ci, supposée guérir les maladies des yeux, attire de nombreux pèlerins vers l'une des parties d'Angleterre les plus peuplées à l'époque.

L'affaire de Woolpit n'est racontée que dans deux sources médiévales, dont les auteurs sont des religieux, William de Newburgh (XIIe siècle) et Raoul de Coggeshall (XIIIe siècle). Nous reviendrons plus loin sur ces deux chroniqueurs mais, pour l'heure, découvrons cette incroyable histoire.

En vert et contre tous

Qui les a vus le premier ? Nul ne peut le dire. Quand cela est-il arrivé ? Le jour, le mois et même l'année demeurent inconnus. William de Newburgh précise que cela s'est passé sous le règne du roi Étienne d'Angleterre, donc entre 1135 et 1154. Mais on ne trouve aucune mention des enfants verts dans la *Chronique anglo-saxonne*, un ensemble d'annales en vieil anglais qui retrace l'histoire des Anglo-Saxons jusqu'à la mort d'Étienne en rapportant les faits merveilleux connus à l'époque. Ce qui conduirait à penser que les faits en question se sont peut-être déroulés un peu plus tard, au début du règne d'Henri II (r. 1154-1189). Quoi qu'il en soit, William de Newburgh et Raoul de Coggeshall s'accordent pour dire que l'incident est survenu à la saison des moissons.

Ce jour-là, les villageois de Woolpit découvrent dans les champs, à proximité des pièges à loups, deux enfants inconnus. Le jeune duo, dont on comprend vite qu'il est composé d'un frère et d'une sœur, est vêtu d'habits étranges et s'exprime dans un langage incompréhensible. Ce qui laisse les paysans pantois, c'est que les deux enfants ont la peau verte !

Lorsqu'ils comprennent que les deux petits inconnus ne sont ni hostiles ni dangereux, rapporte Raoul de Coggeshall, les paysans les conduisent chez Richard de Calne, un noble de la région. Les deux chroniqueurs relatent chacun que les deux enfants refusent de s'alimenter et qu'ils rejettent systématiquement, durant plusieurs jours, la nourriture qu'on leur propose. Jusqu'à ce qu'on leur serve des haricots verts, qu'ils avalent alors avec le plus grand plaisir ! Par la suite, les deux gamins acceptent de manger d'autres aliments. La couleur verte de leur peau finit même par s'estomper.

Encore plus tard, mais sans indication précise dans le temps, on apprend qu'il leur est enseigné un peu d'anglais pour pouvoir leur poser quelques questions. Peu à peu, les deux petits racontent qu'ils viennent d'un pays où le soleil ne brille pas et où règne une lumière crépusculaire. William donne une précision : les enfants appellent leur contrée « le pays de saint Martin » (*« St Martin's land »*), alors que, de son côté, Raoul ajoute que, dans ce territoire inconnu, tout est de couleur verte.

Passés d'un univers à l'autre

Les deux enfants n'ont pas la moindre idée de la façon dont ils sont arrivés à Woolpit. Ils racontent qu'ils étaient en train de surveiller le bétail de leur père lorsqu'ils ont entendu un bruit puissant – peut-être, selon William de Newburgh, le son des cloches de l'abbaye de Bury St Edmunds ? Et, tout à coup, ils se sont retrouvés à proximité de la fosse aux loups où les villageois les ont aperçus pour la première fois. Raoul de Coggeshall propose une version quasi identique : les enfants ont suivi leur bétail dans une caverne, se sont perdus et ont débouché on ne sait trop comment dans notre univers, attirés par le bruit de cloches.

Le sort des deux enfants est plus confus. Peu après leur baptême, ordonné par Richard de Calne, le plus jeune des deux, le garçon, tombe malade et meurt rapidement. Selon Raoul, sa sœur entre alors au service de Richard de Calne. Mais son attitude reste inhabituelle puisque le chroniqueur se permet de préciser qu'elle adopte un comportement perçu comme « fort licencieux et impudent » (*« very wanton and impudent »*).

En effectuant quelques recherches dans la généalogie de Richard de Calne, des auteurs ont identifié une femme du nom d'Agnès qui aurait été l'épouse du chancelier royal Richard Barre et qui pourrait correspondre à la fille à la peau verte. Le couple vivait à King's Lynn, à une soixantaine de kilomètres de Woolpit. Une hypothèse battue en brèche par le fait que ledit Richard Barre était archidiacre et que, en 1202, il a pris sa retraite pour devenir chanoine à Leicester. Difficile pour lui d'être le mari d'une quelconque Agnès !

Deux chroniqueurs, la même histoire

Nous l'avons dit, l'histoire des enfants verts de Woolpit n'est rapportée que par deux chroniqueurs médiévaux. Il n'est pas inutile de nous attarder sur ces deux personnalités car elles sont nos seules sources d'information sur cette étrange affaire.

Arrêtons-nous d'abord sur le moine Raoul de Coggeshall, devenu en 1207 le sixième abbé du monastère cistercien de Coggeshall, dans le comté d'Essex. Si l'on ignore sa date de naissance, il est probablement mort vers 1227, après avoir quitté sa fonction d'abbé vers 1218 pour raisons de santé. Vers 1187, il a décidé de lui-même de reprendre l'écriture d'une *Chronicon Anglicanum* qui avait été initiée dès 1066 ! On sait que le religieux y a travaillé au moins jusqu'en 1224. C'est dans cette chronique qu'il rapporte l'étrange histoire de Woolpit.

On sait davantage de choses sur l'autre auteur, William de Newburgh, également connu sous le nom de William Parvus. Né vers 1136, il est chanoine du prieuré de Newburgh, dans le Yorkshire, et meurt vers 1198. Son œuvre majeure est *Historia rerum Anglicarum*, qui retrace l'histoire de l'Angleterre de 1066 à 1198. En marge des faits historiques proprement dits, l'ouvrage propose une compilation d'anecdotes mettant en scène des revenants, des vampires et autres personnages occultes. À son époque, la croyance dans le retour des âmes des morts est en effet très vivace et William relate plusieurs événements étranges dont il pense qu'ils ont un sens mais qu'il ne sait pas expliquer, comme l'histoire des enfants verts de Woolpit.

La comparaison entre les récits de ces deux auteurs nous apporte de précieuses informations. D'abord, Raoul vit à une quarantaine de kilomètres au sud de Woolpit alors que William réside bien plus loin, dans le nord de l'Angleterre : rien n'indique qu'ils se soient rencontrés, ni même connus. Ensuite, ces deux religieux se réfèrent à des sources apparemment différentes. Ainsi, dans son *Historia rerum Anglicarum*, William précise s'appuyer sur « des récits provenant de plusieurs sources fiables », mais sans citer lesquelles. De son côté, Raoul fait reposer sa version sur le témoignage de sir Richard de Calne (ou Caine) of Wykes, un noble mort vers 1188, qui aurait hébergé les deux enfants en question dans son manoir situé à 10 kilomètres au nord de Woolpit. Mais le moine ne dit à aucun moment s'il a rencontré ledit sir Richard en chair et en os. Il semble donc que les deux chroniqueurs n'aient pas assisté ni de près ni de loin aux faits, et il n'est pas certain du tout qu'ils aient même pu s'informer auprès de témoins directs. Pour autant, tous deux, avec quelques variantes cependant, racontent la même histoire…

Un simple conte de fées ?

L'histoire des deux enfants verts de Woolpit a donné lieu à de multiples interprétations, sans qu'aucune ne puisse susciter une complète adhésion. C'est vous qui jugez !

Pour nombre d'auteurs, il s'agirait surtout d'un conte populaire qui se serait perpétué de génération en génération, à la manière d'une légende folklorique. En filigrane dans ce récit relatant la rencontre entre des Anglais et des habitants d'un « monde féerique inférieur », il y aurait des racines puisant dans la mythologie de l'Angleterre, à une époque où le pays n'était pas encore unifié et se nourrissait de différences raciales et culturelles (Celtes, Normands, Anglo-Saxons, Irlandais, Scots, Pictes). L'arrivée des enfants verts, dont la couleur s'inscrit dans la tradition celtique, marque donc une intrusion dans un univers britannique en voie de pacification – les Anglais au centre, les premiers habitants de l'île assimilés ou repoussés aux frontières.

Assez tôt, l'hypothèse extraterrestre est également avancée en guise d'explication : dès 1621, dans son *Anatomie de la mélancolie*, l'écrivain anglais Robert Burton (1577-1640) suggère que les enfants verts auraient pu « tomber des cieux ». Beaucoup plus récemment, en 1996, Duncan Alasdair Lunan, un Écossais né en 1945 dont les travaux en astronomie et science-fiction ont défrayé la chronique, imagine que les enfants ont été téléportés accidentellement à Woolpit suite au dysfonctionnement d'un « transmetteur de matière » sur leur planète d'origine. Selon lui, cette planète pourrait être captive d'une orbite synchrone autour de son soleil, qui ne rendrait la vie possible que sur une mince bande entre la surface constamment exposée au soleil et celle constamment dans l'ombre, ce qui expliquerait la lumière crépusculaire évoquée par les enfants. Leur couleur de peau serait la conséquence d'une consommation de plantes extraterrestres génétiquement modifiées…

Les enfants de Woolpit, de petits hommes verts médiévaux ? Sauf que, selon les deux chroniqueurs, ils ne présentaient aucune différence notable avec les autres enfants, en dehors de la couleur de leur peau évidemment.

Un événement réel mal interprété ?

Si l'on met de côté toutes les explications liées à la mythologie, à l'inconscient collectif ou à l'existence d'une vie extraterrestre, et que l'on admet qu'il s'est réellement passé quelque chose à Woolpit, alors il est légitime de se poser la question : les protagonistes auraient-ils mal compris les faits insolites auxquels ils ont été confrontés ? C. C. Oman, spécialiste britannique du folklore, estime pour sa part que derrière l'histoire des enfants verts se dissimule une affaire trouble liée peut-être à un enlèvement : les petits se seraient échappés d'un lieu de captivité quelconque où ils auraient été retenus durant une longue durée.

Il est possible également qu'il s'agisse d'une vision déformée et confuse d'un événement réel. Au XIIe siècle, de nombreux immigrants flamands débarquent sur les côtes de l'Angleterre. Dès le couronnement d'Henri II, en 1154, ils sont victimes de persécutions, ce qui les incite à soutenir le mouvement de révolte du fils du roi, Henri le Jeune, contre son souverain de père. Or, justement, au nord de Bury St Edmunds, l'un des partisans d'Henri le Jeune, Robert III de Beaumont, affronte en octobre 1173 les troupes loyalistes d'Henri II sur le site de Fornham. Sa défaite est cinglante et de nombreux mercenaires flamands sont massacrés. Il existe également une communauté de fouleurs flamands à Fornham St Martin, ce qui incite certains auteurs, comme Paul Harris, à envisager que les enfants verts aient pu fuir un village en proie aux pillages pour échapper à la mort. Complètement perdus, peut-être traumatisés par la perte de leurs proches, ils auraient parcouru la campagne durant quelque temps sans manger à leur faim avant d'être trouvés par les villageois de Woolpit, qui auraient été déconcertés par leurs vêtements à la mode flamande. Mais si les paysans pouvaient à la rigueur être abusés, un noble présumé instruit comme Richard de Calne aurait forcément reconnu le flamand dans la langue parlée par les enfants… À moins que ceux-ci ne soient venus d'encore plus loin, d'une contrée perdue de Scandinavie, ce qui donnerait tout son sens à la lumière crépusculaire de leur mystérieux pays et à la pâleur de leur peau, prise à tort pour du vert par les autochtones.

La peau verte, symbole ou réalité ?

Ce qui rend l'histoire de Woolpit si fascinante, finalement, c'est cette couleur verte de la peau des enfants. À propos de cette coloration hors du commun, de deux choses l'une : soit il s'agit d'une évocation symbolique, soit c'est la véritable pigmentation de leur peau.

De nos jours, le vert possède une valeur symbolique forte, évoquant aussi bien la jeunesse et la nature que la liberté et l'espérance. Mais il faut savoir, comme le montre bien Michel Pastoureau, le spécialiste français des couleurs, que le vert au Moyen Âge est une couleur diabolique, celle des ennemis de l'Église et du christianisme, celle dont on affuble les créatures étranges : les fées, les sorcières, les lutins, mais aussi les dragons. Et les jongleurs et les bouffons. À cette époque, le rôle du traître Judas est souvent joué par un comédien habillé en vert… Le vert, couleur du fantastique ? Parce c'est une couleur rare, très difficile à fabriquer chimiquement. Instable comme la chance et le hasard qu'elle symbolise également. Notons au passage que des auteurs folkloristes britanniques tels que K. M. Briggs et John Clark se sont opposés sur le goût prononcé des enfants pour les haricots. Le second réfute la thèse du premier, pour qui les haricots sont, selon la tradition, la nourriture des morts. Le récit de Woolpit serait-il une histoire cachée de morts-vivants ?

Plus pertinent, le fait que le vert évoque aussi la mort car c'est la couleur que prennent les malades. L'histoire des enfants verts fait mention de cette teinte inhabituelle, mais ne précise pas sa nuance : vert clair, vert foncé, vert bouteille… ?

Il a également été suggéré que les enfants avaient bien la peau verte, mais que celle-ci n'avait finalement rien d'extraordinaire : il s'agissait d'une chlorose (du grec *chloros*, « de couleur jaune verdâtre »), une maladie liée à des carences alimentaires. Aussi connue sous le nom de *morbus virgineus*, la maladie des jeunes filles, elle est liée à une anémie hypochrome. En d'autres termes, la majorité des globules rouges du patient ont une concentration moyenne en hémoglobine inférieure à la normale. Durant très longtemps, on a cru que cette maladie qui donne à la peau une teinte verdâtre était due à un manque de fer et, jusqu'au début du XXe siècle, on l'a associée à des troubles sexuels ou nerveux. Normalement, une meilleure alimentation permet d'en faire disparaître les symptômes, ce qui a d'ailleurs été le cas pour les enfants verts de Woolpit, dont la peau verte a disparu lorsqu'ils ont commencé à manger correctement.

Cela dit, à supposer que les deux petits aient vraiment souffert de ces troubles, cela n'explique toujours pas d'où ils venaient et comment ils sont apparus à Woolpit. S'ils vivaient aussi repliés et ignorants, comme certains auteurs l'ont affirmé, tel l'historien Derek Brewer, d'où sortaient-ils la description de leur pays et le récit de leur arrivée brutale en Angleterre ?

Sources

• « Le vert, aux origines d'une couleur rebelle », *Télérama*, novembre 2013.

• Michel Pastoureau, *Vert, histoire d'une couleur*, Seuil, 2013.

• John Clark, « Small, vulnerable ETs' : the green children of Woolpit », *Science Fiction Studies*, vol. 33, 2006.

• Dinitia Smith, « Foundlings wrapped in a green mystery », *The New York Times*, 18 mars 2002.

• Paul Harris, « The green children of Woolpit : a 12th century mystery and its possible solution », *Fortean Studies*, John Brown Publishing, 1998.

• Duncan Lunan, « Children from the sky », Analog Science Fiction and Fact, septembre 1996.

• C. C. Oman, « The English folklore of Gervase of Tilbury », *Folklore*, vol. 55, 1944.

• Le site de Brian Haugton : brian-haughton.com/articles/green-children-of-woolpit.

9

Les deux Anglaises et les fantômes du Trianon

En 1901, deux enseignantes britanniques en visite au château de Versailles vivent une aventure extraordinaire : dans le parc du Petit Trianon, elle croisent une série de personnages tout droit sortis du passé. Vision délirante ou glissement temporel inexpliqué ?

Durant l'été 1901, une enseignante britannique, Eleanor Frances Jourdain (1863-1924), convie l'une de ses compatriotes, Charlotte Anne Moberly (1846-1937), à venir la rejoindre à Paris pour visiter la capitale et ses environs durant trois semaines. L'invitation n'est pas simplement amicale, mais aussi professionnelle. En effet, miss Moberly, fille d'un ancien professeur d'Oxford devenu évêque de Salisbury, est directrice depuis 1886 de St Hugh's Hall, le troisième collège féminin de l'université d'Oxford. Elle a demandé à miss Jourdain de venir la seconder – cette rencontre à Paris est une occasion de mieux faire connaissance. De son côté, Eleanor Jourdain, l'aînée des dix enfants d'un pasteur vicaire d'Ashbourne, dans le Derbyshire, est elle-même diplômée d'Oxford, où elle est devenue enseignante. Elle réside depuis l'été 1900 à Paris, dans un appartement du boulevard Raspail, où elle envisage d'accueillir des élèves pour de brefs séjours d'étude.

Par une journée d'été fraîche et venteuse

Le 10 août 1901, ayant déjà parcouru la capitale en long et en large, les deux miss décident d'en explorer les alentours. Elles grimpent donc dans le train pour Versailles avec l'idée de visiter le château et ses dépendances. De leur propre aveu, l'une et l'autre ne sont pas familières avec l'histoire de France et leur connaissance des lieux se limite à quelques clichés glanés lors de leurs études et à la lecture de romans historiques.

Ce jour-là, le temps est à la fraîcheur, ce qui change agréablement de la canicule qui a frappé la région les jours précédents. Quelques rafales de vent balaient l'avant-cour du château, que les deux Anglaises parcourent de long en large. Comme le palais de Louis XIV leur plaît énormément, elles décident de prolonger leur visite vers le Petit Trianon, la résidence où la reine Marie-Antoinette aimait à se retirer, à l'écart des intrigues et des règles intransigeantes de la cour. Une brève promenade tout en bavardant, qui les mène dans les allées du parc puis dans un jardin aménagé à la française, enfin vers une clairière au sortir de laquelle elles parviennent devant un bâtiment qui s'avère être le Grand Trianon. Les enseignantes consultent leur guide et s'aperçoivent qu'elles ont fait fausse route : pour arriver au Petit Trianon, il faut emprunter une autre allée.

C'est à partir de ce moment-là que les deux Anglaises vont devenir les témoins de scènes pour le moins étranges. Après coup, elles raconteront que, durant toute leur visite, elles avaient ressenti une impression mal définie, entre oppression et inquiétude. Les deux touristes longent d'abord un bâtiment : là, miss Moberly aperçoit une femme à une fenêtre en train de secouer un torchon. Dans son for intérieur, elle se demande pourquoi miss Jourdain, qui pratique mieux le français qu'elle-même, ne lui demande pas de leur confirmer qu'elles sont sur le bon chemin. Un peu plus loin, au carrefour de trois chemins, les voilà qui croisent deux hommes, l'air grave, vêtus de longs manteaux verts et arborant un tricorne sur la tête. Tous deux ont une bêche à la main. Cette fois-ci, miss Jourdain leur demande quel chemin mène au Petit Trianon, mais les deux hommes, qu'elles prennent pour des jardiniers, se contentent de lui répondre froidement, d'une voix presque mécanique, ce qui oblige l'Anglaise à reformuler sa question. Elle comprend finalement qu'ils lui indiquent l'une des allées.

Non loin de là, sur le seuil d'une petite ferme, se tiennent une femme et une très jeune fille d'une douzaine d'années environ. Miss Jourdain, intriguée, les regarde un moment : leurs vêtements lui semblent vraiment passés de mode. La femme passe une cruche à la jeune fille. Sans attendre, notre enseignante entraîne miss Moberly dans la direction montrée par les jardiniers. Chacune demeure silencieuse, comme plongée dans ses pensées.

Au carrefour suivant, les deux Anglaises découvrent, s'élevant au milieu de l'herbe folle, près d'un bosquet touffu, un pavillon chinois circulaire qu'elles prennent – à tort – pour le Temple de l'Amour. Au pied du pavillon est assis un homme vêtu d'un manteau. Lorsqu'il tourne la tête en direction des arrivantes, il dévoile un visage menaçant, basané et marqué par la petite vérole, qui les fait frémir d'inquiétude. Chacune dira ensuite qu'elle l'avait trouvé répugnant au premier coup d'œil, et miss Moberly écrira plus tard que tout ce qui l'entourait « lui parut soudain déplaisant à force de ne pas être naturel. Même les arbres, derrière le bâtiment, semblaient être devenus plats et inertes, comme en tapisserie. Ni jeux d'ombre et de lumière, ni brise dans les arbres : tout était d'une intense immobilité ».

Les touristes n'ont pas le temps de se demander qui est cet homme qu'un autre individu, comme venu de nulle part, surgit devant elles : c'est un homme grand et plutôt beau, drapé dans une cape noire et dont les cheveux bouclés dépassent d'un chapeau à larges bords. L'homme croise les deux femmes en coup de vent et leur lance une phrase peu intelligible dont elles ne comprennent qu'une chose : pour aller au Petit Trianon, il faut tourner à droite. S'en remettant à ce conseil inattendu, miss Jourdain et miss Moberly poursuivent leur promenade à travers un bois sombre. Enfin, au sortir, elles découvrent ce qui semble être le Petit Trianon.

Contemplant la façade nord du bâtiment depuis le jardin anglais, toutes deux trouvent l'endroit plus charmant et plus modeste qu'elles ne le pensaient. Sur le côté ouest du petit palais, Anne Moberly aperçoit une femme en train de dessiner ; elle porte une grande robe décolletée, un ample chapeau blanc et un fichu de couleur verte. La femme lève la tête, laissant à Anne le temps de se rendre compte qu'elle est blonde et plutôt jolie. Cependant, cette vision la met mal à l'aise – c'est une drôle de tenue pour une touriste –, et le sentiment diffus d'oppression ne la quitte pas. Puis les deux Anglaises font le tour du bâtiment, pénètrent dans la cour sud et croisent un jeune homme à l'allure d'un serviteur qui les entraîne à l'intérieur, où une joyeuse troupe, tout à fait vêtue à la mode de ce début du XXe siècle, est en train de faire la noce. À partir de là, tout redevient normal et les pénibles sensations s'évanouissent comme un mauvais rêve.

Tout aurait pu en rester là si…

Comme si l'expérience du Petit Trianon avait été un moment à part, aucune des deux miss n'aborde le sujet durant une semaine. Jusqu'à ce qu'Anne Moberly décide d'écrire une lettre à sa sœur pour lui raconter cette curieuse promenade. Elle ressent alors les mêmes affres, sorte de dépression et d'irréalité à la fois, qu'à Versailles et en fait part à miss Jourdain de manière abrupte :

– Croyez-vous que le Petit Trianon soit hanté… ?

– Oui, je le pense.

Ce bref dialogue agit comme un déclic. Les deux femmes se confessent alors les émotions extraordinaires qu'elles ont éprouvées lors de leur visite, entre rêve nébuleux et angoisse. Elles s'interrogent notamment sur la cape de l'homme aux cheveux bouclés : pourquoi portait-il ce vêtement en plein été ? Et pourquoi les a-t-il regardées avec cet air narquois et distant ?

Ce n'est que plusieurs mois plus tard, en novembre, lorsque Eleanor Jourdain se rend à Oxford, où Anne Moberly a repris depuis trois mois ses fonctions de directrice, que les deux amies reprennent plus sérieusement leurs échanges sur le Petit Trianon. Ce qui lance la conversation sur le sujet, c'est une remarque de miss Moberly sur la femme assise en train de dessiner : miss Jourdain, elle, ne l'a pas vue lors de la visite ! En revanche, seule cette dernière a remarqué la femme et la petite jeune fille. Après s'être un peu renseignée, Eleanor découvre que le 10 août – jour de leur visite à Versailles – correspond à une date fondamentale de la Révolution française, celle du 10 août 1792, qui marque la chute définitive de la monarchie constitutionnelle. Les deux Anglaises ont-elles été les témoins au Petit Trianon d'une réminiscence historique liée à ce jour funeste ?

La seconde visite

En janvier 1902, miss Jourdain retourne seule à Versailles. C'est désormais l'hiver, il fait froid et humide, et les lieux lui semblent très différents. Mais le changement de saison n'explique pas tout. La Britannique traverse de nouveau les jardins du Petit Trianon pour se rendre au Hameau de la reine Marie-Antoinette. Des sensations insolites l'assaillent, comme si elle entrait dans un songe éveillé. Elle croise deux hommes en tunique et pèlerine à capuchon, occupés à charger du bois dans un chariot. Lorsqu'elle se retourne vers eux, ils ont disparu… Eleanor Jourdain se perd volontairement dans le dédale de sentiers du parc qui entoure le Petit Trianon. Hormis un vieux jardinier, elle n'y croise absolument personne, mais croit entendre des voix féminines, ainsi que les échos lointains d'une musique pour orchestre à cordes. De retour au château, miss Jourdain demande si un concert est prévu ce jour-là au Petit Trianon : on lui répond que non. Aurait-elle entendu un air d'un autre siècle ? Étant bonne musicienne, elle retranscrit de mémoire douze mesures. Des musicologues les rapprocheront de la musique française du XVIIIe siècle...

La troisième visite

Miss Moberly et miss Jourdain se rendent une nouvelle fois au Petit Trianon le 4 juillet 1904. Au cours de leur promenade, elles ne retrouvent pas le pont de bois qu'elles avaient franchi en 1901, et découvrent aussi que les « jardiniers » croisés portaient en fait un uniforme similaire à celui des gardes suisses de la reine, mais également que la porte d'où était sorti le serviteur est en réalité condamnée depuis longtemps. Enfin, grâce à l'ouvrage *Le Petit Trianon, histoire et description* de Gustave Desjardins (1885), elles pensent pouvoir identifier l'homme au visage sinistre, assis devant le kiosque chinois, comme le comte de Vaudreuil. Celui-ci, appartenant aux amis de la reine, était en effet créole, et son visage était ravagé par la petite vérole. De plus, l'histoire dit qu'il avait interprété le rôle du comte Almaviva dans *Le Barbier de Séville* de Beaumarchais, vêtu pour ce rôle d'une cape noire et d'un large chapeau. Feuilletant toujours le livre de Desjardins, Anne Moberly enfin tombe sur un portrait de Marie-Antoinette peint en 1785 par le peintre suédois Adolf Ulrik Wertmüller et en frissonne : la reine correspond en tous points, visage et vêtements, à sa mystérieuse dessinatrice !

C'est aussi à cette période qu'une connaissance française de miss Moberly lui confirme que des rumeurs courent depuis longtemps sur la présence du fantôme de Marie-Antoinette à Versailles. Opiniâtre, Eleanor Jourdain retourne un autre fois à Versailles en 1908, refaisant le parcours de 1901 mais en sens inverse. Cette fois, elle aurait emporté avec elle un appareil photo, mais nul ne sait quels clichés elle a pu prendre. Et, encore une fois, elle éprouve un fort sentiment de dépression et de confusion, qui s'estompe une fois repris le chemin du château.

« Une aventure »

Dix ans ! C'est le temps qu'attendent miss Moberley et miss Jourdain pour raconter leur histoire dérangeante dans un livre. Entre-temps, elles ont longuement échangé avec la Société pour la recherche psychique, une association britannique fondée à Londres en 1882 qui s'est donné pour but d'étudier les phénomènes paranormaux[1]. Mais les membres de cette noble confrérie, tout en reconnaissant les efforts de recherche des deux femmes, ont toujours exprimé leur scepticisme quant à la véracité de leur histoire. C'est sans doute cette absence de soutien qui incite les deux témoins à publier leur récit le 24 janvier 1911[1] sous les noms de plume d'Elisabeth Morison et de Frances Lamont[2].

Le livre, intitulé *An Adventure* (« Une aventure »), présenté sous reliure bleue avec une fleur de lys dorée, est l'objet de nombreux débats dans des revues spécialisées comme *The Journal of Parapsychology*, *The Journal of the American Society for Psychical Research*, *The Journal for Psychical Research* et *Proceedings of the Society of Psychical Research*. On s'attache surtout à en souligner les erreurs historiques et à recenser les éléments expliquant les visions des deux Anglaises : la fatigue, le temps orageux, le fait d'être en pays étranger, la perte de repères spatiaux… Comme pour se justifier, les deux enseignantes apportent quelques compléments d'information : des notes rédigées très peu de temps après les faits, mais aussi des cartes indiquant leur parcours,

1. En font alors partie des personnalités éminentes comme le poète William Butler Yeats, le psychiatre Carl Gustav Jung, le philosophe Henri Bergson, l'écrivain Arthur Conan Doyle ou l'astronome Camille Flammarion.
2. Leur véritable identité ne sera dévoilée qu'en 1931. Seule Anne Moberly est encore vivante à ce moment-là.

des description des costumes et des paysages qu'elles ont pu voir. En France, le livre ne sera traduit qu'en 1959 sous le titre *Les Fantômes du Trianon*, avec une préface de Jean Cocteau et une étude du parapsychologue G. W. Lambert, lequel estime, au vu des descriptions des deux touristes, qu'elles auraient eu la vision d'une période autour de 1770 plutôt que 1789.

La publication de ce livre a pour effet de réveiller des souvenirs chez certains. Ainsi, une famille américaine, les Crooke – John, Kate et leur fils Stephen –, ayant résidé dans la région de Versailles de 1907 à 1909, affirme à son tour avoir aperçu en 1908 la femme qui dessinait, ainsi qu'un autre personnage en costume du XVIIIe siècle. Cependant, comme les Crooke ne raconteront leur histoire qu'en 1914, on peut se demander si ce n'est pas *An Adventure* qui les a influencés... Plus tard, en 1932, deux Anglaises, Clare M. Burrow et Anne Lambert, relatent la rencontre insolite, en 1928, avec un homme vêtu à la mode du Siècle des lumières. On raconte aussi qu'un Français, un certain Robert Philippe, tout en restant à son époque – l'année 1935 –, aurait bavardé avec une femme qui aurait prétendu, avec un accent étranger, qu'elle habitait au Trianon ; invisible aux yeux des parents de Robert Philippe, elle aurait disparu subitement. De même, le 21 mai 1955, un avocat londonien et sa femme rencontrent au Trianon une femme et deux hommes vêtus de costumes du XVIIIe siècle ; l'homme, qui racontera l'histoire en 1957, confiera qu'il avait lu *An Adventure* l'année précédent cette vision. Bref, régulièrement, des visiteurs du parc du château de Versailles affirment croiser des personnages en costume d'époque, voire la reine Marie-Antoinette elle-même. On attend la photo qui prouverait l'authenticité de ces rencontres...

Pour en revenir à nos deux touristes, Eleanor Frances Jourdain devient comme prévu directrice adjointe du collège St Hugh's en 1902, puis directrice principale en 1915, lorsque Anne Moberly prend sa retraite. Miss Jourdain rédigera sept ouvrages sur la littérature et le théâtre, mais la suite de sa carrière sera un peu compliquée : accusée de faire preuve d'une autorité excessive, elle devra affronter, peu avant sa mort en 1924, un mouvement de contestation de la part de son équipe, qui donnera sa démission à une large majorité. Quoi qu'il en soit, les deux Anglaises laissent derrière elles une histoire hors du commun qui a donné naissance à plusieurs tentatives d'élucidation.

Une histoire inventée de toutes pièces ?

C'est la première explication qui vient à l'esprit, tant le récit des deux enseignantes paraît incroyable. Celles-ci ont attendu dix ans avant de publier leur aventure. Pourquoi n'auraient-elles pas enjolivé et déformé au fil des années ce qui ressemble avant tout à une rêverie romantique ?

Dès lors, la question devient de savoir ce qu'elles avaient à y gagner. À vrai dire, comme tous ceux qui témoignent d'un événement paranormal – voyez la première réaction de ceux qui disent avoir observé un ovni –, peu de choses, sinon la perplexité, pour ne pas dire les quolibets, de leurs contemporains. Une fois leur livre publié, il n'y a plus de retour en arrière possible pour les deux miss : il leur faut assumer une histoire extraordinaire qui a toutes les chances de les discréditer, voire de les ridiculiser aux yeux d'une opinion publique tournée vers le scepticisme. Leurs réputations sont en jeu, de même que celle de leur établissement, le collège St Hugh's d'Oxford. Certes, l'ouvrage des deux Anglaises connaît un réel succès en librairie (11 000 exemplaires vendus pour la première édition, deux rééditions en 1913 et 1924), mais ce ne sont pas les espoirs de gains, somme toute modestes, qui peuvent motiver les deux femmes. Face au peu de cas que fait la Société pour la recherche psychique de leur récit, miss Moberley et miss Jourdain auraient pu s'en tenir là. Au contraire, s'appuyant sur leur bagage universitaire et leurs responsabilités sociales, elles se lancent dans une entreprise organisée, parfois obsessionnelle, de recherches dans les archives de France et d'ailleurs pour étayer leur version des faits. Il est vrai qu'elles sont alors, dans une certaine mesure, protégées par leurs pseudonymes.

Scène réelle ou scène de théâtre ?

Il est aussi fort possible que nos deux Anglaises aient mal interprété les scènes qui se jouaient devant elles. On peut ainsi penser que leur errance durant de longues minutes dans un paysage labyrinthique faits de sentiers, de ruisseaux, de petits édifices à l'antique et de bosquets obscurs a suscité chez elles un fort sentiment de désorientation. Par la suite, elles n'étaient pas en possession de tous leurs moyens lorsque des scènes apparemment curieuses se sont déroulées devant leurs yeux.

En 1965, dans sa biographie de Robert de Montesquiou, l'historien Philippe Jullian émettra l'hypothèse que miss Moberly et miss Jourdain aient pu simplement croiser le petit groupe d'amis que le poète emmenait souvent, à cette époque, dans les jardins de Versailles. Ainsi, il leur arrivait souvent d'interpréter en amateur des extraits de pièces de théâtre, en costumes d'époque, près du Petit Trianon. Et l'un de leurs personnages favoris était justement Marie-Antoinette...

Une incursion dans le passé ?

La dernière hypothèse à envisager, c'est celle d'un véritable voyage dans le temps. Une escapade non maîtrisée dans le passé. Dans l'univers du paranormal, la perception extrasensorielle du passé porte un nom : la rétrovision, ou rétrocognition. Pour ceux qui y croient, il s'agit de la faculté qu'ont certaines personnes de raconter avec une foule de détails des scènes du passé qu'elles ne peuvent connaître normalement.

Dans le cas de nos touristes, leur expérience cumule visions et sensations physiques. Elles ne se sont pas contentées d'observer des scènes étranges qui seraient apparues comme émanant d'une sorte d'hologramme temporel, elles ont également interagi avec certains personnages. Autrement dit, on peut penser qu'elles se sont physiquement translatées dans une autre époque. Ce qui veut dire que les gens qu'elles ont croisés les ont vues eux aussi. La « rétrovision » des Anglaises va de pair avec une « antévision » des gens de l'époque. Peut-être ceux-ci ont-ils remarqué ces deux femmes vêtues d'une manière inhabituelle, mais cet épisode ne semble pas les avoir marqués : jusqu'à preuve du contraire, personne au XVIIIe siècle n'a jamais raconté sur le papier une quelconque rencontre insolite au Petit Trianon. D'ailleurs, l'hypothèse du voyage physique dans le temps, si elle fascine aussi bien les romanciers de science-fiction que les chercheurs, n'a pas (encore) été prouvée. Et si les deux enseignantes britanniques avaient rêvé leur aventure ?

Dans un article du *Daily Mail* du 21 décembre 2012, le journaliste Tim Richardson va plus loin en avançant que les deux femmes auraient presque tout inventé, comme une démonstration de leur excitation et de leur joie de s'être rencontrées. Après leur séjour à Paris, miss Moberley et miss Jourdain ne se marieront pas et demeureront des compagnes dévouées l'une à l'autre, désignées d'ailleurs par les employés de leur collège comme « mari et femme ». De tels liens affectifs ne sont alors pas rares parmi celles en charge d'établissements d'éducation féminins. Et il faut peut-être envisager l'aventure du Petit Trianon plus comme une romance lesbienne exaltée que comme une histoire de fantômes…

Un songe éveillé

Par « songe », nous n'entendons pas fantasme ou délire, mais bien l'expérience d'un voyage dans le monde onirique. C'est d'ailleurs l'explication qu'ont défendue les deux protagonistes de l'affaire. Pour elles, il ne fait aucun doute qu'elles sont « entrées » dans des reliquats d'images et de souvenirs de Marie-Antoinette, par un subterfuge inexplicable – peut-être favorisé par l'électricité, très présente dans l'air ce jour-là ? Elles n'ont pas voyagé dans le temps, seulement dans les pensées de la reine, auxquelles leur visite au Petit Trianon le 10 août 1901 leur a donné accès. En quelque sorte, elles ont été incorporées dans l'esprit de Marie-Antoinette (peut-être le 10 août 1792, ou plus tard en prison) en train de se souvenir avec émotion de sa dernière journée au Trianon en 1789. À un point, elles auraient pris virtuellement possession du corps de la reine, ce qui expliquerait pourquoi l'inconnu aux cheveux bouclés les aurait pressées de rejoindre très vite le palais… Aussi extraordinaire soit-elle, cette thèse est celle qui s'adapte le mieux aux déclarations des deux femmes.

Sources

• Tim Richardson, « Are there really ghosts in Versailles ? », *Daily Mail*, 21 décembre 2012.

• Léon Rey, « Une promenade hors du temps », *La Revue de Paris*, 1952.

• Elisabeth Morison et Frances Lamont, *An Adventure*, McMillan and Co., 1911.

• Article de Sylviane Putinier sur le site du Centre d'étude et de recherche sur les phénomènes inexpliqués : http://cerpi-officiel.be/Fantomes/les-fantomes-du-trianon.html.

PARTIE 4

DISPARITIONS NON ÉLUCIDÉES

10

Triple disparition aux îles Flannan

En 1900, les trois gardiens de phare d'une île au large des côtes d'Écosse disparaissent simultanément de manière inexpliquée. Un mystère jamais éclairci pour lequel, encore aujourd'hui, toutes les suppositions sont envisagées : catastrophe naturelle, démence collective ou… la main du diable ?

– Capitaine, capitaine, le phare d'Eilean Mòr !
– Et bien quoi, le phare ?
– Il a disparu !
– Comment ça, disparu ?

Un mauvais pressentiment fait frissonner le capitaine Holman. Il se tourne vers le matelot de quart qui vient de pénétrer sur la passerelle de son navire, le steamer *SS Archtor*.

– Bon sang, un phare ne disparaît pas comme ça !

Voilà une heure que, sur le cargo qui fait route de Philadelphie, aux États-Unis, vers Leith, le grand port des alentours d'Édimbourg, on guette la lueur du phare d'Eilean Mòr, sur les îles Flannan, au nord-ouest de l'Écosse. Mais sans rien distinguer dans le noir. Certes, en cette nuit du 15 décembre 1900, la météo est médiocre et l'horizon bouché par des nappes de brouillard, mais la lanterne, dont le feu puissant a une portée de 25 milles, est située au sommet d'une falaise haute de 100 mètres et devrait donc transpercer la brume sans difficulté.

Soudain, une éclaircie perce au milieu des nuages et la silhouette noire des îles Flannan se découpe entre mer grise et ciel de charbon. Sur le *SS Archtor*, on pousse des cris, on manœuvre, et le navire à vapeur vire brutalement de cap à bâbord pour éviter le naufrage. Le capitaine Holman saisit ses jumelles et les braque en direction du chapelet d'îles qui s'éloigne déjà d'eux. De lueur, point. Aucun mouvement perceptible. Seule l'obscurité, chargée d'angoisse et de mystère. Comment se fait-il que le phare soit éteint ?

Perplexe mais souhaitant avant tout mettre son équipage en lieu sûr, le capitaine ordonne à son timonier de virer le cap au sud-sud-est en direction d'Oban, dans le comté d'Argyll, sur la côte occidentale de l'Écosse. Holman secoue la tête encore une fois : pourquoi le phare d'Eilean Mòr ne fonctionne-t-il pas ? En cas de panne, les gardiens disposent d'un éclairage de secours. Un accident plus grave est-il arrivé ? Non, décidément, la situation n'est pas normale…

Une fois à Oban, le capitaine de l'*Archtor* informe immédiatement le bureau du port de l'extinction du phare d'Eilean Mòr. Le personnel, qui n'est au courant de rien, lui demande de rédiger un rapport. Aussi stupéfiant que cela puisse sembler, ce document ne sera jamais transmis aux autorités maritimes d'Édimbourg.

Une terre hostile

Les îles Flannan : un petit chapelet d'îles perdu au milieu des flots de l'Atlantique. L'un des endroits les plus isolés et inhospitaliers du monde… Situé à l'extrémité nord-ouest de l'Écosse, distant d'une trentaine de kilomètres de l'île de Lewis, la première terre conséquente du continent européen, ce petit archipel porte le nom de saint Flannan, un prêcheur et ermite irlandais qui vint s'y retirer au VIIe siècle. Le coin idéal pour se faire oublier… S'étendant sur une superficie d'environ 50 hectares, les îles Flannan se répartissent en trois zones aussi sauvages les unes que les autres : le nord-est, avec les deux îles principales, Eilean Mòr et Eilean Taighe ; le sud, où se trouvent Soray et Sgeir Tomain ; et l'ouest, avec des rochers affleurants baptisés Eilean a' Gobha, Roaireim et Bròna Cleit.

Ce n'est pas mentir que de dire que les îles Flannan ont une sale réputation. Il arrive que les paysans des Hébrides y déposent leurs moutons pour les laisser paître dans des pâturages à l'herbe bien grasse, mais eux-mêmes préfèrent éviter de rester ne serait-ce qu'une seule nuit en ces lieux que la tradition locale prétend hantés par des forces étrangères à notre monde.

C'est pourtant là, sur Eilean Mòr, l'île la plus grande, qu'on a bâti puis mis en service, en décembre 1899, un phare de 30 mètres de haut qui veille sur cette terre longue de 150 mètres à peine. Sur cet éperon rocheux balayé par les vents froids de l'Atlantique nord, les conditions de vie sont si pénibles que les vocations pour venir y travailler sont rares, malgré les rotations qui s'opèrent selon un rythme régulier. Bref, le phare des îles Flannan n'alimente guère les conversations entre les marins de la région, taiseux par nature. Jusqu'à ce mois de décembre 1900…

Jour de relève

Le 21 décembre, soit six jours après le passage du steamer *SS Archtor* au large des îles Flannan, un autre navire, l'*Hesperus*, prend le large en direction de l'archipel isolé. C'est le ravitailleur des phares, qui emporte à son bord Joseph Moore, l'un des gardiens de celui d'Eilean Mòr. Moore a terminé sa période de repos : il est temps pour lui de retrouver ses collègues des îles Flannan. En effet, les quatre marins en charge de leur phare, tous célibataires et retraités, travaillent par équipe de trois.

Chacun passe six semaines sur Eilean Mòr, puis peut profiter de deux semaines de repos sur le continent avant de retourner sur l'île. Toutes les quinzaines, le ravitailleur l'*Hesperus* débarque donc avec vivres et courrier l'un des gardiens de retour de congé et repart avec un autre.

Accoudé au bastingage, Moore contemple les flots couleur d'huître qui défilent sous lui et songe à son temps de repos qui prend fin. Le 7 décembre précédent, cela avait été son tour d'être relevé et il avait enfin quitté le phare : un autre gardien, James Ducat, avait pris sa place tandis que Robert Muirhead, le superintendant des phares, faisait une brève tournée d'inspection pour s'assurer que tout marchait bien. Sur le bateau qui l'emmenait alors vers la terre ferme, Moore, qui ignorait encore, évidemment, qu'il serait bientôt l'un des derniers à avoir vu les trois gardiens vivants, ne s'était guère montré bavard. Il ne l'avait pas exprimé à voix haute, mais il était pas mal soulagé de laisser l'île derrière lui. Il se souvenait même d'avoir avoué au capitaine qui lui demandait comment il y vivait : « C'est un peu solitaire, parfois. »

Mauvais pressentiment

Maintenant, les pensées de Moore sont de nouveau tournées vers l'île, son phare et les trois hommes qui y résident. L'année a été longue pour lui et les autres, James Ducat, le gardien en chef, Thomas Marshall, son assistant, et Donald MacArthur, le plus inexpérimenté des quatre. Durant les premiers mois, ils se sont astreints à leurs tâches quotidiennes avec rigueur et discipline, et ont passé leur temps libre à lire, à jouer aux échecs et à regarder l'Océan. Mais au fil des semaines, Moore l'a bien senti, leur bonhomie naturelle s'est étiolée, laissant place à une langueur croissante mêlée de longues périodes de silence de plus en plus pesantes. Certes, en cas d'urgence, les gardiens ont la possibilité de faire flotter un drapeau qui sera visible au télescope depuis les Hébrides et qui déclenchera l'envoi d'un bateau de secours. Malgré tout, c'est avec une sourde inquiétude que Moore voit les falaises des îles Flannan poindre à l'horizon…

Le trajet n'a pas été de tout repos, avec une météo qui n'a cessé de se détériorer depuis le départ. À l'approche d'Eilean Mòr, la tempête fait toujours rage et il n'est plus possible de débarquer. Alors que les rafales de vent secouent l'*Hesperus* dans tous les sens, les matelots lancent des coups de corne de brume pour attirer l'attention des trois gardiens, mais aucun signal ne leur parvient en retour. Encore plus inquiétant : la lanterne de 140 000 bougies du phare demeure désespérément éteinte. Que se passe-t-il sur Eilean Mòr ?

Ballotté par l'Océan en furie, l'*Hesperus* met à la cape et patiente en mer pendant trois jours jusqu'à la première accalmie. Le 24 décembre, le navire peut enfin approcher des îles Flannan – mais Moore, aussi impatient que les autres matelots de savoir ce qui se passe au phare, doit encore ronger son frein durant deux jours, le temps nécessaire pour que le bateau puisse accoster en toute sécurité le long du quai grossièrement installé à l'est de l'île. Finalement, alors que l'*Hesperus* aurait dû fournir la relève le 21 décembre, il ne touche Eilean Mòr que le « Boxing Day », le lendemain de Noël, le 26 décembre, sur le coup de midi.

Tous disparus !

Dès qu'il met pied à terre, Joseph Moore est parcouru d'un frisson glacial. Et la température très fraîche n'y est pour rien. Sur la jetée, la situation est anormale : personne n'est là pour les accueillir, aucune caisse, pas de drapeau sur le mât et aucun câble d'amarrage non plus sur le débarcadère. Gagné par l'anxiété, le gardien gravit deux par deux les deux cents marches qui conduisent vers la plateforme où s'élève le phare. Le souffle court, il s'élance vers la tour, dont la porte est close ; il l'ouvre, pénètre à l'intérieur et trouve la force de hurler le prénom de ses collègues… Seul le silence lui répond.

Terrifié à l'idée de découvrir ses compagnons morts, Moore redescend en hâte au débarcadère et demande de l'aide au capitaine de l'*Hesperus*, Jim Harvie. Celui-ci fait sonner un signal de détresse, sans réponse, et lui délègue un officier et un matelot. Tous trois remontent au phare, qu'ils visitent de la base jusqu'au sommet. Dans la cuisine, dont Moore pousse la porte, il trouve les reliefs d'un petit-déjeuner ainsi que des mèches nettoyées et ébarbées et des lampes à pétrole prêtes à l'emploi. Un ciré solitaire suspendu à une patère et une paire de bottes semblent le narguer. Est-ce imaginable que l'un des hommes soit sorti en pleine tempête, sans vêtement de protection ? Sur une étagère repose une pendule aux aiguilles figées. Seule une chaise renversée marque un léger signe de désordre. Le phare, aussi froid qu'une tombe, mais une tombe bien rangée, s'avère totalement vide.

Moore, toujours accompagné par les deux marins de l'*Hesperus*, entreprend alors de fouiller l'île de fond en comble : ils en examinent chaque recoin, chaque rocher, chaque anfractuosité sans rien trouver, ni corps ni indice. Autant le versant est de l'île paraît intact, autant, sur le côté ouest, c'est une scène de désolation qui s'offre à eux : un coffre contenant des cordages, placé à plus de 30 mètres au-dessus du niveau de la mer, est retrouvé démantelé. Son contenu s'est répandu sur une grue située une dizaine de mètres plus bas sur une plateforme. Comment ces cordages sont-ils arrivés là ? De plus, le sol de cette plateforme semble avoir été creusé sur une longue distance, et les rails du petit funiculaire ont été déformés et arrachés de leur gangue de béton par une force incroyable. Moore, stupéfait, remarque également que des rochers massifs, pesant pour certains plus d'une tonne, ont été déplacés...

Il est alors décidé que Joseph Moore ainsi que quatre marins volontaires resteront sur l'île tandis que l'*Hesperus* retournera à son point de départ, le port de Breasclete. Le capitaine Harvie envoie au Northern Lighthouse Board le message suivant : « Un épouvantable accident est arrivé aux îles Flannan. Les trois gardiens, Ducat, Marshall et le gardien d'appoint, ont disparu de l'île. Les horloges étaient arrêtées et d'autres signes indiquent que l'accident a dû se dérouler voici environ une semaine. Les malheureux ont dû être projetés par-dessus la falaise ou se sont noyés en tentant de sécuriser une grue ou quelque chose de ce genre. »

Un journal déconcertant

Disposant de tout le temps nécessaire, Joseph Moore poursuit ses investigations dans et à l'extérieur du phare. Il se plonge dans la lecture du journal de bord, espérant y trouver l'explication du mystère. Ce qu'il y découvre achève de le désemparer.

Jusqu'au 12 décembre, ce ne sont qu'indications classiques : la météo, la direction du vent, les navires aperçus... Mais, ensuite, les phrases laconiques rédigées par Thomas Marshall, loin d'éclairer les idées de Moore, ne font que renforcer son angoisse. Le 12 décembre, le journal indique : « Coup de vent du nord quart nord-ouest. Mer démontée. Isolés par la tempête. 21 heures. Jamais vu un tel ouragan. Vagues très hautes, se brisant sur le phare. Tout est en ordre. » Un commentaire somme toute normal, sauf que le gardien ajoute : « James Ducat irritable. »

Moore est intrigué : pourquoi fait-il mention de l'humeur de Ducat ? Ce n'est pas l'habitude dans ce genre de document. Le gardien en chef avait-il alors un comportement suffisamment bizarre pour que Marshall se sente obligé de le signaler ?

Le même jour, plus tard, celui-ci ajoute : « Minuit : la tempête fait toujours rage. Le vent ne mollit pas. Isolés. Ne pouvons sortir. Un navire passe en actionnant sa sirène de brume. Je peux voir les lumières des cabines. Ducat tranquille. MacArthur pleure. » Cette fois-ci, Moore sent un désagréable frisson lui parcourir l'échine. Pour les avoir côtoyés depuis des semaines, il connaît suffisamment ces hommes, marins aguerris et rompus aux climats extrêmes. Pour lui,

MacArthur est un homme résistant et courageux, qu'il n'imagine pas un seul instant en train de pleurer. Aurait-il fini par craquer nerveusement devant la furie de la tempête qui s'est prolongée des jours durant ? La promiscuité avec les deux autres gardiens a-t-elle eu raison de ses nerfs ?

Moore poursuit sa lecture. Le 13 décembre au matin, Marshall a écrit : « L'ouragan a continué toute la nuit. Le vent hale[1] l'ouest quart nord-ouest. Ducat tranquille. MacArthur prie. » Puis, un peu plus tard : « Midi. Le jour est gris. Moi, Ducat et MacArthur avons prié. » Là encore, cette phrase plonge Moore dans des abîmes de perplexité : jamais il n'a vu ces hommes se mettre à implorer la clémence des cieux au milieu d'une tempête, ni même en nulle autre circonstance. Et que penser de l'attitude de MacArthur qui, après avoir pleuré, se met à prier ?

Pour une raison inconnue, le journal des gardiens du phare reste muet sur la journée du 14 décembre. Que s'est-il passé ce jour-là ? Nul ne le sait. Et puis, le lendemain, c'est la dernière inscription sur laquelle s'interrompt le journal de bord : « Tempête terminée. Nous sommes dans la main de Dieu. » Moore ne trouve plus ensuite que des pages vierges, ce qui lui permet d'en déduire que le drame, quel qu'il soit, est intervenu juste après le 15 décembre. Ce même jour, dans la nuit, le phare était déjà éteint, le cargo *SS Archtor* ayant manqué de peu de se briser sur les rochers de l'île. Pour Moore, cette date est une bien maigre certitude. Car absolument rien n'explique l'incroyable disparition de ses trois compagnons. Un gardien ne quitte jamais son phare, sauf en cas d'incendie. Or, le phare a été retrouvé intact, prêt à fonctionner.

L'Œuvre du diable

Autant dire que, en l'absence d'explications, le mystère s'épaissit au fil du temps : toutes sortes de rumeurs commencent alors à circuler

1. Haler : changer de direction, en parlant du vent.

en Écosse et dans tout le Royaume-Uni, mêlant le paranormal à l'improbable. Ainsi, une théorie toujours populaire veut que les gardiens aient été les victimes d'une armée de spectres débarqués d'un bateau fantôme ! On parle aussi d'un serpent de mer géant qui les aurait emportés dans les flots. C'est alors l'occasion, pour les amateurs de folklore local, d'exhumer de vieilles superstitions faisant des îles Flannan un lieu maudit sur lequel s'abat de temps à autre la main impitoyable du démon... Ne méprisons pas ces propositions car ce drame est suffisamment mystérieux pour envisager de lui associer une dose de surnaturel. On s'étonnera juste qu'une version impliquant des extraterrestres ne semble jamais avoir été avancée...

Des enquêteurs en herbe ont émis l'idée que l'un des trois gardiens avait découvert par hasard la tombe oubliée de l'ermite saint Flannan et qu'il y aurait mis la main sur un trésor. Échouant à se le partager, les trois hommes se seraient battus et le survivant, désespéré, se serait débarrassé des corps de ses compagnons avant de se donner la mort. Dommage qu'on n'ait pas retrouvé d'or ni de bijoux...

Faut-il alors imaginer que les trois gardiens ont été enlevés par des espions d'une nation étrangère ? Mais, sauf à avoir découvert une arme secrète ou assisté au passage d'un sous-marin, on se demande bien pourquoi on aurait voulu se débarrasser d'eux. Plus prosaïquement, on a songé à l'ivrognerie, mais chaque gardien était connu pour sa sobriété et l'alcool était interdit par le règlement de la compagnie des phares. Difficile également d'imaginer qu'ils se soient entretués après une partie de cartes qui aurait mal terminé : leurs corps auraient fini par être retrouvés.

De toutes les hypothèses, mais qui n'éclairent pas pour autant ce qui s'est réellement passé en décembre 1900 à Eilean Mòr, les plus discutées concernent une vague géante, une tempête localisée ou la crise de démence des gardiens. Attardons-nous un moment sur chacune d'elles.

La version de la vague géante

Un premier scénario plausible serait le suivant : le 15 décembre, après le petit-déjeuner, Ducat et MacArthur revêtent leur ciré et sortent en direction de l'embarcadère. De son côté, Marshall reste dans le phare pour vaquer à ses occupations, puis il monte à la lanterne pour en nettoyer à grande eau les vitres salies par la tempête. De là-haut, il bénéficie d'une vue dans toutes les directions. Il aperçoit ses collègues occupés à remettre de l'ordre autour de la grue et de la plateforme qui la surplombe.

Le temps est toujours agité. Il pense distinguer les prémices d'une tempête à l'horizon quand, soudain, il se fige : entre ciel et océan, c'est un mur d'eau gigantesque qu'il voit, une véritable muraille liquide, grise et blanche, qui se dirige tout droit vers l'île. Affolé, il dévale quatre à quatre les marches du phare en hurlant. Se précipitant au-dehors, sans prendre le temps d'enfiler son ciré, Marshall crie et gesticule à l'attention des deux autres gardiens pour les exhorter à revenir au phare.

Trop tard.

La vague monstrueuse, haute comme un immeuble de dix étages, déferle sur l'île et emporte tout avec elle. Les trois gardiens n'ont pas le temps de réagir et voient la mort fondre sur eux à la vitesse d'un train lancé à pleine vitesse. L'eau emporte d'énormes rochers et tord les rails du funiculaire, effaçant toute trace d'humanité en quelques secondes. Le soir, le phare d'Eilean Mòr ne s'allumera pas…

Est-il possible qu'une telle anomalie océanique ait frappé de plein fouet les îles Flannan ? Longtemps, on a cru que les vagues géantes, également appelées vagues scélérates ou solitons, n'étaient qu'une pure légende inventée par des marins en mal d'émotions fortes. Certains explorateurs en parlaient bien dans leurs journaux de voyage, tels Dumont d'Urville, dont le navire *L'Astrolabe* rencontra des vagues « monstrueuses » près des côtes de Nouvelle-Zélande en 1828 ou l'explorateur Ernest Shackleton en Antarctique en avril 1916, mais le phénomène s'avérait trop rare pour acquérir une valeur scientifique. Jusqu'à ce que, grâce à des capteurs installés sur les plateformes pétrolières, leur existence soit prouvée. Ainsi, le 1er janvier 1995, la plateforme pétrolière de Draupner, en mer du Nord, est touchée par une vague de plus de 25 mètres de haut, alors que la hauteur moyenne des vagues dans la zone ne dépasse pas les 11 mètres !

Ces masses d'eau monstrueuses et solitaires, hautes de plusieurs dizaines de mètres, n'ont rien à voir avec les tsunamis, qui ne se forment qu'à l'approche des côtes. Les vagues scélérates, elles, se déplacent sur les océans et, sans prévenir, même par temps calme, sont capables de tout balayer sur leur passage. Il arrive qu'elles se déplacent par trois : ce phénomène, connu sous le nom des « trois sœurs », est d'autant plus dangereux qu'un navire frappé par les deux premières vagues ne peut souvent pas résister au choc de la troisième. Selon les scientifiques, une vague de 30 mètres de haut exerce une pression allant jusqu'à 100 tonnes par mètre carré !

En septembre 1995, au large de Terre-Neuve, le célèbre paquebot *Queen Elizabeth 2* fait route depuis Cherbourg vers New York et doit détourner son trajet pour éviter l'ouragan Luis. Alors que le navire affronte des creux d'une quinzaine de mètres, le capitaine Warwick voit arriver « un mur d'eau solide de 30 mètres de haut ». Le premier maître à bord a alors l'impression de « faire route droit sur les falaises de Douvres »... Le paquebot sera rudement secoué et endommagé par l'impact, mais pourra atteindre sa destination sans déplorer de victimes. Plus récemment, le 3 mars 2010, le navire de croisière *MV Louis Majesty*, un paquebot de 200 mètres de long qui naviguait au large de la Catalogne, percute trois vagues dépassant largement les 8 mètres. L'eau brise les vitres du salon passagers et s'engouffre par l'ouverture béante. On déplore deux morts et quatorze blessés. Sur Internet, des vidéos impressionnantes montrent des cargos ou des paquebots violemment secoués par des vagues d'une taille impressionnante.

Dans l'affaire des îles Flannan, l'hypothèse de la vague géante reste du domaine du plausible, même si, vu l'extrême rareté de ces phénomènes, cela constituerait une malchance incroyable pour nos trois disparus qui, statistiquement, avaient plus de chances de se faire foudroyer... De plus, il paraît difficile de croire qu'aucun des gardiens n'ait songé à s'abriter dans le phare plutôt qu'à se ruer vers la jetée.

Une tempête localisée ?

Le journal de bord mentionne sans ambiguïté une tempête qui aurait soufflé sur l'île du 12 au 14 décembre. Pourtant, durant cette période, aux Hébrides toutes proches, personne n'a ressenti les effets de cette dégradation météorologique ! Certes, le temps n'a pas été particulièrement beau, mais rien qui ne dépasse une forte brise et des vagues somme toute normales pour la saison. On a questionné les patrons des bateaux qui sillonnaient les parages à la même période et tous ont confirmé que la météo était calme.

Se peut-il qu'un coup de vent soudain ait frappé un périmètre restreint d'Eilean Mòr, sous la forme d'une tornade par exemple, qui aurait emporté les trois gardiens ? Un tel événement climatique relève du possible, sauf que Marshall, dans son journal, a bien parlé d'une véritable tempête qui aurait d'abord soufflé du nord-ouest puis de l'ouest. Et surtout, le 15 décembre, une fois la « tempête finie », les trois gardiens étaient toujours vivants ! Faut-il songer à un phénomène surnaturel, une sorte d'ouragan déclenché par le diable lui-même ?

Un acte de démence ?

La dernière explication plausible est liée non à une catastrophe naturelle, mais au comportement même des gardiens. Et si cette étrange tempête décrite par Marshall dans le journal de bord était seulement le fruit de son délire ? Après tout, rien ne dit que le gardien était dans son état normal lorsqu'il a rédigé la chronique du phare !

L'isolement et la promiscuité en un lieu soumis à des conditions météorologiques souvent extrêmes ont souvent poussé les gardiens de phare à plonger dans la folie. Tous les pays ayant des frontières maritimes possèdent leurs histoires, plus ou moins terrifiantes, d'hommes rendus déments par le séjour prolongé dans de tels endroits. En France, le phare de Tévennec, situé à la pointe occidentale de la Bretagne, est ainsi réputé pour avoir abrité des gardiens solitaires devenus fous après avoir entendu des hurlements d'origine inconnue.

Si l'on suppose que Thomas Marshall a perdu la raison, certains passages de son rapport prennent alors une nouvelle résonance. Pour une raison non élucidée, l'homme n'est plus maître de son esprit : mysticisme, furie hallucinatoire ou crise de nerfs majeure ? Mais il a conservé assez de lucidité pour poursuivre la rédaction du journal, même si ses écrits reflètent son instabilité mentale. Selon la théorie proposée par Robert de Lacroix dans son livre *Histoires extraordinaires de la mer*, Marshall aurait profité de l'absence momentanée de MacArthur pour, dans un accès de démence, étrangler Ducat. À son retour, MacArthur l'aurait trouvé hébété à côté du cadavre de son chef et, ne pouvant envisager l'idée du meurtre, aurait éclaté en sanglots devant ce spectacle incompréhensible. Marshall aurait alors noté dans son journal que Ducat était « tranquille » et que « MacArthur pleur[ait] ». Puis ce dernier couche la victime, les mains jointes, sur un lit et, le lendemain, Marshall, inconscient d'avoir assassiné son collègue, écrit : « Ducat prie. » Puis, plus tard, il note « tempête finie », une manière de dire que sa crise de démence est passée, provisoirement ou non. Il faut alors s'occuper du corps de Ducat. Comme il est difficile de l'inhumer sur l'île, Marshall et MacArthur décident de l'immerger. Après tout, « Dieu est partout »... Et c'est lors de cette discrète cérémonie funéraire qu'intervient l'accident : en portant le corps de leur défunt compagnon vers l'Océan, les deux hommes glissent sur les rochers humides, tombent à l'eau et, gravement blessés, se noient. Plus tard, la tempête qui empêche le débarquement de l'*Hesperus* emporte leurs dépouilles vers le large…

Cette théorie explique pourquoi on a retrouvé un ciré solitaire dans le phare : c'était celui de Ducat, qui n'en avait plus besoin… Elle semble également plus solide que la supposition souvent admise que l'un des trois hommes, devenu fou, a tué ses deux camarades et s'est suicidé. Si c'était le cas, on aurait retrouvé des traces de lutte et il aurait dû utiliser une arme blanche. Or, aucun désordre ne régnait dans le phare, hormis une chaise renversée, et tous les outils tranchants (marteaux, couteaux et haches) ont été retrouvés à leur place.

Mais il ne s'agit que d'une hypothèse qui, en l'absence de preuves concrètes, ne vaut que ce qu'elle vaut. Rien n'explique clairement la disparition énigmatique des trois gardiens. Plus de cent ans après les faits, le phare d'Eilean Mòr conserve son secret. Par la suite, les lieux ont été habités et d'autres incidents seraient intervenus sur l'île : un gardien aurait fait une chute mortelle, un autre serait devenu fou. Mais cela relève davantage de la légende locale que de faits avérés. Depuis 1971, le phare est automatisé et les îles Flannan sont désormais désertes. Il est vrai que très rares sont ceux qui tiennent vraiment à s'y aventurer…

Sources

• Mathilde Fontez, « Vagues scélérates », *Science et Vie*, juin 2008.

• Angela J. Elliott, *Some Strange Scent of Death*, Whittles Publishing, 2005.

• Robert de Lacroix, *Histoires extraordinaires de la mer*, L'Ancre de marine, 1996.

• Giles Milton, « Freak wave, the mystery of the Flannan Island lighthouse », sur le site surviving-history.blogspot.fr.

• « The mystery of Flannan Isle », sur le site h2g2.com.

11

Qu'est devenu le bataillon de Norfolk ?

Des soldats néo-zélandais témoignent avoir vu un bataillon entier de soldats britanniques disparaître dans un mystérieux nuage en 1915, lors de la bataille des Dardanelles, en Turquie. Phénomène naturel ou enlèvement paranormal ?

Les faits sont supposés s'être déroulés en 1915, mais l'histoire n'a été rendue publique que cinquante ans plus tard, dans les colonnes de *Spaceview*, une revue néo-zélandaise d'ordinaire consacrée à la recherche spatiale. Que vient donc faire le récit troublant d'une disparition de soldats dans son édition n° 45 de septembre-octobre 1965 ? Un point étrange, à l'image de ce dossier sur lequel plane encore une vaste zone d'ombre.

Le mystérieux nuage de Gallipoli

Dans cet article de *Spaceview*, trois vétérans de l'armée néo-zélandaise témoignent d'une scène stupéfiante à laquelle ils disent avoir assisté en 1915. Voici la traduction de leur récit faite par le magazine *Science et Vie* :

> *Gallipoli, le 28 août 1915 :* UN JOUR À NE PAS OUBLIER
> Ce qui suit est la relation d'un étrange incident qui eut lieu à la date ci-dessus indiquée, au cours de la matinée, au moment où les combats des ANZACS (Australian & New Zealand Army Corps) sur la

« colline 60 », dans la baie de Suvla, atteignaient leur paroxysme.
Le jour s'était levé, clair, à l'exception, toutefois, de six à huit nuages en forme de miche de pain – tous exactement pareils – suspendus dans le ciel au-dessus de la « colline 60 ». Malgré une brise de 6 à 8 km/h qui soufflait du sud, ces nuages ne changeaient ni de position ni de forme. La brise ne les emporta pas, et ils demeurèrent sur place, à une hauteur d'environ 60° par rapport à notre point d'observation, qui surplombait le terrain de 152 mètres à peu près.
Un nuage semblable, immobile lui aussi, reposait sur le sol au-dessous de la formation. Il mesurait approximativement 244 mètres de long, 67 mètres de haut et 61 mètres de large. Il était extrêmement dense, au point de paraître solide, et se trouvait à 3 ou 4 kilomètres du terrain tenu par les Britanniques.
Tout ceci fut observé par 22 hommes de la 3e section de la 1re compagnie de génie néo-zélandaise dont moi-même, à partir de nos tranchées sur Rhododendron Spur située à moins de 2 500 mètres au sud-ouest du nuage posé au sol. Notre position dominait la « colline 60 » d'environ 90 mètres. Ainsi qu'on le sut plus tard, ce nuage surplombait le lit d'un torrent tari ou un chemin défoncé (Kaiajik Dere) et nous distinguions parfaitement le nuage tandis qu'il flottait au niveau du sol. Il était gris clair, comme ceux qui flottaient au-dessus de lui.
On vit alors un régiment britannique, le First Four Norfolk, fort de plusieurs centaines d'hommes, remonter le torrent ou chemin en question vers la « colline 60 ». Parvenus au niveau du nuage, ils y entrèrent sans hésiter, mais aucun n'en sortit jamais.
Au bout d'une heure environ, le nuage se leva discrètement et, quittant le sol comme l'aurait fait n'importe quel nuage ou brouillard, monta rejoindre les nuages mentionnés au début de ce récit. Pendant tout ce temps, le groupe de nuages était demeuré sur place, mais dès qu'il fut rejoint par celui qui montait du sol, tous s'éloignèrent ensemble vers le nord, c'est-à-dire vers la Thrace. Trois quarts d'heure plus tard,

ils étaient hors de vue.
Le régiment susmentionné a été porté « manquant » ou « détruit » et, dès la capitulation de la Turquie en 1918, la Grande-Bretagne en demanda la restitution. La Turquie répondit qu'elle n'avait jamais eu aucun contact avec ce régiment et ne savait même pas qu'il existait.
Un régiment britannique, en 1914-1918, pouvait compter entre 800 et 4 000 hommes. Les témoins de cet incident affirment que les Turcs n'ont jamais capturé ni même rencontré ce régiment.
Nous les soussignés, quoique tardivement, c'est-à-dire à l'occasion du cinquantenaire du débarquement de l'ANZAC, déclarons que l'incident décrit ci-dessus est en tous points véridique.
Signé par les témoins :
Sapeur F. Reichardt, matricule 4/165, Matata, Bay of Plenty
Sapeur R. Newnes, matricule 13/416, 157 King Street, Cambridge
J. L. Newman, 75 Freyberg Street, Octumoctaï, Tauranga.

Ce témoignage s'accompagne d'un extrait d'une certaine « relation officielle de la campagne des Dardanelles », sans aucune source, qui fait aussi référence à l'incident en question : « Ils furent absorbés par un brouillard d'une densité extraordinaire, lequel brouillard reflétait les rayons du soleil avec une telle intensité que les servants des pièces d'artillerie en furent éblouis et ne purent pointer correctement. On ne revit jamais ces deux cent cinquante hommes. »

En pleine guerre contre l'Empire ottoman

Cette déclaration collective sur l'honneur ne peut laisser indifférent. Voilà trois soldats néo-zélandais qui racontent une histoire hors du commun. Pour résumer, selon ces témoins, le 28 août 1915, le 4e bataillon de Norfolk est appelé à la rescousse pour prêter main-forte à un corps d'armée néo-zélandais mal embarqué dans la prise de la cote 60, un point stratégique fondamental au sud de la baie de

Suvla. La situation est hautement périlleuse et les soldats ottomans font preuve d'une résistance acharnée.

C'est alors que vingt-deux soldats alliés, appartenant à une compagnie du génie néo-zélandaise, aperçoivent les 267 hommes du bataillon de Norfolk en train de progresser dans un cours d'eau asséché, dans l'attente d'un ordre d'attaque. Tout à coup, le bataillon entier est comme happé dans un étrange brouillard très épais. Au bout d'un certain temps, le nuage se serait élevé doucement puis éloigné dans le ciel... avec un autre groupe de nuages, et peut-être contre le vent ! À l'emplacement de la brume opaque, il n'y a plus rien. Le 4e bataillon a disparu... aussi bien les hommes que leur matériel !

Pour replacer ce récit invraisemblable dans son contexte, rappelons que, au début de l'année 1915, l'Europe est en proie à une guerre généralisée appelée à durer. Le jeu des alliances fonctionne à plein et chaque pays engagé tente, avec l'appui de ses alliés, d'asseoir ses positions stratégiques. D'un côté, la Triple Entente, composée de la France, de l'Empire britannique et de la Russie ; de l'autre, la Triple Alliance, ou Triplice, formée des Empires allemand et austro-hongrois associés à l'Italie. Or, le 28 octobre 1914, la Turquie est entrée à son tour en guerre aux côtés de la Triplice et elle affiche ouvertement des vues sur les territoires russes proches de ses frontières. Pour la Triple Entente, la situation est difficilement tenable : il importe de se rendre maître des Dardanelles, un point stratégique primordial puisque cet étroit bras de mer, long de 65 kilomètres, relie la mer de Marmara à la mer Égée. Aussi, dès février 1915, les alliés français et britanniques organisent un corps expéditionnaire qui part affronter les armées ottomanes, commandées par les Allemands. La première partie de l'expédition, une série de bombardements navals, donne des résultats décevants et échoue à forcer le détroit. À partir du 24 avril 1915 commence la campagne terrestre : 75 000 soldats alliés débarquent dans la région de Gallipoli, mais l'effet de surprise n'est pas au rendez-vous. Les défenses ottomanes, très bien fortifiées, résistent et occasionnent de lourdes pertes dans les rangs de la Triple Entente. Un jeune colonel, Mustafa Kemal, lance une contre-attaque victorieuse. Il deviendra plus tard le premier président de la République turque sous le nom de Kemal Atatürk.

Les troupes franco-britanniques, qui sont renforcées par les forces australiennes et néo-zélandaises de l'ANZAC (Australian & New Zealand Army Corps), dont c'est le baptême du feu[1], sont confinées depuis le début de l'été sur le cap Helles, entre la mer Égée et les collines tenues par les Turcs. Le 6 août, des troupes fraîches débarquent plus au nord, à Suvla Bay, mais l'inexpérience des jeunes soldats combinée à l'incompétence du commandement britannique fait échouer toutes les tentatives de débordement ou de diversion. Finalement, à l'automne, face aux pertes colossales (250 000 victimes du côté allié contre 210 000 du côté ottoman), les Alliés décident d'abandonner la partie et les survivants sont évacués entre décembre 1915 et janvier 1916.

Si l'on se fonde sur les indications des témoins, la disparition énigmatique du bataillon de Norfolk se place donc au cœur de l'été 1915 dans la zone de Suvla Bay, à un moment où la situation est critique pour les soldats alliés.

D'autres disparitions inexpliquées ?

Les disparitions inexpliquées d'individus ou de petits groupes sont fréquentes dans l'histoire ; en revanche, plus rares sont les disparitions de masse, comme celle d'un régiment de soldats, par exemple. Ainsi, sur Internet, il n'est question que des mêmes récits, laissant penser que le mystère des Dardanelles ne serait pas le premier de ce type.

1. L'Australie n'est indépendante que depuis 1901, et la campagne des Dardanelles est le premier conflit auquel prend part son armée.

Or, la quasi-totalité de ces histoires, démultipliées par la magie du « copier-coller » informatique, provient en réalité d'un seul et même ouvrage, *Disparitions mystérieuses* de Patrice Gaston, publié en 1973 chez Robert Laffont.

D'après Gaston, un groupe de soldats se serait ainsi évanoui sans laisser la moindre trace en 1707 – l'année la plus calme du conflit – au cours de la guerre de succession d'Espagne : 4 000 hommes de l'archiduc Charles VI de Habsbourg se seraient mis en route un matin avec l'idée de passer un col des Pyrénées et de partir affronter les troupes de Philippe V d'Espagne, mais ils auraient disparu avec, selon l'expression consacrée, armes et bagages…

Plus tard, en 1858, lors de l'attaque des Français contre le royaume vietnamien (campagne de Cochinchine), 650 zouaves du corps expéditionnaire marchent vers Saigon. Un autre groupe de soldats les suit, à 2 kilomètres environ de distance. Les zouaves sont à quelque 20 kilomètres de Saigon lorsqu'ils disparaissent brutalement. Nul ne sait non plus ce qu'il est advenu d'eux.

Enfin, toujours selon Patrice Gaston, il y a la disparition supposée de 3 000 soldats chinois en décembre 1937, lors du conflit contre le Japon. L'empire du Soleil-Levant a déjà pris pied dans une bonne partie de la Chine et ses troupes font route vers sa capitale, Nankin. Sur place, un colonel chinois, un dénommé Li Fu Sien, décide de s'opposer aux Japonais coûte que coûte. Le soir, il ordonne à un bataillon de 3 000 hommes de se disposer le long du fleuve Yang Tsé Kiang. Le lendemain matin, Li Fu Sien s'aperçoit avec stupéfaction que ces soldats ont tous disparu, à l'exception d'une petite centaine d'entre eux, massés à l'écart près d'un pont. Les sentinelles n'ont rien observé d'inhabituel, et pourtant 3 000 soldats ne sont plus là. Ont-ils déserté en masse ? Ont-ils été faits prisonniers ? Les archives japonaises s'avèrent muettes sur le sujet : aucune bataille ni capture de soldats chinois… Faut-il y voir un phénomène surnaturel ? Ou s'agit-il juste d'une légende ? En effet, de nombreux éléments ne collent pas à la réalité, comme ce colonel Li Fu Sien, dont rien ne dit qu'il a réellement existé.

En dehors de ces récits de supposées disparitions qu'il faut manier avec des pincettes, l'affaire la plus célèbre remonte à l'Empire romain et concerne le sort de la fameuse Legio IX Hispana, une légion probablement levée par Jules César en - 58. En l'occurrence, rien de paranormal *a priori*, juste une controverse entre historiens sur ce qui est vraiment arrivé à cette troupe de soldats. On a longtemps considéré que la 9e légion hispanique avait disparu, pour une raison inconnue, en 117 après JC, mais on sait désormais qu'elle était encore active à Nimègue (Pays-Bas) vers 130. Selon les spécialistes de la période, elle aurait été anéantie soit lors d'une révolte en Palestine, soit lors de la défaite d'Elegeia contre les Parthes en 161. Ce qui n'a pas empêché des auteurs de fiction d'entretenir le mythe en inventant d'autres explications pour expliquer la disparition de la Legio IX Hispana. Dans son roman *L'Aigle de la 9e Légion* (1954), la Britannique Rosemary Sutcliff imagine ainsi que la légion disparaît en Calédonie, après avoir franchi le mur d'Hadrien. Et le film *Centurion* (2010) raconte comment des survivants de cette légion réussissent à regagner le territoire de l'Empire après que la 9e légion a été décimée par des tribus pictes.

LE RAPPORT FINAL DE LA COMMISSION DES DARDANELLES

L'affaire de Gallipoli a l'avantage d'être bien documentée et c'est peut-être ce qui la rend plus troublante. D'autant que le témoignage des soldats néo-zélandais n'est pas unique. Dans un rapport rédigé juste après la campagne des Dardanelles et publié en 1917, il est aussi fait allusion à une « étrange brume » reflétant les rayons du soleil qui aurait recouvert Suvla Bay – mais le 12 août 1915 et non le 28. Le document indique que ce phénomène, bien que curieux, est courant dans la région. Puis il décrit l'attaque de la fameuse « cote 60 ».

Mais d'où sort, au juste, ce 4e bataillon de Norfolk qui se trouve au cœur du mystère ? Juste avant la guerre, le First Fourth, qui appartient à la 163e brigade, est stationné à Dereham, près de Norwich, en Angleterre. Bien qu'il s'agisse d'un régiment au passé prestigieux, ses troupes sont plutôt inexpérimentées, surnommées « les soldats du samedi soir » par l'armée régulière. Parti de sa base le 29 juillet 1915, le Royal Norfolk Regiment débarque dans son intégralité au tout début du mois d'août sur la presqu'île de Gallipoli, brûlée par un soleil torride. La baie de Suvla n'est pas vraiment hospitalière, avec son lac asséché en été et sa plaine en forme d'arène brûlante cernée par un demi-cercle de collines. Dans le dos, la mer. Devant soi, des hauteurs sur lesquelles les Turcs se sont réfugiés pour organiser leur défense : le Kiretch Tepe au nord, le massif du Sari Bair au sud et les deux points culminants au centre, Kavak Tepe et Tekke Tepe.

L'aventure héroïque tourne vite à la tragédie. La liste des morts et des blessés au combat ne fait que s'allonger, accélérée par la chaleur accablante, la soif, les insectes, les rats et une épidémie de dysenterie qui fait des ravages. Alors que les opérations militaires s'enlisent, sir Ian Hamilton, commandant en chef du corps expéditionnaire en Méditerranée, juge que la seule chance de ne pas céder, c'est de lancer des troupes fraîches dans une offensive de grande envergure sur les flancs du Kavak Tepe et du Tekke Tepe. Aussi est-il ordonné que, au crépuscule du 12 août, la 54e division – dont fait partie la 163e brigade, donc le régiment de Norfolk – se regroupera au pied des collines afin de lancer l'attaque au petit matin. Mais, pour y parvenir, les troupes doivent traverser une zone de champs cultivés exposée au feu ennemi. Hamilton commande alors à la 163e brigade du Norfolk d'avancer en éclaireur dans cette zone périlleuse, dès le 12 dans l'après-midi.

Cette opération préliminaire s'avère un échec complet. Elle commence en retard et les transmissions défaillantes entre le terrain et l'artillerie en soutien aggravent la situation. Les cartes, mal préparées, sont inutilisables et l'on n'a pas vraiment estimé les forces ennemies. La conséquence est immédiate : la 163e brigade, dont le 4e Norfolk est positionné à l'arrière-garde, n'a même pas parcouru un kilomètre qu'elle est cueillie par le feu nourri d'un nid de mitrailleuses. Seul sur le flanc droit, le 5e Norfolk, moins attaqué, parvient à progresser. La suite, c'est sir Ian Hamilton qui la détaille dans le rapport qu'il fait à lord Kitchener, le ministre britannique de la Guerre : « Au cours de ce combat, pendant lequel la 163e brigade se montra en tous points digne d'éloges, il s'est produit un incident extrêmement curieux. Le colonel sir H. Beaumont, un officier intrépide et plein d'enthousiasme, voyant l'ennemi fléchir, se rua en avant, suivi par la plus grande partie de son bataillon. À mesure qu'ils progressaient, les affrontements se faisaient plus acharnés, et le terrain devenait de plus en plus boisé et accidenté. Les blessés étaient nombreux, et beaucoup d'hommes étaient accablés par la soif. Ceux-là parvinrent, à la faveur de la nuit, à regagner le camp. Mais le colonel, suivi de 16 officiers et de 250 soldats, poursuivit sa marche en avant, repoussant l'ennemi… On n'entendit plus jamais parler d'eux : ils s'engagèrent dans la forêt et on cessa bientôt de les voir et de les entendre. Aucun d'eux ne réapparut jamais. »

De cet épisode, il résulte une information forte : le 12 août 1915, pas moins de 267 hommes appartenant au 5e Norfolk ont disparu dans la nature. Non, il n'y a pas d'erreur : il s'agit bien du 5e Norfolk et non du 4e Norfolk !

Un témoignage truffé de contradictions

Entre le rapport officiel de 1917 et le témoignage tardif de 1965, les similitudes sont évidentes. Mais doit-on prendre pour argent comptant le témoignage des trois soldats ? Rien n'est moins sûr car l'examen minutieux de leur récit permet de relever plusieurs incohérences.

Ainsi, ils font d'abord mention du 4e « régiment » de Norfolk ; or il s'agit juste d'un bataillon du Royal Norfolk Regiment, comme le souligne Paul Begg, qui a étudié l'affaire en s'étonnant que personne n'ait relevé une erreur aussi grossière avant lui. Par ailleurs, ce ne peut être le 4e bataillon du Royal Norfolk Regiment qui a disparu car, fin août 1915, ce dernier a déjà achevé sa campagne des Dardanelles. Il sera réaffecté ensuite sur d'autres théâtres d'opérations. Et à la fin de la Première Guerre mondiale, les archives militaires montrent qu'il est toujours en service actif !

La date de l'incident et la position des témoins posent également problème. La bataille dont il est question n'a pas eu lieu le 28 août, comme il est affirmé dans le témoignage – il ne s'est rien passé d'important ce jour-là –, mais bien le 12 août selon les archives militaires britanniques. De plus, la 3e section de la compagnie divisionnaire néo-zélandaise n'a occupé Rhododendron Spur qu'à partir du 13 août. Comment les trois signataires du témoignage auraient-ils pu apercevoir le bataillon disparu le 12 août ? Il aurait fallu par ailleurs une vue surhumaine à Reichardt et à ses deux compagnons car la « colline 60 », un petit tertre au nord du Chunuk Bair, est située à 2,5 kilomètres de Rhododendron Spur, et la zone où aurait eu lieu la disparition, là où la 163e brigade a effectué sa mission de reconnaissance l'après-midi du 12 août, est située 5 kilomètres encore plus au nord... Comment observer un phénomène inhabituel à plus de 7 kilomètres de distance ?

Glissement temporel ?

Enfin, à cette date du 12 août, ce n'est pas le 4e Norfolk (First Four Norfolk) qui est porté manquant, mais, comme l'indique le rapport officiel, un autre bataillon du même régiment, le 5e Norfolk (First Five Norfolk). Donc, si les soldats néo-zélandais ont vraiment assisté à la disparition d'un bataillon du Royal Norfolk, c'était forcément celle des troupes du 5e Norfolk. Mais pourquoi, alors, ont-ils tous déclaré avoir vu se volatiliser le 4ᵉ Norfolk ? Cette erreur sommaire est-elle l'œuvre d'un rédacteur ignorant qui ne serait pas l'un des trois signataires ? Et surtout, si ce n'est pas le 4ᵉ Norfolk, qu'est devenu le 5ᵉ Norfolk ?

Pour autant, dans le témoignage des trois soldats, il n'est question que de la « colline 60 ». Peut-on imaginer alors que le 5ᵉ Norfolk se soit égaré le 12 août et qu'il ait erré dans la plaine de Suvla durant plus de deux semaines avant d'être aperçu de nouveau le 28 août par nos soldats néo-zélandais ? Ce n'est pas impossible, certes ; mais on voit mal ce bataillon ne pas croiser le chemin d'autres troupes, alliées ou turques, durant ce laps de temps, et on se demande comment ses membres auraient pu survivre...

Reste une explication qui défierait l'entendement : lorsque le 5ᵉ Norfolk disparaît le 12 août, il est en fait projeté dans une autre dimension temporelle. Faille dans l'espace-temps ? Minuscule trou noir ? Tout est possible... Ainsi, lorsque le bataillon réapparaît à la vue de tous le 28 août, il s'est en réalité déroulé seize jours sur le terrain, mais seulement une poignée de secondes pour les hommes du bataillon...

Un témoignage enjolivé ?

Revenons au mystérieux « nuage kidnappeur ». Dans le témoignage des trois soldats néo-zélandais, il est décrit comme un étrange nuage de 250 mètres de long qui semble reposer sur le sol. Or, le rapport officiel, après le récit de la bataille du 12 août, rapporte un autre événement inhabituel : « Par quelque aberration de la nature, la plaine et la baie de Suvla furent enveloppées, dans l'après-midi du 21 août, par un étrange brouillard. C'était là vraiment jouer de malchance, car nous avions précisément tablé sur le fait que les tireurs ennemis seraient éblouis par le soleil déclinant qui éclairerait au contraire avec netteté les tranchées turques. Au lieu de cela, nous distinguions à peine les lignes ennemies, alors que nos positions se détachaient nettement à contre-jour dans cette vive lumière. » Il y a donc bien eu des nuages sur le champ de bataille, mais c'était neuf jours après le 12 août, et c'était une brume très largement étendue, manifestation d'un phénomène météorologique rare mais pas surnaturel. Difficile dans ces conditions de songer à l'épandage de gaz toxiques, voire à l'intervention d'extraterrestres qui auraient enlevé un bataillon entier, comme l'ont suggéré certains !

Un autre point important : la présence lors de la bataille des trois hommes signataires du témoignage n'est pas attestée. En effet, selon l'historien néo-zélandais I. C. McGibbon, qui s'est penché sur le profil des trois vétérans, Roger Newnes n'a jamais appartenu aux New Zealand Engineers, mais au 4e escadron des Auckland Monted Rifles, dont on sait avec certitude qu'aucun membre ne s'est jamais trouvé à Rhododendron Spur après le 8 août 1915. De son côté, J. L. Newman n'était pas à Gallipoli à cette période : une infection intestinale a provoqué son évacuation bien avant. Quant au sapeur Frederick Reichardt, il s'est engagé le 8 octobre 1914 dans les troupes expéditionnaires de Nouvelle-Zélande, puis a été recruté dans la 3e section de la First Divisional Field Company des New Zealand Engineers. Il s'est embarqué pour la presqu'île de Gallipoli le 12 avril 1915 et aurait dû avoir abandonné Rhododendron Spur le 20 août au plus tard. Impossible pour lui d'y être encore le 28, comme il l'a déclaré. En revanche, il est plausible qu'il s'y soit trouvé le 12.

Une date erronée, un bataillon confondu avec un autre, une localisation approximative : tout pousse à réfuter le témoignage de Reichardt et de ses deux compagnons, et à penser qu'ils ont forgé une histoire à partir de la disparition inexpliquée du 5e Norfolk et du brouillard bizarre – deux épisodes issus du même document et rendus publics en 1965, l'année où, ô coïncidence, les trois soldats racontent leur étrange histoire… Pourtant, même si ce témoignage est sujet à caution, le sort du First Fifth Battalion n'en est pas éclairci pour autant.

A-T-ON VRAIMENT RETROUVÉ LE 5E NORFOLK ?

En 1918, après la victoire des Alliés, les Britanniques reviennent sur la presqu'île de Gallipoli. Sur le champ de la bataille d'août 1915, ils retrouvent un insigne du Royal Norfolk Regiment. Puis, en septembre 1919, ils indiquent qu'une enquête sur le terrain a révélé qu'un fermier turc avait transporté et jeté dans un ravin de nombreux cadavres qui jonchaient ses terres. Voici ce qu'écrit dans son rapport l'officier qui préside la commission d'identification des victimes : « Nous avons trouvé le First Fifth Norfolk. Cent quatre-vingts corps en tout : 122 hommes du Norfolk, quelques soldats du Hants et du Suffolk, les autres appartiennent aux Cheshires. Nous n'avons pu identifier que deux cadavres : les soldats Barnaby et Carter. D'après le témoignage du fermier turc qui trouva ses terres recouvertes de cadavres en décomposition et qui nous dit les avoir jetés dans un petit ravin, les corps se trouvaient disséminés sur une surface d'environ 3 kilomètres carrés, à 750 mètres au moins du front turc. Il semble donc, comme on l'avait tout d'abord supposé, que le bataillon ait été rapidement bloqué dans son avance : les hommes ont été abattus un à un, à l'exception de ceux qui ont pu se réfugier à l'intérieur de la ferme. »

Officiellement, le First Fifth Norfolk a donc été retrouvé. Sauf que l'annonce paraît quelque peu prématurée : sur l'ensemble du bataillon, seuls 122 cadavres ont été recensés, soit à peine la moitié des hommes qui ont disparu le 12 août 1915. Il s'agit des hommes qui ont péri sous les balles turques : les troupes de l'Empire ottoman étaient en effet réputées pour ne pas faire de prisonniers. Or, les corps de 145 soldats sont toujours manquants. Que sont-ils devenus ? Gisent-ils encore sur le champ de bataille, décomposés et jamais identifiés, comme des milliers d'autres soldats britanniques ? Ont-il subi une putréfaction rapide en raison de la chaleur accablante qui régnait dans la région ? Ou bien leur est-il arrivé quelque chose de bien plus extraordinaire ? Sur ce point, le mystère n'a pas encore été levé.

Sources

• Michel Granger, *La Légende du bataillon disparu*, Enigma, avril 1996.

• Paul Begg, « Lost, believed kidnapped », *Out of This World. Mysteries of Mind, Space and Time*, Black Cat, Macdonald & Co Publishers, 1989.

• « Le nuage qui enleva un régiment à Gallipoli », *Science et Vie*, juin 1982.

• Patrice Gaston, *Disparitions mystérieuses*, Robert Laffont, 1973.

12

Le mystère du yacht fantôme

Où sont donc passés les trois membres d'équipage du Kaz II, un yacht de 10 mètres retrouvé vide et à la dérive au nord-est de l'Australie en avril 2007 ?

Le yacht errant

C'est un hélicoptère des douanes qui l'a repéré le premier. Le mercredi 18 avril 2007, l'appareil de surveillance survole la Grande Barrière de corail, au nord-est de l'Australie. Le pilote se trouve à environ 165 kilomètres au large de Townsville (Queensland) lorsqu'il aperçoit un yacht de plaisance en train de dériver. De toute évidence, l'équipage, invisible, n'en a plus la maîtrise. Deux jours plus tard, le vendredi 20 avril, les autorités maritimes dépêchées sur place abordent le navire en question, un catamaran de plaisance Crowther Osprey de 9,8 mètres de long. Il ne leur faut qu'une poignée de minutes pour constater qu'il n'est qu'une coquille vide battue par les flots.

Les secouristes montés à bord du bateau ont raconté avoir aussitôt ressenti une impression d'inquiétante normalité. Comme l'a expliqué Jon Hall, le porte-parole des services d'urgence du Queensland, « ce qu'ils ont trouvé était un peu étrange, en ce sens que tout était normal : il n'y avait juste aucun signe de vie. Le moteur tournait, les ordinateurs aussi, il y avait un ordinateur portable allumé sur la table. La radio marchait, de même que le GPS, et il y avait de la nourriture et des ustensiles de cuisine. Mais aucune trace de l'équipage… »

Très vite, l'AMSA (Australian Maritime Safety Authority) identifie le catamaran comme étant le *Kaz II*, parti d'Airlie Beach, dans le Queensland, cinq jours plus tôt, le 15 avril, et qui était attendu à Ayr, à 90 kilomètres au sud de Townsville. L'équipage était composé de trois hommes : le propriétaire du yacht, Derek Batten, 56 ans, accompagné de ses deux voisins, les frères Peter et James Tunstead, 69 et 63 ans. Batten avait récemment racheté le *Kaz II* pour 180 000 dollars à Graeme Douglas, un ingénieur connu pour le soin méticuleux qu'il prenait à entretenir son yacht. En compagnie des deux frères Tunstead, le nouveau propriétaire avait projeté de rallier par la mer leur ville de résidence, Perth, en effectuant des sauts de puce le long de la côte nord puis ouest. Un très long périple de six à huit semaines que les trois hommes, aux dires de leurs proches, préparaient de longue date. Ils l'envisageaient comme une longue balade oisive consacrée à pêcher, à nager, à plaisanter et à prendre du bon temps. Ils n'avaient, semble-t-il, rien négligé et s'étaient approvisionnés avec une large réserve de nourriture, trois casiers de bières, un fusil calibre 44 et cent cartouches en guise de munitions. Tout pour réussir le voyage d'une vie…

Première déclaration

Dès le jour de l'abordage, le 20 avril, les autorités maritimes diffusent un premier communiqué révélant que le yacht a été retrouvé en parfait état, ordonné comme si son équipage était encore à bord. Une table a même été dressée pour le dîner ! En revanche, contrairement à ce qui a été souvent dit, il n'y avait aucune nourriture prête à être servie. On met très vite la main sur les téléphones portables des disparus ainsi que sur leurs montres et leurs portefeuilles : aucun objet de valeur n'a été dérobé. L'ordinateur portable était allumé et le moteur du bateau, en marche, ronronnait sereinement. Les autorités confirment également que tout le système de communication du yacht – radio et GPS – fonctionne parfaitement et qu'aucun gilet de sauvetage ne manque à l'appel. Sur le pont arrière, les enquêteurs découvrent des t-shirts soigneusement pliés, comme si les plaisanciers étaient partis nager, ainsi que des serviettes étendues dans la petite salle de bain. Demeurent introuvables les chapeaux des marins ainsi que deux paires de lunettes de soleil. « C'est comme s'ils étaient juste descendus du bateau », dira plus tard Keryn Grey, la fille de James Tunstead. Par ailleurs, l'ancre du yacht est levée et à la poupe se trouve hissé un petit dinghy dont les skippers disparus n'ont manifestement pas fait usage. Les officiels notent cependant deux points sortant de l'ordinaire : l'une des voiles est abîmée et il n'y a pas de radeau de survie – mais, en fait, personne ne sait s'il y en avait un à bord au moment du départ.

Les recherches s'interrompent, l'enquête commence

Tandis qu'on remorque le yacht fantôme vers le port de Townsville, les secours recherchent activement les trois marins à l'aide de sept avions de reconnaissance et de deux bateaux, auxquels s'ajoute la vigilance de toutes les embarcations naviguant dans le secteur. Mais au bout de quelques jours infructueux, la police abandonne les recherches, estimant que les disparus n'ont aucune chance d'avoir survécu aussi longtemps dans l'eau. Le mystère du yacht fantôme devient vite un casse-tête pour les autorités, qui se demandent ce qui a bien pu advenir des trois membres d'équipage.

Dès que le *Kaz II* est amarré dans le port de Townsville, le 20 avril, les enquêteurs le passent au peigne fin, de la cale au sommet du mât. Le 21, les sergents Bardell et Molly font état de leurs conclusions : ils n'ont trouvé aucun indice permettant de conclure à un acte criminel ou à une quelconque intervention extérieure. La cabine était propre et bien rangée, à l'exception de quelques magazines et journaux ainsi que d'un fût de vin qui gisait au sol ; en fait, ces objets étaient tombés lors du remorquage du catamaran vers le port. Dans la poubelle, les enquêteurs ont trouvé quelques couteaux à beurre et, sur le plan de travail de la cuisine, logés à l'intérieur d'une gaine plastique, des couteaux de pêche qui ne semblaient pas avoir servi récemment. Sous la couchette de Derek Batten, le propriétaire du yacht, on a également déniché, dans un container scellé, un pistolet d'alarme et des munitions, dont aucune ne manquait. Un tiroir, à proximité, a dévoilé d'autres munitions du même calibre. Roy Wall, le chef de la police locale, déclare alors aux médias australiens que, « pour le moment, c'est tout simplement un mystère. Mais la disparition des trois membres d'équipage n'est pas suspecte ».

Une vidéo troublante

Durant leur fouille minutieuse du *Kaz II*, les enquêteurs mettent la main sur un précieux indice : une caméra contenant un enregistrement vidéo réalisé par l'équipage, qui donne quelques indications sur leur dernière journée. La dernière séquence, filmée par James Tunstead le 15 avril précisément à 10 h 05 du matin, peu avant la disparition probable des plaisanciers, montre notamment que c'est Derek Batten qui est à la barre alors que Peter Tunstead est, lui, assis sur l'escalier arrière du bateau, en train de pêcher. Tenant la caméra, James Tunstead pivote selon un mouvement panoramique à 360 degrés, ce qui permet de voir les îles aux alentours et de déterminer plus précisément la position exacte du bateau à cet instant précis. De part et d'autre du yacht, on distingue des pare-battages suspendus à des filières de sécurité : le rôle de ces éléments, généralement en plastique dur, est de protéger le bateau ou le quai de chocs pouvant se produire pendant les manœuvres. De plus, une longue corde blanche traîne dans le sillage du yacht, dont le moteur ne tourne pas. La mer paraît agitée, pourtant aucun des trois hommes ne porte de gilet de sauvetage.

La vidéo montre aussi que la chemise et les lunettes de celui qui filme ne sont pas à l'endroit où elles ont été finalement retrouvées... Enfin, la bande sonore révèle que les trois hommes sont en train de plaisanter, même si l'un d'entre eux fait remarquer que le ciel devient vraiment menaçant.

Le parcours chaotique du yacht

Dans le même temps, les données du GPS sont analysées afin d'établir l'itinéraire du yacht lors des derniers jours et réduire la zone des recherches. On s'aperçoit alors que le *Kaz II* a quitté Shute Harbour, près d'Airlie Beach, dès le 14 avril, mais qu'il a été contraint de rentrer au port en raison d'une défaillance de son système GPS. Après avoir corrigé l'erreur, qui semble devoir être imputée à une mauvaise manipulation, les trois plaisanciers ont remis les voiles dès le 15 avril vers 8 heures du matin.

Selon les indications GPS, le jour de son départ d'Airlie Beach, le yacht a mis le cap vers le nord-est, en direction du passage Whitsunday, de George Point et de l'île de Gloucester, avec l'intention de dépasser Bowen et d'atteindre Ayr pour la nuit. Une petite journée de navigation en mer pour seulement deux heures et quinze minutes de trajet par la route... Mais, dans son journal de bord, un opérateur de radio bénévole a noté que, le dimanche 15 avril à 18 heures 45, le *Kaz II* a donné par radio sa position : il se trouvait encore vers George Point. Pourquoi, après onze heures en mer, le yacht était-il encore aussi loin de sa destination prévue ? Keryn Grey exprimera ainsi sa surprise aux médias : « Qu'ont-ils bien pu faire toute la journée ? Cela prend à peine plus de deux heures pour rejoindre George Point depuis Airlie Beach ! Ont-ils simplement décidé de passer leur temps à pêcher ou bien de nouveaux problèmes sont-ils intervenus avec le GPS ? »

Graeme Douglas, l'ancien propriétaire du yacht, qui avait parlé à Batten avant le départ, lui avait préconisé de ne pas trop s'éloigner de la zone de Whitsunday avant de mieux connaître le bateau. Il lui avait même recommandé de se rendre à l'Eco Resort du cap Gloucester, une croisière de trois heures depuis Airlie Beach, car les trois hommes ne lui semblaient pas prêts pour une journée entière de navigation. Les plaisanciers ont-ils suivi son conseil ? Si c'est le cas, ils auraient eu à traverser le passage de Gloucester, une voie d'eau étroite et compliquée, réputée pour ses bancs de sable. Mais Graeme Douglas a estimé qu'ils pouvaient très bien y parvenir, notamment parce que le fond du navire ne s'enfonçait que de 60 à 70 centimètres à peine sous la surface de l'eau et qu'il était peu probable que le yacht heurte un banc de sable, même à marée basse.

Fortes des informations divulguées par la vidéo et le GPS, les familles affrètent alors trois bateaux qui partent explorer les îles de la région, dans l'espoir que les marins y aient trouvé refuge à la nage. Des recherches privées qui, à l'instar des opérations officielles, ne donneront rien… Les trois navigateurs ont bel et bien disparu sans laisser la moindre trace.

Le scénario officiel

Près d'un an et demi plus tard, le 4 août 2008, l'affaire du yacht fantôme revient sous les feux de l'actualité. Depuis la disparition inexpliquée des trois marins, aucun élément nouveau n'est venu conforter les familles ou les enquêteurs sur telle ou telle piste. Aussi, le coroner de l'État du Queensland, Michael Barnes, tient une audience au tribunal de Townsville, durant laquelle il entend faire toute la lumière sur les circonstances de la disparition des plaisanciers et déterminer si les recherches ont été bien menées. Au final, ce ne sont pas moins de vingt-sept personnes qui sont invitées à témoigner, parmi lesquelles des proches des disparus mais aussi des observateurs ayant vu le navire avant ou durant son périple tragique. Au terme des débats, Michael Barnes admet qu'on ne peut pas se prononcer de manière claire et définitive sur les circonstances de la tragédie. Toutefois, sur la foi des témoignages, de la vidéo retrouvée à bord et de l'état dans lequel se trouvait le yacht à sa découverte, son rapport final propose le scénario suivant : « Le dimanche 15 avril 2007, à 10 heures 05 du matin, le *Kaz II* était en train de naviguer aux alentours de George Point. Jusqu'alors, tout se passait comme prévu, mais, dans l'heure suivante, la situation a évolué de manière dramatique. Les trois hommes ont d'abord tiré à eux le filin blanc qui traînait dans le sillage du bateau et l'ont enroulé sur le pont avant à proximité du casier où il était rangé d'ordinaire (peut-être pour le sécher ?). Puis, pour une raison inconnue, James Tunstead a ôté son t-shirt et ses lunettes et les a déposés sur la banquette arrière du bateau. »

Ensuite, toujours selon le rapport, les leurres de pêche des plaisanciers se sont empêtrés dans le gouvernail bâbord du bateau. Les enquêteurs en ont déduit que l'un des frères Tunstead était descendu sur le *« sugar scoop »*, cette plateforme au ras de l'eau située à l'arrière du bateau et qui permet d'aller nager. Et c'est en essayant de libérer les leurres qu'il serait tombé à l'eau. Il est vrai que se tenir sur cette étroite plateforme, lorsque le yacht est en mouvement, est hautement périlleux. Voyant la chute de son frère, l'autre frère Tunstead serait venu à sa rescousse tandis que Batten aurait lancé le moteur pour manœuvrer puis réalisé qu'il devait affaler les voiles avant de pouvoir revenir vers ses amis.

Au moment où il quitte la barre pour effectuer cette action, une déviation de la trajectoire du bateau ou un changement de vent pourrait avoir provoqué un empannage, autrement dit un virement de bord. S'en serait suivi un violent mouvement de balancier du tangon au-dessus du pont qui aurait percuté de plein fouet Batten, le propulsant par-dessus bord. Il est également possible que ce choc se soit produit avant même que le skipper n'ait été en mesure de détacher et de lancer les bouées de sauvetage aux deux autres hommes. Un mug à café de couleur bleue retrouvé près des bouées pourrait accréditer cette hypothèse. Comme le navire avance à une vitesse de 15 nœuds – soit 28 kilomètres à l'heure –, il est très vite hors d'atteinte des trois hommes. À partir de ce moment, la fin des malheureux plaisanciers aurait été assez rapide. Aucun d'entre eux n'était vraiment bon nageur. En outre, la mer était agitée. Les trois hommes ont dû rapidement s'épuiser et couler sous les vagues…

D'autres hypothèses

Le *Kaz II* n'est pas le premier navire « fantôme » à errer sur les mers. L'histoire de la navigation est riche en récits similaires comme, par exemple, la célèbre affaire de la *Mary Celeste*, un brick reliant New York à Gênes retrouvé en décembre 1872 dérivant sans aucun de ses dix membres d'équipage. Pourtant, à son bord, le petit-déjeuner était servi, le thé versé dans les tasses…

Dans le cas du yacht australien, en dépit de la diffusion de la théorie officielle, d'autres versions ont rapidement surgi pour tenter d'expliquer l'inexplicable. Pour certains, les trois marins auraient juste piqué une tête dans l'océan pour se rafraîchir et un coup de vent aurait entraîné le yacht loin d'eux. Cela paraît quand même très simpliste : on imagine mal les trois hommes quittant le navire sans s'assurer de pouvoir remonter dessus – et surtout, qui aurait remis le moteur en marche ?

Il a été également suggéré que les plaisanciers avaient mis en scène eux-mêmes leur disparition, dans le cadre d'une escroquerie à l'assurance ou pour échapper à une menace quelconque, notamment fiscale. Mais il aurait été plus facile pour eux de brûler ou de couler le yacht. Et la complicité de tous les proches – dont la plupart ont poursuivi les recherches durant des semaines – aurait été nécessaire pour réussir ce coup de poker. D'ailleurs, l'examen des comptes et du patrimoine des disparus n'a permis de déceler aucune anomalie dans leur situation financière. On peine à imaginer que ces hommes aient imaginé ce scénario pour pouvoir s'évanouir dans la nature et quitter le pays en abandonnant derrière eux leurs familles, auxquelles ils étaient, selon l'avis de tous, très dévoués.

Des marins si compétents que ça ?

En revanche, il est permis de s'interroger sur les réelles compétences des trois hommes en matière de navigation. Si l'on en croit les témoignages des proches, le trio était loin d'être novice. De l'avis général, c'étaient des marins « expérimentés et prudents ». Avant de l'acquérir, Derek Batten avait navigué à bord du *Kaz II* deux fois autour des Whitsundays durant les vacances scolaires. Peter et James Tunstead avaient l'habitude de naviguer depuis l'âge de 18 ans et travaillaient dans les salles de radio de la Volunteer Sea Rescue, les secours bénévoles en mer. Tous savaient nager.

La réalité est un brin différente. Le skipper Derek Batten n'avait commencé à naviguer qu'en 2005, lorsqu'il avait acheté un petit bateau de plaisance monocoque, suivi d'un plus grand. L'expérience nautique des deux autres membres d'équipage se limitait en fait à piloter des dinghys sur la Swan, le fleuve qui traverse Perth avant de se jeter dans l'océan Indien à hauteur de Fremantle. Aucun des deux frères Tunstead n'a jamais possédé, voire navigué sur un bateau de plaisance en mer.

« Il ne laissait rien au hasard, tout était planifié », a déclaré à l'époque Donna, la fille de Peter Tunstead, à la radio ABC. Les trois hommes avaient promis à leurs femmes, inquiètes de leur long périple, qu'ils éviteraient le mauvais temps et ne navigueraient jamais de nuit, une promesse douteuse étant donné les distances prévues et le fait que rechercher un ancrage dans de mauvaises conditions peut s'avérer plus dangereux que rester en mer. Enfin, n'oublions pas un dernier point. Même s'ils semblaient en bonne condition physique, les trois hommes n'étaient plus tout jeunes : Batten avait 56 ans et les deux frères 69 et 63 ans.

Une mauvaise rencontre sur les flots ?

Parmi les hypothèses soulevées, celle d'une intervention extérieure a notamment enflammé les imaginations. Si la police a vite écarté la piste criminelle, n'ayant rien remarqué d'anormal, cela n'a pas empêché nombre de commentateurs comme certains membres de la famille d'affirmer haut et fort que les trois hommes avaient quitté le navire soit contraints, soit de leur plein gré, mais pas accidentellement.

À l'appui de cette hypothèse, il y a ce détail relevé lors de l'enquête : les pare-battages étaient suspendus de part et d'autre du bateau. Pour Hope Himing, la nièce de Derek Batten, c'est sans ambiguïté : « La seule raison pour laquelle vous sortez ces protections, c'est lorsqu'un autre bateau vient se ranger contre le vôtre ou lorsque vous manœuvrez pour accoster contre un quai. Tout porte à croire qu'on est monté à bord du yacht. » C'est moins évident lorsqu'on visionne les images de la vidéo retrouvée sur le yacht : les pare-battages étaient déployés en pleine mer avant l'accident, ce qui laisserait penser qu'il s'agit juste d'un oubli de la part des marins – et renforcerait au passage la thèse de leur manque d'expérience. Malgré cela, Hope Himing demeure persuadée que les trois hommes ont été kidnappés et s'interroge sur la brièveté des recherches : « La police a laissé tomber très vite les opérations de secours et nous nous sommes sentis vraiment abandonnés. Ils ont passé beaucoup plus de temps à chercher des gens dans des situations semblables, alors pourquoi ont-ils interrompu les recherches aussi vite ? »

Si Hope Himing affiche autant de détermination, c'est aussi parce qu'elle nourrit une conviction plus intime. En 2007, peu après l'incident, elle affirme aux médias australiens que sa mère et elle sont en « contact spirituel » avec Derek Batten, qui est bien vivant mais en train de lutter pour le rester. « Nous sommes spiritualistes[1]. Ma mère

1. Le spiritualisme est un mouvement religieux monothéiste anglo-saxon, fondé sur la croyance en Dieu, mais qui croit aussi possible une communication avec les défunts.

a eu un très fort sentiment venant de Derek comme quoi il était dans un lieu sombre qu'il ne pouvait pas voir, mais je ne pense pas pour autant qu'il était mort. Nous devons continuer à chercher. »

Suivons l'opinion d'une partie des proches et prenons comme telle l'hypothèse d'une intervention extérieure. Concrètement, qu'a-t-il pu se passer ? Soit les trois plaisanciers ont rejoint en mer d'autres personnes avec qui ils faisaient un trafic quelconque, puis ont quitté leur bateau de leur plein gré ; mais alors, pour monter sur quelle embarcation et dans quelle direction ? Et pourquoi auraient-ils abandonné leur yacht à 180 000 dollars si personne ne les y obligeait ? Soit les trois hommes ont été attaqués ; mais qui sont donc leurs agresseurs ? L'hypothèse de pirates kidnappeurs s'avère bien légère : ce serait une première dans cette région du globe, et jamais personne n'a adressé de demande de rançon à la famille ou aux autorités. En supposant que les agresseurs aient rapidement tué les plaisanciers et jeté leurs corps à la mer, comment imaginer que des criminels avides de gains faciles puissent abandonner un yacht de valeur en plein océan ? Qui plus est sans toucher aux effets personnels de l'équipage ?

Alors, le trio disparu aurait-il été le témoin involontaire d'une scène inhabituelle, comme le retour à la surface d'un sous-marin d'attaque ultrasecret ? Le personnel de bord aurait détecté la présence de ces plaisanciers gênants et les aurait obligés, sous la menace, à prendre place dans le submersible pour les emmener vers une destination inconnue… Mais, dans ce scénario, n'aurait-on pas également coulé le yacht pour n'en laisser aucune trace ? Et où auraient été emmenés nos trois navigateurs malchanceux ?

Un choc imprévu ?

C'est une hypothèse séduisante qui pourrait expliquer cette disparition subite. Selon la police, rien n'indique que le navire, en bon état, ait pu chavirer. Mais imaginons quand même que le yacht, lancé à vitesse même réduite, vienne s'échouer brutalement sur un banc de sable invisible ou soit frappé de plein fouet par une vague scélérate. Les trois hommes à bord, secoués par l'impact, sont projetés par-dessus bord sans pouvoir esquisser le moindre geste… et sans disposer d'un gilet de sauvetage !

Dans le cas de l'échouage, reste à expliquer comment le yacht serait parvenu à se dégager seul du banc de sable, pourquoi la voile a été abîmée et pourquoi les hommes ne sont pas parvenus à remonter dessus. Sauf à imaginer que le yacht se serait échoué sur un banc de sable, les trois marins auraient sauté d'eux-mêmes dans l'eau pour le pousser et le libérer, et le yacht serait parti sans eux…. Une théorie très simple, mais peu plausible : qui pourrait imaginer qu'ils se lancent tous les trois à l'eau, sans gilet de survie, sans lien avec le bateau et en laissant le moteur en marche ?

Dans l'hypothèse d'une vague scélérate, dont on sait que certaines peuvent dépasser la douzaine de mètres (voir page 64), les dégâts sur la voile pourraient être justifiés ; mais le passage violent d'une telle masse d'eau, outre le fait de balayer les hommes à l'eau, aurait occasionné d'autres dommages sévères au yacht. En mai 2007, un marin japonais de 77 ans, qui tentait d'établir le record du plus vieux navigateur en solitaire autour du monde sans escale, subit l'impact d'une vague scélérate alors qu'il se trouve, avec son yacht de 12 mètres, à 100 kilomètres au sud-ouest de la Tasmanie. Grâce à un appel de détresse sur son téléphone satellite, il a pu être secouru par un hélicoptère de la police, mais son bateau était gravement endommagé. Or, au Queensland, hormis une voile déchirée, le *Kaz II* a été retrouvé sans aucun dégât et l'intérieur de la cabine était bien rangé…

Ou bien tout autre chose ?

Lorsque les causes rationnelles s'épuisent, alors il est temps de se tourner vers des interprétations plus « décalées ». Nos trois marins auraient-ils vu quelque chose d'étrange, de nature à défier notre raison ? Cette zone de la Grande Barrière de corail n'est pas réputée pour ses événements étranges, mais le contact avec un ovni ou, du moins, un phénomène physique ou météorologique rare ou inconnu demeure tout à fait plausible.

Les trois navigateurs sont-ils entrés en contact avec une espèce extraterrestre ? Ont-ils été projetés dans une autre dimension ? Aucun indice ne vient l'attester, mais on ne peut pas rejeter d'emblée ces pistes. Ainsi, pourquoi les hommes ont-ils mentionné dans la vidéo un « ciel menaçant » alors que la météo locale a confirmé que les conditions de navigation au moment de l'incident étaient très correctes ? À moins qu'ils ne se soient retrouvés aux prises avec un monstre marin non répertorié : par exemple, un calamar géant, version exotique du kraken des légendes scandinaves, qui les aurait entraînés sous l'eau à l'aide de ses tentacules géants…

De l'avis de tous, si les trois hommes étaient morts en mer, leurs corps auraient flotté sur l'eau durant trois jours et on les aurait retrouvés. De même, s'ils avaient pu atteindre l'un des îlots se trouvant sur leur parcours, ils n'auraient pas échappé aux recherches approfondies de la police et de la famille. Or, à ce jour, pas le plus infime des indices n'a été retrouvé.

Depuis les conclusions officielles de l'été 2008, le dossier du *Kaz II* n'a jamais été rouvert. Dès septembre de la même année, Jenny Batten, la veuve du skipper, a mis en vente le yacht pour la somme de 225 000 dollars. À cette époque, elle exprimait le désir de tourner la page et, n'ayant pas beaucoup de moyens, comptait sur le profit de cette vente pour renflouer ses finances mises à mal par le coût des recherches privées. Selon elle, le *Kaz II* pouvait très bien envisager une nouvelle carrière dans l'industrie du cinéma. On ignore si le yacht a trouvé preneur.

Sources

• « Australian coroner ends mystery of "ghost ship" », *The Guardian*, 9 août 2008.

• « Yacht inquest views footage from missing crew », ABC News, 4 août 2008.

• « Le yacht fantôme garde son mystère », *20 Minutes*, 24 avril 2007

• « Ghost yacht "kidnapping" theory », BBC News, 24 avril 2007.

• « Le mystère du yacht fantôme australien », *Le Figaro*, 20 avril 2007.

PARTIE 5

OBJETS ÉNIGMATIQUES

13

L'ESCALIER MERVEILLEUX DE SANTA FE

Dans une petite chapelle de la capitale du Nouveau-Mexique, un escalier en colimaçon construit voici plus de cent cinquante ans attire tous les regards. Sa tenue relève en effet du miracle. Et si cette construction était d'origine divine ?

De toutes les structures édifiées par l'homme, l'escalier est l'une des plus symboliques. Chacun a en tête l'image d'un escalier célèbre – celui de *Psychose*, le film d'Alfred Hitchcock, celui d'Odessa, rendu célèbre par *Le Cuirassé Potemkine*, l'escalier à double hélice du château de Chambord ou celui, prestigieux, de l'Opéra Garnier, les marches en fer de la tour Eiffel ou celles du palais des Festivals de Cannes… Qu'il mène au paradis ou plonge vers l'enfer, qu'il procure le vertige comme l'escalier impossible de Penrose, l'escalier a donné lieu, au fil des siècles, à des innovations architecturales stupéfiantes dont celle de Santa Fe n'est pas la moindre.

DANS UNE PETITE CHAPELLE AUX MURS BEIGES

En effet, par sa structure extraordinaire, l'escalier de Santa Fa défie l'entendement. Pour l'admirer, vous devez vous rendre dans la capitale de l'État du Nouveau-Mexique, au sud-ouest des États-Unis. Réputée pour la qualité de son air qui fait d'elle l'une des cités les moins polluées au monde, cette petite ville de 70 000 habitants doit aussi sa notoriété à ses nombreuses galeries et ses musées d'art contemporain qui attirent toute l'année de nombreux touristes. Mais nombre d'entre eux ignorent qu'elle abrite un édifice très étrange.

Au *207, Old Santa Trail* se trouve une superbe chapelle aux murs beiges, la chapelle Loretto, dont l'allure générale rappelle la Sainte-Chapelle de Paris. Poussez la porte et pénétrez à l'intérieur de l'édifice. Une fois le seuil dépassé, tournez-vous tout de suite vers la droite. Là, dans un coin, s'élève une merveille de charpenterie aussi splendide que stupéfiante. Il s'agit d'un escalier en bois qui se déploie selon deux révolutions complètes avant d'atteindre, sept mètres plus haut, l'étroite tribune du chœur qui surplombe la nef de la chapelle.

Regardez bien cette structure en colimaçon… Non, vous ne rêvez pas. L'escalier semble ne reposer sur rien d'autre que sur sa spirale centrale, comme s'il était suspendu dans l'air ! Comment un tel prodige est-il possible ? A-t-il vraiment été fabriqué par la main de l'homme ? Revenons en arrière et plongeons-nous dans l'histoire de la chapelle Loretto et de son mystérieux escalier.

Un évêque entreprenant

À l'origine de toute l'affaire, on trouve un homme, monseigneur Jean-Baptiste Lamy, évêque de Santa Fe. Un personnage fascinant ! C'est un Auvergnat, né en 1814 dans le Puy-de-Dôme et ordonné prêtre en 1838, qui émigre aux États-Unis dans les années 1840 pour devenir missionnaire dans l'Ohio. En 1849, le vicariat du Nouveau-Mexique est fondé et on le lui confie. Jean-Baptiste Lamy, consacré évêque le 24 novembre 1850, s'installe à Santa Fe durant l'été suivant. Dès son arrivée, le nouvel évêque entreprend des réformes destinées à ramener l'ordre catholique dans la contrée. Il met ainsi un terme au concubinage de certains prêtres et dissout des confréries religieuses.

Souhaitant favoriser la propagation de la bonne parole, celui qui deviendra archevêque en février 1875 ordonne également la construction de plusieurs églises dans son évêché.

En 1852, monseigneur Lamy, qui a besoin d'aide pour instruire ses ouailles, fait appel aux Sœurs de Lorette (les *Sisters of Loretto*, à ne pas confondre avec les *Sisters of Loreto*, qui ont compté notamment mère Teresa parmi leurs membres). Cet ordre missionnaire a été fondé le 25 avril 1812 dans le Kentucky par trois femmes, Mary Rhodes, Ann Havern et Christina Stuart, sous le nom des Amies de Marie au pied de la Croix, puis il a été rebaptisé Sœurs de Lorette au pied de la Croix lorsque le mouvement est devenu congrégation religieuse.

Si l'évêque de Santa Fe s'adresse à cet ordre, c'est qu'il a acquis une notoriété pour ses innovations en matière d'éducation ainsi que pour sa tolérance aussi bien raciale que religieuse. Les Sœurs de Lorette ont fait vœu d'« améliorer les conditions de vie de ceux qui souffrent de l'injustice, de l'oppression et de la privation de dignité ». Nul mieux qu'elles pourrait prendre en charge l'éducation d'une population encore peu versée dans le fait religieux. Les religieuses répondent donc favorablement à l'appel de monseigneur Lamy et dépêchent six sœurs vers le Nouveau-Mexique.

Un périple éprouvant

Autant dire que le voyage des religieuses n'est pas de tout repos, loin s'en faut. Depuis sa base dans le Kentucky, la petite troupe, menée par la mère supérieure Mathilde, rejoint d'abord Saint Louis, dans le Missouri, en remontant le Mississippi à bord d'un vapeur, le *Lady Franklin*. Ensuite, à bord d'un fourgon bâché brinquebalant, les missionnaires roulent en cahotant direction plein ouest vers Independence, aux portes du Kansas. En cours de route, le choléra les frappe durement : deux sœurs en réchappent, mais mère Mathilde meurt avant de parvenir au Kansas. Affaiblies, démoralisées par les coups du sort, la chaleur et l'interminable trajet, les survivantes poursuivent leur périple dans un Ouest sauvage de plus en plus hostile.

Finalement, après bien des péripéties, les sœurs Madeleine, Catherine, Blandine, Hilaire et Roberte atteignent la bourgade de Santa Fe, au nord du Nouveau-Mexique, un territoire passé sous contrôle américain seulement quatre ans auparavant, en 1848. Femmes ferventes et déterminées, les cinq sœurs de Lorette apprennent à vivre au milieu des Indiens et des Mexicains. Comme il n'existe pas de couvent pour les accueillir, elles logent dans une petite maison en briques rouges qui ne compte qu'une seule pièce. Mais les nonnes bénéficient du soutien inconditionnel de celui qui les a convaincues de venir s'installer là. Et justement, monseigneur Lamy, qui a désigné sœur Madeleine comme supérieure à leur arrivée en ville, demande aux religieuses de faire bâtir une école et une chapelle.

La construction de la chapelle Loretto

Les ouvriers mexicains engagés pour la circonstance commencent par construire l'école, que l'on baptise collège de Lorette de Notre-Dame-de-Lumière. Dès 1854, l'établissement reçoit ses premières élèves. Les deux années suivantes, deux groupes de sœurs viennent renforcer les effectifs de l'ordre de Lorette à Santa Fe. Mais il faudra encore attendre une quinzaine d'années avant que ne se soit lancée la construction d'une chapelle.

Il semblerait que les premiers plans aient été établis vers la fin de l'année 1872. Les archives des Sœurs de Lorette indiquent que les travaux ont débuté le 25 juillet 1873. D'emblée, les religieuses placent le futur édifice sous la protection de saint Joseph, « en l'honneur duquel, indique mère Madeleine, nous recevions chaque mercredi la Sainte Communion afin qu'il nous prête assistance ».

L'architecte de la chapelle est un autre Français, Antoine Mouly. Dans ses travaux préparatoires, il s'inspire fortement de la

Sainte-Chapelle de Paris, qu'apprécie vivement Jean-Baptiste Lamy. Cependant, atteint de cécité précoce, il doit faire appel à son fils Projectus, âgé de 18 ans, pour dessiner les plans et prendre en charge la maîtrise d'œuvre.

Le bâtiment tel qu'il est conçu est imposant : 23 mètres de long pour 8 mètres de large et 26 mètres de haut. L'architecte et son fils font venir de Paris des flèches et des vitraux pour accentuer la ressemblance avec la Sainte-Chapelle. C'est ainsi que la chapelle Loretto devient la première structure gothique à l'ouest du Mississippi !

Une grossière erreur

En dépit des difficultés financières et du manque de compétences locales, les travaux se poursuivent durant presque cinq années, soutenus par la foi indéfectible des sœurs de Lorette. Ce n'est que vers la fin du chantier que l'on constate l'impensable : on a oublié l'escalier qui doit mener de la nef à la tribune pour la chorale ! L'architecte a tout simplement omis de faire figurer cette liaison sur ses plans.

Cette incroyable erreur devient dramatique lorsque tous les charpentiers appelés en urgence avouent leur impuissance après avoir déployé leurs outils de mesure : il est impossible de construire un escalier ordinaire car il n'y a pas assez d'espace pour le positionner. De deux choses l'une : soit on convient d'installer une simple échelle, mais c'est incommode et en complet décalage avec la beauté de la chapelle et de son chœur ; soit on se résigne à détruire toute la chapelle pour la reconstruire, ce qui est tout simplement impensable… C'est alors que notre histoire bascule dans le domaine de l'étrange.

Le charpentier inconnu

Les Sœurs de Lorette sont affligées, mais elles ne perdent pas espoir. L'une d'entre elles se réfugie dans ce qu'elle connaît le mieux : la prière. Bientôt, les autres sœurs l'imitent. De concert, elles décident d'adresser une neuvaine à saint Joseph, le patron de la chapelle, qui était, comme on le sait, charpentier. « Levons-nous une heure plus tôt chaque jour et réunissons-nous dans la chapelle pour prier », décrète alors la mère supérieure Madeleine.

Le dernier jour de la neuvaine, après que les sœurs ont mis un terme à leurs dévotions, elles reçoivent une visite inattendue. Un inconnu, avec son âne et une caisse à outils, se présente à l'entrée du couvent. Une sœur entrouvre la porte et lui demande ce qu'il veut. L'homme, dont on n'a aucune description hormis le fait qu'il est âgé et porte une barbe blanche, lui répond :

– Je souhaite parler avec la mère supérieure.

Mis en sa présence, l'homme lui déclare :

– Je suis venu parce que je suis charpentier. Je vais construire l'escalier dont vous avez besoin.

Sceptique, la mère supérieure accepte néanmoins son offre et lui ouvre les portes de la chapelle.

Un travail énigmatique

L'inconnu se met rapidement au travail. Intriguées, les nonnes observent le mystérieux ouvrier : comment va-t-il s'y prendre, seulement armé d'un marteau, d'une scie et d'une équerre ? Malgré tout, le charpentier venu de nulle part avance dans son entreprise. L'escalier promis s'élève peu à peu, et plus rapidement que prévu.

C'est d'autant plus stupéfiant que personne ne voit jamais le charpentier en plein effort. Dès que les sœurs font irruption dans la chapelle pour prier, l'homme se fait invisible, et elles ne l'aperçoivent qu'au moment de partir. Plus étrange, l'ouvrier ne semble jamais fatigué, malgré son âge avancé. De plus, il ne paraît jamais manquer de bois autour de lui, alors que personne ne l'a jamais vu acheter quoi que ce soit dans la région. De temps en temps enfin, mère Madeleine évoque avec lui le paiement de son travail, mais le charpentier écarte la question d'un soupir, affirmant que l'argent lui est inutile et qu'il ne faut plus l'ennuyer avec un sujet aussi trivial.

À mesure que l'inconnu poursuit sa tâche, les sœurs de Lorette réalisent que l'escalier prend la forme d'une double spirale, une forme jamais construite au Nouveau-Mexique. On ignore le temps exact qu'il faut au charpentier inconnu pour parachever son œuvre – probablement entre trois et six mois, si l'on en croit la tradition –, mais lorsqu'il a terminé, l'artisan disparaît bel et bien. On le cherche partout pour le payer, mais il se montre introuvable. Et lorsque mère Madeleine ou l'une des sœurs feront la tournée des scieries locales pour s'acquitter du bois utilisé, on leur dira que personne n'a jamais vu leur mystérieux ouvrier. Le magnifique escalier de la chapelle Loretto n'a jamais été payé !

Un chef-d'œuvre de construction

Nul besoin de dire que l'escalier, une fois terminé, force l'admiration de tous les visiteurs. C'est toujours le cas aujourd'hui, d'ailleurs. Il faut dire que l'ouvrage représente un véritable tour de force : l'escalier en colimaçon, d'une hauteur de 20 pieds, soit 6,71 mètres, fait deux tours complets sur lui-même. Il n'est soutenu par aucun pilier, à l'inverse de la majorité des escaliers circulaires, et tout son poids repose sur la première marche. La logique voudrait qu'il s'effondre au passage du premier téméraire. Mais des visiteurs l'ont emprunté sans souci pendant plus d'un siècle... Les architectes qui sont venus contempler la construction au fil des décennies n'ont su cacher leur admiration : comment cet escalier a-t-il été construit, et comment peut-il demeurer en aussi bon état des décennies après sa finition ? Un autre constat laisse également pantois : l'absence complète de clous ! En effet, l'escalier est un assemblage complexe, sans aucune pièce métallique ni colle, qui tient seulement par des chevilles en bois...

Urban C. Weidner, un architecte de la région de Santa Fe, s'est extasié sur l'extraordinaire qualité des courbes des limons. Le bois est raccordé sur les côtés des limons par sept entures sur l'intérieur et neuf sur l'extérieur. Selon Weidner, la courbure de chaque pièce est parfaite… et juste incroyable pour un charpentier des années 1870 travaillant seul avec des outils très rudimentaires !

À l'origine, l'escalier ne comporte aucune rambarde – elles ne seront ajoutées que cinq ans plus tard par un menuisier du nom de Philippe Auguste Hesch. Les jeunes écolières qui, les toutes premières, l'ont gravi ont raconté avoir été terrifiées et redouté à chaque instant que les marches ne s'écroulent sous elles. Ces marches, justement, parlons-en. Après plus de cent ans, alors qu'elles ont été foulées par des milliers de pieds, elles ne semblent usées que sur les bords. Il est vrai que l'origine du bois dont elles sont faites est encore mal définie. Les experts sont même catégoriques : ce bois granuleux sur les bords ne provient pas du Nouveau-Mexique. S'il n'a pas été trouvé dans la région, d'où vient-il, alors ? Et comment expliquer son incroyable longévité ?

Ce qui rend cette histoire fascinante, c'est la présence conjuguée de plusieurs énigmes : comment un homme a-t-il pu, seul, construire cet escalier ? D'où venait le bois dont il s'est servi ? Et surtout, qui était ce mystérieux charpentier ?

Un miracle divin ?

Même si la petite communauté de Lorette s'est toujours montrée discrète sur le sujet, une conviction forte a filtré par fragments depuis le couvent. Entre elles, les sœurs à l'habit noir en sont intimement convaincues : l'escalier de leur chapelle n'a pas été façonné par l'homme. Pour elles, c'est la manifestation concrète et indiscutable d'une intervention divine, en réponse à leurs supplications ferventes à saint Joseph. Même si cela ne figure nulle part dans les archives de la communauté ou du diocèse, l'ouvrage miraculeux est sans contestation possible l'œuvre de saint Joseph en personne, réincarné au milieu des hommes. Pour preuve, les symboles qui marquent l'escalier : il comporte trente-trois marches, un nombre qui correspond à l'âge du Christ au moment de sa mort. Mais ce n'est pas tout : chaque marche fait 7 pieds de diamètre et 7 pouces de haut : là encore, un chiffre hautement symbolique pour l'Église catholique, qui reconnaît notamment sept sacrements…

Tout visiteur est ébahi par la vision de cet escalier comme « suspendu » dans l'air, ce qui renforce l'impression de miracle. Mais l'œuvre ne repose pas uniquement sur sa première marche, comme certains l'ont affirmé ; elle est aussi solidement fixée à la tribune supérieure par la dernière marche. Pour autant, est-ce suffisant pour conclure à son origine surnaturelle ? S'il s'agissait d'un escalier véritablement bâti de manière miraculeuse, on pourrait penser que ce miracle est parfait. Autrement dit, l'escalier est inaltérable et résistant à tout. Et s'il est bien arrimé à ses deux extrémités, c'est sa résistance qu'il faut étudier de près. Or, des témoins ont pu constater que l'ouvrage n'était absolument pas rigide, puisqu'il grinçait et vibrait lorsqu'on l'empruntait. De plus, la solidité même de l'escalier n'a jamais été vraiment testée. Une photo montre qu'il résiste à une personne par marche. Mais si l'on double ce nombre ?

En fait, si l'on en croit une étude de 2007, l'escalier fonctionnerait comme un grand ressort de compression. Sa forme hélicoïdale le ferait légèrement osciller sans le secours d'un pilier central. Malgré tout, une partie des forces qui jouent sur l'escalier seraient en réalité compensées par l'un des piliers qui soutient la tribune du chœur.

L'absence de clous n'est pas non plus extraordinaire, surtout à l'époque où il s'agissait d'un produit onéreux qui n'était pas encore fabriqué de manière industrielle. Le charpentier devait passer commande auprès d'un forgeron. Or il était préférable pour lui d'employer des chevilles en bois et des éléments de liaison comme les queues d'aronde (formées de tenons et de rainures), qui avaient pour elles un grand atout : elles permettaient d'éviter ces couinements bien connus résultant du jeu entre le bois et les clous à la suite de la dilatation. Comme l'escalier de Loretto, de nombreuses maisons en bois sont construites sans clous.

Enfin, outre leur nombre symbolique, les marches n'ont rien d'anormal en termes de hauteur ou de largeur. Aussi est-il fort possible que la référence aux nombres sacrés relève de la pure coïncidence.

Encore deux énigmes sur l'escalier

Tout n'est pourtant pas encore éclairci sur ce mystérieux escalier. En premier lieu, et c'est l'un des points les plus étranges, la nature du bois utilisé n'a toujours pas été établie avec certitude. Dès lors qu'il a été attesté que le bois ne provenait pas du Nouveau-Mexique, ni même des États-Unis, on s'est tourné vers d'autres horizons. D'abord vers la France, d'où venaient les deux architectes et l'évêque commanditaire. Mais sans qu'une origine précise puisse être confirmée, puisque nul ne sait officiellement d'où provenait le bois.

Selon certaines sources, ce serait du bois d'épicéa. Pour d'autres, peu fiables, une analyse poussée, effectuée en 1994 mais dont nous n'avons pas retrouvé la trace, révélerait qu'il s'agit d'une variété de cèdre que l'on trouve sur les bords de la Méditerranée, entre Palestine et Israël. Une découverte bien commode pour relancer la thèse du miracle divin…

L'autre point obscur, c'est la méthode d'assemblage des marches entre elles. Il semble bien qu'un matériau très particulier remplisse le volume compris entre la marche et la contremarche et permette à ces dernières d'adhérer de manière indissoluble. Or, la nature précise de ce matériau est encore inconnue à ce jour.

L'identité controversée du charpentier

Les sœurs de Lorette ont toujours assuré que l'identité du charpentier leur était inconnue, alimentant par là même l'aura de mystère régnant autour de la personnalité de l'artisan. Personne n'a remis en cause cette affirmation jusqu'à ce que, en 1965, un maître charpentier, Oscar Hadweiber, ne sorte saisi d'admiration de la chapelle. Cinq ans plus tard, il affirme avoir trouvé dans le grenier de sa sœur la preuve que son grand-père Johann, lui aussi maître charpentier, a arpenté les pistes poussiéreuses du Colorado et du Nouveau-Mexique à l'époque où l'on édifiait la chapelle de Lorette et qu'il serait le véritable auteur de l'escalier. Seulement, Oscar Hadweiber meurt en 1980, sans que personne ne puisse juger de l'authenticité de ses preuves…

C'est un auteur américain, Mary Jean Straw Cook, qui relance l'affaire en 1984 avec son livre *Loretto : The Sisters and their Santa Fe Chapel.* Après avoir mené une longue enquête solitaire, elle aurait identifié le constructeur de l'escalier : il s'agirait d'un certain Jean-François Rochas (encore un Français !), spécialiste du travail du bois, qui aurait vécu dans la région de Santa Fe vers 1880. Pour étayer son hypothèse, l'auteur s'appuie sur une rubrique nécrologique parue le 6 janvier 1896 dans le journal *The New Mexican Sante Fe*, qui fait allusion à la découverte du cadavre assassiné de Rochas en le présentant comme « honorablement connu à Santa Fe comme expert en bois » et surtout comme ayant « construit le bel escalier de la chapelle de Lorette » ! De plus, Rochas aurait eu maille à partir avec un entrepreneur français œuvrant aussi dans la région. Mary Jean Straw Cook indique également que Rochas aurait eu 27 ans lorsque l'escalier a été bâti en 1878. Ce qui contredit la thèse des sœurs, qui ont toujours prétendu que le mystérieux charpentier était un homme âgé…

Une historiette enjolivée ?

Est-il raisonnable d'imaginer qu'un architecte oublie l'escalier dans l'élaboration de ses plans ?

Est-il raisonnable d'imaginer que, lors de la présentation de ces plans au maître d'ouvrage, celui qui dirige le chantier, ce dernier, un homme de terrain, ne le remarque pas ? Est-il raisonnable d'imaginer qu'aucun des nombreux intervenants de chaque corps de métier, qu'aucun ouvrier pendant toute la durée de la construction jamais ne se soit posé de question quant à l'accès au triforium ?

Et si cette histoire avait été inventée pour dissimuler une autre histoire, beaucoup moins glorieuse ? Rien n'interdit de penser que le bois destiné à la construction de la charpente, des boiseries et de l'escalier a été importé de France et que, peut-être, la quantité importée s'est révélée insuffisante en raison d'une erreur de calcul, d'une destruction partielle voire d'un vol. Ainsi, l'archevêque Jean-Baptiste Lamy aurait refusé une rallonge budgétaire pour l'import de bois supplémentaire. Le charpentier en charge de la construction de l'escalier, Jean-François Rochas, aurait alors proposé d'en fabriquer un « avec les moyens du bord », c'est-à-dire sans rampe ni colonne centrale.

Une invention mercantile ?

Étrangement, l'extraordinaire escalier est tombé dans l'oubli durant de nombreuses décennies. Durant une large partie du XXe siècle, les visites de la chapelle ont été plutôt confidentielles. Mais, en 1968, le collège de Lorette est fermé, la propriété vendue aux enchères en 1971 à la famille Kirkpatrick. Lors de la vente, la chapelle Notre-Dame-de-Lumière a été déconsacrée et retirée du culte catholique. Désormais, c'est un musée privé, propriété d'un groupe hôtelier, qui accueille parfois des cérémonies de mariage et dont les visites, au tarif de 2 dollars, servent à assurer la conservation de la chapelle et de son escalier merveilleux. De là à penser que cette histoire s'est avérée une méthode efficace pour attirer les touristes…

Depuis 1970, il n'est plus possible de grimper sur l'escalier non en raison de son éventuelle fragilité, mais parce que la tribune à laquelle il permet d'accéder est privée d'issue de secours et ne répond pas aux normes de sécurité. Quoi qu'on en pense, miracle divin ou mystification avérée, l'escalier de Loretto, stupéfiant et magnifique, trône toujours en majesté, indifférent à toutes les controverses.

Sources

• Mary Jean Straw Cook, *Loretto : The Sisters and Their Santa Fe Chapel* (1984), Museum of New Mexico Press, 2002.

• *Chrétiens Magazine* : www.chretiensmagazine.fr/2010/09/lescalier-de-santa-fe.html.

• La chapelle Loretto : www.lorettochapel.com/staircase.html.

• Helix to Heaven : www.csicop.org/si/show/helix_to_heaven.

14

L'ARTEFACT IMPOSSIBLE D'AUID

En 1974, non loin de la ville d'Auid, en Roumanie, des ouvriers trouvent dans une fosse de sable un étrange objet métallique, peut-être vieux de 250 000 ans, et qui s'avère être en... aluminium ! Que penser de cette anomalie archéologique ? Canular ou preuve irréfutable de l'existence d'une civilisation disparue au savoir supérieur ?

DEUX OS PRÉHISTORIQUES ET... UN OBJET MÉTALLIQUE

1974, Auid, en Transylvanie, au centre de la Roumanie. À 2 kilomètres de la ville, un groupe d'ouvriers est en train de travailler dans une fosse de sable, sur les bords du Mures, un sous-affluent du Danube. Soudain, à une profondeur d'environ 10 mètres, ils tombent sur trois objets étranges, prisonniers du sable comprimé pétrifié. Ayant appelé leur chef de chantier, ils extraient avec précaution leurs trouvailles de leur gangue de sable, puis recourent à l'œil avisé d'un spécialiste.

Sur place, cet expert identifie deux des objets comme des fossiles d'origine animale, probablement des os, et le troisième comme une sorte de hache de pierre ayant peut-être permis de tuer l'animal dont on a retrouvé les deux os. Ne pouvant se prononcer davantage sans des examens plus approfondis, il fait envoyer les trois objets à l'institut d'archéologie de la ville de Cluj-Napoca, la capitale administrative de la Transylvanie.

Après avoir soigneusement dégagé les trois objets du sable pétrifié, les archéologues de Cluj-Napoca tentent d'en estimer l'âge. Nul ne peut dire depuis combien de temps ils gisent près de la rivière, mais c'est forcément depuis très longtemps car une couche de sédiments épaisse de 10 mètres ne se forme pas en quelques années. Les experts vont alors faire deux découvertes incroyables…

D'abord, les fossiles d'origine animale sont ceux d'un jeune mastodonte, une sorte de cousin de l'éléphant apparu 30 millions d'années avant notre ère et qui s'est éteint voici environ 9 000 ans. Ce spécimen en particulier aurait vécu dans la toute dernière partie du Pléistocène (de 2,6 millions à 12 000 ans avant notre ère), ce qui pourrait lui donner un âge compris entre 12 000 et 20 000 ans. Cette découverte archéologique aurait pu largement suffire à combler les chercheurs, mais ceux-ci ne sont pas au bout de leurs surprises. Car le troisième fossile, loin d'être une sorte de hache de pierre, est en réalité un objet extraordinaire !

Des analyses saisissantes

L'objet en question ressemble à un pavé en forme de coin ou de taquet. D'un poids avoisinant les 2,5 kilos, il mesure 20,2 centimètres de long pour 12,5 centimètres de large et 7 centimètres de haut. Il est percé de deux trous ronds de taille différente, de sorte que le trou ayant le plus grand diamètre est percé au fond en son centre par le trou de plus petit diamètre. L'objet présente sur chaque côté et sur sa partie inférieure des marques de surface qui indiquent de forts coups répétés, certains d'entre eux très puissants. De l'avis des experts, cet objet n'est qu'une partie d'un assemblage plus complexe et il n'est pas possible de déterminer comment il a pu se retrouver dans les sédiments de la rivière.

Sous la direction du docteur Niederkorn, l'artefact mystérieux fait l'objet d'une analyse chimique approfondie à l'Institut de recherche sur les métaux et minéraux non métalliques (ICPMMN), localisé à M gurele, en Valachie. La feuille d'analyse délivrée par l'Institut de M gurele dévoile des résultats stupéfiants : l'objet est fabriqué à partir d'un métal composé d'un alliage complexe de douze éléments. Et 89 % de l'alliage est en fait de l'aluminium ! Les autres éléments identifiés sont le cuivre (6,2 %), le silicium (2,84 %), le zinc (1,81 %), le plomb (0,41 %), l'étain (0,33 %), le zirconium (0,2 %), le cadmium (0,11 %), le nickel (0,0024 %), le cobalt (0,0023 %), le bismuth (0,0003 %) et des traces de gallium.

On s'en doute, ces analyses laissent les scientifiques perplexes : comment expliquer, en effet, que l'on retrouve en même temps que les os d'un animal antédiluvien un objet composé pour l'essentiel d'un métal, l'aluminium, que l'on ne trouve pas à l'état naturel, mais combiné à d'autres minéraux comme la bauxite ? Rappelons que l'aluminium n'est découvert qu'en 1807 par le chimiste britannique sir Humphry Davy, produit sous une forme impure en laboratoire par le chimiste et physicien danois Hans Christian Ørsted en 1825 et fabriqué au stade industriel seulement à partir de 1883. L'institut de recherche roumain aurait-il pu se tromper ? Deux journalistes roumains, Mircea Aries et Peter Lab, affirment – mais la source manque – que les résultats ont été confirmés par un laboratoire de Lausanne, en Suisse.

Mais ce n'est pas tout. Cet objet métallique possède une autre particularité : il est recouvert d'une inhabituelle couche d'oxyde. Or, en général, l'aluminium ne s'oxyde pas facilement, il se couvre juste d'une mince couche protectrice qui empêche l'oxydation en profondeur. Dans le cas présent, l'épaisseur de cette couche d'oxyde (plus de 1 millimètre) ne peut vouloir dire qu'une chose : l'objet est beaucoup plus ancien qu'on pourrait le penser, au moins trois à quatre cents ans. Le fait qu'on l'ait mis au jour en même temps que des os dont l'âge est très élevé pourrait donc laisser penser que cet objet n'est pas vieux de quelques centaines d'années, mais bien de milliers, voire de centaines de milliers d'années !

Les rares sources disponibles ne parviennent pas à s'accorder sur une estimation : il est même question de 250 000 ans ! Si l'on se réfère à l'âge estimé des fossiles de mastodonte, l'âge probable serait plutôt dans la tranche 11 000-20 000 ans. À la limite, peu importe. Que l'objet soit âgé de 400 ans ou d'une dizaine de milliers d'années, l'essentiel est ailleurs : il aurait été façonné à une période où le métal dont il est en majorité composé n'était pas connu de l'homme...

Le mystère des OOParts

Le mystérieux objet d'Auid est ce que l'on appelle un artefact, c'est-à-dire un objet ayant subi une transformation par l'homme, ce qui permet de le distinguer des objets créés par la seule nature. Toutes les découvertes faites par les archéologues lors de leurs fouilles sont des artefacts, des témoignages modestes d'anciennes civilisations prestigieuses aujourd'hui disparues. Mais il arrive, et plus souvent qu'on ne le pense, que ces explorateurs de terrain, quand ce ne sont pas de simples particuliers amateurs de fouilles, rapportent à la surface des objets « impossibles », totalement incongrus sur le plan historique et qui contredisent ce que l'on sait sur le développement technique ou artistique de leur époque d'origine supposée.

Ces artefacts improbables, auxquels les Anglo-Saxons donnent le nom d'OOPArt (de l'anglais *« out of place artifact »*, « objet fabriqué hors contexte »), embarrassent ou indiffèrent les scientifiques, d'une part parce qu'ils remettent en question notre savoir et sont de nature à bouleverser la chronologie de l'évolution, d'autre part parce qu'ils ouvrent la voie à toutes sortes de tromperies, voire de fraudes qui incitent les chercheurs à les ignorer et même à les redouter plus qu'à prendre la peine de les étudier.

Il est vrai que nombre d'OOPArts ne sont en réalité que des canulars ou des supercheries. On pense notamment aux fameux crânes humains en cristal de roche possédés par plusieurs musées dans le monde, qu'on pensait précolombiens mais qui ont été façonnés au XIXe siècle, ou aux pierres péruviennes d'Ica, que les populations locales ont voulu faire passer pour des vestiges archéologiques authentiques. D'autres découvertes continuent, elles, de nourrir la controverse, comme la pierre runique de Kensington, une pierre plate rectangulaire en grauwacke recouverte de runes découverte en 1898 dans le Minnesota, et qui donne à penser que des explorateurs scandinaves auraient atteint le milieu de l'Amérique du Nord au XIVe siècle. De même, le mystérieux marteau de London, trouvé au Texas en 1936 par des randonneurs, figé dans une roche dont l'âge est estimé à plus de 100 millions d'années, soit bien avant l'apparition de l'homme sur Terre... Il y a également des objets dont l'existence même est discutée, à l'image de la pierre de Dashka, également connue sous le nom de « carte du Créateur », prétendument découverte en Russie en 1992 et qui représenterait une carte de la Sibérie telle qu'elle était... il y a 120 millions d'années.

Cependant, certains de ces objets énigmatiques, d'abord considérés comme des OOPArts, se sont révélés, après examen, porteurs d'une explication permettant d'éclairer d'un jour nouveau l'état de nos connaissances historiques et scientifiques. L'exemple le plus célèbre est celui de la machine d'Anticythère, dont les fragments en bronze de l'unique exemplaire connu ont été découverts en 1901 dans l'épave d'une galère romaine du Ier siècle avant notre ère au large de l'île grecque d'Anticythère. Longtemps rangée dans les mécanismes « impossibles », la machine d'Anticythère est désormais considérée comme le premier calculateur analogique de l'Antiquité permettant d'établir des positions astronomiques. On peut la voir au musée national d'archéologie d'Athènes. Moins connu mais tout aussi symbolique est le pilier de fer de Delhi : un cylindre de plus de 7 mètres de haut, pesant 6 tonnes et vieux de plus de 1 500 ans, qui ne s'oxyde jamais ! Jusqu'au printemps 2002, personne n'a pu étudier en détail ce pilier, considéré comme un monument sacré. Mais le 18 juillet, les chercheurs de l'Institut indien de technologie de Kanpur ont annoncé avoir résolu l'énigme : le pilier serait protégé de la rouille par une fine couche de « *misawite* », un composé de fer, d'oxygène et d'hydrogène, qui se serait formé naturellement peu après l'érection du pilier par catalyse grâce à la présence de phosphore et se serait ensuite solidifié au fil des siècles.

À quoi peut bien servir l'artefact d'Auid ?

Dans le cas de l'artefact d'Auid, trois questions s'imposent : est-il authentique et, si c'est le cas, qui l'a fabriqué et à quoi sert-il ? Sur l'authenticité de l'objet, on ne peut que rester prudent. Certes, il en existe quelques clichés – que nous présentons sur le blog associé à cet ouvrage –, ainsi que les chiffres des analyses mentionnées plus haut. Mais on ne sait pas grand-chose sur les circonstances et les acteurs de sa découverte, de même que sur son statut actuel. À notre connaissance, l'artefact n'est pas exposé au public. Il serait aujourd'hui conservé dans les réserves du musée national d'Histoire de la Transylvanie à Cluj-Napoca, où des journalistes auraient pu le voir en 1995. Existe-t-il seulement encore ?

Est-il accessible aux chercheurs sur autorisation ? On pourrait penser qu'une découverte aussi atypique ferait l'objet d'un intérêt plus prononcé de la part de la communauté scientifique et qu'elle chercherait à en savoir davantage. Étrangement, cela ne semble pas être le cas. Notamment, une analyse au carbone 14 ne paraît pas avoir été pratiquée ; par manque de moyens ?

S'il s'agissait d'un simple canular, sans doute en aurait-on déjà démasqué les auteurs. Lorsqu'il est question de découverte archéologique, le risque de supercherie est toujours envisageable, mais, en l'occurrence, celle-ci ne paraît avoir profité à personne, ni aux ouvriers qui ont trouvé l'objet, ni aux chercheurs qui l'ont étudié.

Par ailleurs, il semble aussi hautement improbable que la création de cet objet soit due à un phénomène naturel, même inconnu ou rarissime (par exemple, une vitrification), tant l'artefact possède une apparence d'objet façonné. Aussi dérangeant cela soit-il, il est bien de nature artificielle.

À supposer que l'objet ait été vraiment trouvé dans les conditions décrites et qu'il réponde à l'analyse chimique présentée, il faut alors se poser la question de son utilité et, éventuellement, de l'identité de son fabricant. Si l'artefact possède vraiment l'âge qu'on lui attribue (disons plus de 11 000 ans), il semble impossible que les humains du Paléolithique supérieur aient été dotés de la technologie suffisante pour produire, même accidentellement, un tel objet. Certes, la domestication du feu par l'*Homo erectus* remonte à 700 000 ans[1], mais comment imaginer que, il y a plus de 10 000 ans, l'homme possédait le savoir-faire pour produire un composé métallique qui exige une chaleur de 1 000 degrés ? Aussi, si ce n'est pas l'homme, se pourrait-il que le fabricant de l'objet ne soit pas de notre espèce ?

À propos de l'usage possible de cet objet, personne n'a su jusqu'à présent émettre d'hypothèse pertinente, à l'exception d'un spécialiste en aéronautique qui a suggéré que la pièce pourrait être une partie du pied d'atterrissage d'un véhicule aérien léger de taille réduite. Il est vrai, à y regarder de plus près, que l'artefact présente une ressemblance formelle avec les pieds du module lunaire ou ceux des sondes martiennes. Si l'on approfondit cette théorie, cela signifierait qu'un objet volant se serait déplacé au-dessus de la Transylvanie en pleine préhistoire et qu'il aurait perdu en vol l'une de ses pièces... Poussant le raisonnement jusqu'au bout, certains ont émis l'idée que l'artefact

1. *On a retrouvé des traces de feu de cette période dans la grotte de Petralona, en Grèce.*

métallique d'Auid serait la preuve inespérée que des extraterrestres ont visité la Terre dans les temps anciens. D'ailleurs, n'y aurait-il pas un lien entre l'artefact d'Auid et la région des monts Bucegi, dans les Carpates, à 50 kilomètres au sud-est, une zone réputée pour ses sites énigmatiques (un rocher en forme de sphinx !) et ses tunnels secrets creusés sous la montagne ? Et si, finalement, l'artefact en aluminium était une trace concrète de cette civilisation de Géants qui, selon la légende, aurait vécu dans cette partie de la Roumanie ?

Une dernière piste

De manière étonnante, une nouvelle hypothèse, proposée vers l'année 2000, ne s'est semble-t-il pas diffusée en Europe occidentale. Pas un site consacré au mystère n'y fait allusion. Certes, il faut la dénicher dans la presse roumaine, mais pourquoi personne ne s'est jusqu'ici donné la peine de traduire ces articles ?

Cette nouvelle théorie, c'est celle d'un historien de Cluj, Michael Wittenberger, dont la première intuition a été que l'artefact était en réalité une pièce d'avion. Pour s'en assurer, il a pris l'objet en photo sous tous les angles et envoyé les clichés à tous les grands fabricants d'avion des pays européens. « J'ai pensé que l'objet en aluminium pouvait être un morceau d'avion de chasse. Ce sont les Russes de IAK qui m'ont répondu les premiers : pour eux, cela pouvait provenir d'un avion allemand. » Peu de temps après, les Allemands répondent par l'affirmative : l'artefact serait une plaque d'extraction de la roue avant d'un avion Messerschmitt ME 262, un avion de chasse allemand très utilisé durant la Seconde Guerre mondiale. Cette pièce est fixée sur la zone de pliage du train d'atterrissage lorsque l'appareil est en vol. De l'avis de Wittenberger, comme aucun accident d'avion n'a jamais été signalé dans la région, ni aucun débris de fuselage, la pièce en question serait tombée toute seule durant le passage d'un avion allemand.

Alors, l'histoire est réglée ? Pas complètement, car des questions demeurent en suspens : comment explique-t-on que l'artefact se soit retrouvé dans la même couche de terre que des os préhistoriques ? Est-ce plausible qu'une chute depuis une grande hauteur ait pu l'enfouir aussi profondément ? Et d'où proviendrait cette couche d'oxyde anormale sur l'artefact ? Dans certaines affaires, il n'est pas certain que les vérités les plus simples soient les plus satisfaisantes…

Sources

• Sur les OOParts : s8int.com/page29.html.

• www.libertatea.ro/detalii/articol/OZN-obiect-extraterestru-390318.html.

15

L'INDÉCHIFFRABLE MANUSCRIT DE VOYNICH

Qui est l'auteur de ce mystérieux livre du XVe siècle, qui pourrait être un traité d'herboristerie mais qui ne ressemble à rien de connu et dont le contenu demeure inaccessible depuis sa découverte en 1912 ?

C'est l'histoire d'un document exceptionnel, qui n'a pas d'équivalent dans le monde. Un livre si unique qu'il a inspiré des dizaines de romans, bandes dessinées, films, séries télévisées, morceaux de musique et même jeux vidéo. Le manuscrit de Voynich, car tel est son nom, est probablement l'ouvrage le plus inexpliqué de tous les temps : son auteur est inconnu, son alphabet tout autant, sans parler de sa nature exacte. A-t-on affaire à un grand livre des initiés, porteur des secrets perdus de l'humanité, ou bien à un incroyable canular ?

UN OUVRAGE COMPLÈTEMENT DÉROUTANT

Se plonger dans le manuscrit de Voynich, c'est entrer dans un univers surréaliste qui intrigue autant qu'il laisse perplexe. Si vous vous fiez aux illustrations, vous contemplez ce qui semble être, au premier abord, une sorte d'herbier. Mais, très vite, vous vous apercevez que vous êtes en face de quelque chose d'autre, une somme de connaissances énigmatiques où se mêlent, dans un ordonnancement déroutant, des éléments d'astronomie, de cosmologie et peut-être de balnéothérapie.

Des dessins de plantes inconnues côtoient des femmes se baignant nues... Certains y voient même, au fil des pages, des recettes de cuisine !

Les illustrations du manuscrit ne permettent pas une compréhension immédiate du contenu, mais elles ont une utilité : elles servent à segmenter le manuscrit en plusieurs sections distinctes. En effet, à l'exception de la dernière partie, intégralement textuelle, toutes les autres comportent au moins une illustration. Plusieurs thèmes se détachent donc nettement :

– l'herboristerie : cette section comporte, dans un style qui rappelle les herbiers européens du XVe siècle, de nombreuses illustrations de plantes étranges, à raison d'une à deux par page. On trouve parfois des concordances avec des illustrations de la section pharmacologie (agrandissements, variantes) ;

– l'astronomie : l'identification d'astres (Soleil, lunes, étoiles) couplée avec les douze diagrammes du zodiaque font penser aussi bien à l'astronomie qu'à l'astrologie. Chaque symbole des constellations zodiacales est accompagné de trente figures féminines, souvent nues, qui portent chacune une étoile avec une légende. Les pages relatives au Verseau et au Capricorne sont manquantes. D'autres pages, dont certaines de celles liées au Bélier et au Taureau, peuvent être dépliées ;

– la « balnéothérapie » : là encore, les experts hésitent. Que penser de ces illustrations de femmes nues, dont certaines portent une couronne, qui se baignent dans des bassins ou évoluent dans un réseau sophistiqué de tubes ? Le texte particulièrement dense qui les accompagne vante-t-il les vertus de l'eau pour la peau ou bien s'agit-il d'un traité de biologie, les tuyaux représentant en réalité les organes du corps ?

– la cosmologie : cette section aux diagrammes circulaires sibyllins comprend également des pages dépliables. L'une d'entre elles couvre même six pages et présente les cartes de neuf îles reliées entre elles par des voies et ornées de châteaux ;

– la pharmacologie : comme dans la section d'herboristerie, on trouve ici des dessins de plantes agrémentés de légendes. Le fait que ces figures se focalisent sur certaines parties des végétaux (feuilles, racines, etc.) et voisinent avec des dessins de pots a laissé penser qu'il s'agissait sans doute d'un guide de pharmacie à l'attention d'apothicaires ;

– les recettes : cette section comporte des paragraphes plutôt courts, signalés par une puce en forme d'étoile ou de fleur.

Concrètement, le manuscrit compte 234 pages de même taille, soit 15 cm de large sur 23 cm de haut. Il a été établi que 42 pages manquaient à l'appel, une absence constatée lors de l'achat du manuscrit en 1912. Chacune des pages est en vélin, c'est-à-dire en peau de veau mort-né, réputée pour sa finesse et travaillée en parchemin de qualité supérieure. Le texte ainsi que le contour des figures ont été tracés à la plume d'oie. On estime que les couleurs apposées sur les dessins l'ont été après la rédaction du texte. Troublé, le lecteur s'interroge : qui a bien pu rédiger, dans un alphabet inconnu, un livre aussi curieux ?

Un manuscrit qui a traversé les siècles

Le premier détenteur connu du manuscrit de Voynich s'appelle Georg Baresch (parfois écrit Barschius), un alchimiste vivant à Prague dans la première moitié du XVIIe siècle. En 1639, il écrit à Athanasius Kircher, un savant jésuite issu du collège romain, qui travaille sur la langue copte et les hiéroglyphes égyptiens. Dans sa longue lettre en latin, retrouvée en 2010 par René Zandbergen et aujourd'hui archivée à l'Université pontificale grégorienne de Rome, Baresch évoque sa perplexité devant l'un des ouvrages de sa bibliothèque qui lui semble indéchiffrable. C'est la première allusion historique au manuscrit.

L'alchimiste en envoie à deux reprises des copies à Kircher : celui-ci, faute d'avancer une explication plausible, tente d'acquérir l'objet, mais son propriétaire refuse. Lorsque Georg Baresch décède, probablement avant 1662, c'est son ami Jan Marek Marci (également nommé Johannes Marcus Marci dans certaines sources), proviseur à l'université Charles de Prague, qui hérite du manuscrit. Or, Marci est un ami de longue date de Kircher ainsi qu'un correspondant fidèle : de leurs échanges écrits entre 1640 et 1665, pas moins de trente-sept lettres nous sont parvenues. Peut-être en témoignage d'amitié, Marci fait parvenir le manuscrit au jésuite en 1665. Il y joint une lettre dans laquelle il explique que le docteur Raphaël Mnishovsky, le tuteur en langue tchèque de Ferdinand III, empereur du Saint Empire romain germanique (r. 1637-1657), lui a raconté qu'à l'origine le manuscrit avait été acheté à un messager inconnu par Rodolphe II, empereur romain germanique de 1576 à 1612. Raphaël est convaincu que l'ouvrage est de la main du « Doctor Mirabilis », le philosophe, savant et alchimiste anglais Roger Bacon. Pour sa part, en l'absence de preuves, Marci ne se prononce pas. On sait qu'il a relancé deux fois Kircher, en 1666 et en 1667, pour lui demander s'il a progressé dans le décryptage du manuscrit, mais on ignore si son correspondant a apporté une réponse.

Le manuscrit trouve son nom actuel

Ensuite, la trace du manuscrit se perd durant deux siècles, mais des recherches récentes, menées par plusieurs experts en livres anciens, semblent démontrer qu'il était conservé, avec la correspondance de Kircher, dans la bibliothèque du Collège romain, connue aujourd'hui sous le nom d'Université pontificale grégorienne. Apparemment, il n'en a pas bougé jusqu'à ce que les troupes de Victor-Emmanuel II d'Italie annexent les États pontificaux en 1870. La bibliothèque du Collège romain compte parmi les nombreux biens de l'Église confisqués par le nouveau pouvoir, mais le manuscrit échappe à la mainmise de l'État grâce à un transfert dans une bibliothèque privée de l'université. Pour preuve, on retrouve sur le manuscrit de Voynich l'ex-libris de Petrus Beckx qui, à cette époque, est à la fois proviseur de l'université et supérieur général de la Compagnie de Jésus. Or, en 1866, les Jésuites ont acheté la villa Mondragone, à Monte Porzio Catone, à une vingtaine de kilomètres au sud-est de Rome, pour en faire un pensionnat pour élèves issus des classes aisés. Ils y ont déménagé la bibliothèque privée de Beckx, dont le manuscrit indéchiffré.

En 1912, la Compagnie de Jésus laisse entendre dans la plus grande discrétion qu'elle va vendre certains de ses biens pour financer la restauration de la villa Mondragone. Alerté de l'occasion, un bibliophile polonais émigré aux États-Unis, Wilfrid Michael Voynich, de son vrai nom Michał Habdank-Wojnicz, fait le déplacement en Italie pour acquérir pas moins de trente manuscrits, dont celui qui porte désormais son nom.

À l'intérieur de l'ouvrage, Voynich trouve une lettre de Johannes Marcus Marci à Athanasius Kircher datée de 1666. Pour une raison inconnue, le marchand de livres anciens attend 1921 pour présenter le mystérieux manuscrit à Philadelphie, mais sans en dévoiler la provenance. Seule son épouse, la romancière et suffragette Ethel Lilian Voynich, fille du célèbre mathématicien George Boole, connaît l'histoire. Après la mort de Voynich en 1930, elle hérite du manuscrit, qu'elle conserve jusqu'à sa mort, en 1960. Elle le lègue à son amie proche, Anne Nill, qui, dès 1961, le vend à un marchand de livres anciens, Hans P. Kraus. En 1962, ce dernier fait une description du manuscrit mystérieux dans son catalogue de vente et tente de le revendre. Mais ne trouvant aucun acheteur, Kraus se résout en 1969 à en faire don à l'université de Yale, où il est conservé depuis lors dans la bibliothèque Beinecke sous la cote MS 408. En France, ce n'est qu'en octobre 2005 qu'un éditeur, Jean-Claude Gawsewitch, publie pour la première fois le manuscrit dans son intégralité.

Un document encore plus ancien qu'on ne le croit

Si la première mention écrite du manuscrit de Voynich remonte à 1639, l'ouvrage est beaucoup plus ancien. L'alphabet et le texte lui-même, inconnus, n'apportent aucun indice. En revanche, certaines illustrations, comme celles de deux châteaux et des vêtements de personnages, permettent aux experts d'identifier un style européen remontant à une période comprise entre 1450 et 1520.

Récemment, en 2011, l'équipe de Greg Hodgins, de l'Université d'Arizona, est allée plus loin en analysant au carbone 14 quatre éléments distincts du manuscrit. La conclusion des scientifiques est catégorique : le parchemin, qui a servi de support au texte, a été fabriqué au XVe siècle, entre 1404 et 1438. Mais un autre expert, Daniel Stolte, rétorque que ces examens ne confirment qu'une seule chose : la date vers laquelle sont morts les veaux dont la peau a servi à faire le vélin ! Il est impossible de dater les encres, il est donc très possible que le manuscrit ait été rédigé bien après la confection du parchemin.

Un traité, oui, mais de quoi ?

Que vous parcouriez le manuscrit de Voynich avec un œil d'expert ou simplement curieux, vous ressentirez la même impression générale : ce document est, à l'évidence, une compilation de connaissances. Tout laisse à penser, au vu des illustrations très descriptives, que ce livre était voué à divulguer des informations. Mais, étant donné l'étrangeté du contenu et l'alphabet indéchiffrable, la nature même du manuscrit nous demeure complètement obscure. S'agit-il d'un guide, d'un mode d'emploi, d'un traité ?

La première partie du livre traite du règne végétal et ressemble fort à un herbier. Sauf qu'hormis deux ou trois plantes, comme une fougère ou une pensée, aucun spécimen n'a été clairement identifié par les botanistes... Plus déroutant, les schémas semblent montrer des plantes

« mutantes », issues de manipulations hybrides : la tige et les feuilles d'une espèce sont unies aux racines d'une autre et donnent naissance aux fleurs d'une troisième espèce. Et si le manuscrit de Voynich était un traité révolutionnaire de génétique ?

Des auteurs sont allés plus loin en voyant dans le manuscrit une sorte d'herbier astrologique. À l'appui de leur proposition, ils rappellent que, à l'époque où le livre est supposé avoir été écrit, il était fréquent d'associer les configurations des astres avec la cueillette des herbes médicinales et d'autres pratiques de pharmacopée. Mais, à ce jour, personne n'est arrivé à décrypter les liens entre les illustrations de botanique et les signes zodiacaux.

Entre science et alchimie

Le manuscrit de Voynich n'échappe pas à la thèse alchimiste. Mais, si tel est le cas, la réalisation du grand œuvre des maîtres initiés décrite dans le livre ne semble pas suivre les règles habituelles de la discipline. Nulle part on ne trouve d'indications sur la préparation de composants médicaux, ni aucun de ces symboles ou références que l'on trouve dans tous les grimoires d'alchimie : croix, cercle, crapaud, homme mort, etc. Ou alors, faut-il imaginer que la pierre philosophale ne puisse être obtenue qu'avec la conjonction de trois éléments : des fluides de jeune femme, des décoctions de plantes et une configuration astrale unique ?

Dans le folio 68r du manuscrit, on trouve trois pages qui présentent un diagramme atypique, un objet de forme irrégulière avec des extensions courbées, qui fait immanquablement songer à l'image d'une galaxie telle qu'on peut l'observer avec un télescope. Sur d'autres pages, on pourrait prendre des dessins pour des cellules vues à l'aide d'un microscope. Que faut-il en conclure ? Qu'il s'agit juste d'une interprétation excessive de schémas somme toute assez vagues, ou bien que le manuscrit décrit des travaux scientifiques plus récents que ne pourrait laisser supposer l'âge du parchemin ?

Un auteur impossible à identifier ?

Au-delà de la nature même du manuscrit se pose la question de sa paternité. Il va sans dire que la quête de l'auteur du manuscrit de Voynich a donné naissance à de nombreuses suppositions. Impossible de citer tous les « suspects » évoqués au fil des années, aussi nous nous attarderons sur les personnalités les plus souvent désignées. Une vraie partie de Cluedo !

Le philosophe anglais Roger Bacon ?

C'est l'identité mentionnée par Marci dans sa lettre de 1665 à Kircher, qui fait état de la conviction profonde du docteur Raphaël Mnishovsky : l'ouvrage serait bien de Roger Bacon (1214-1294). Sauf que la lettre de Marci est adressée au moins cinquante ans après l'acquisition supposée du manuscrit par l'empereur romain germanique Rodolphe II, et plus de dix ans après la mort du principal témoin, Mnishovsky. Qu'importe, Voynich, lorsqu'il récupère le manuscrit, considère cette thèse comme la plus vraisemblable, au point que sa force de conviction influencera fortement les chercheurs qui tenteront d'approcher la vérité. Un Américain, William Newbold, consacrera deux ans de sa vie à prouver que le manuscrit est bien de Bacon, mais il mourra en 1926 avant d'avoir pu étayer son hypothèse. Par la suite, des spécialistes de Bacon s'opposeront à ses conclusions.

Le mathématicien John Dee ?

À supposer que Roger Bacon soit bien l'auteur du manuscrit, alors la personne qui aurait pu le vendre à l'empereur Rodophe II ne peut être que John Dee. Cet énigmatique personnage (1527-1608 ou 1609), réputé l'un des hommes les plus cultivés de son époque, est tout à la fois un mathématicien, un astrologue, un astronome et un occultiste britannique. Versé dans l'étude des sciences comme de la magie, il occupe la fonction d'astrologue à la cour de la reine Élisabeth Ire, réputée pour posséder une belle collection de manuscrits de Roger Bacon.

John Dee, qui s'acoquine avec un alchimiste et médium nommé Edward Kelley (1555-1597), voyage en Europe, obtenant des entretiens privés avec certains souverains pour leur parler de ses recherches ésotériques – Dee affirme ainsi dialoguer avec les anges –, mais il n'est pas pris au sérieux. On sait toutefois avec certitude qu'il a rencontré Rodolphe II, à qui il espérait vendre ses services... À défaut d'un emploi, a-t-il réussi à vendre un manuscrit de Bacon en sa possession, voire à faire passer pour une œuvre du philosophe un livre qu'il aurait rédigé lui-même ?

L'alchimiste Edward Kelley ?

John Dee a beaucoup écrit sur son acolyte et ses prétendus pouvoirs magiques : Kelley savait invoquer les anges avec une boule de cristal et transformer du cuivre en or à l'aide d'une poudre secrète. Il avait convaincu Dee que les anges parlaient l'énochien, c'est-à-dire la langue d'Enoch, le père de Mathusalem. Ayant inventé cet alphabet énochien, pourquoi n'en aurait-il pas conçu un autre, celui du manuscrit de Voynich ? A-t-il trompé Dee sur la vraie nature de ce livre, ou bien les deux hommes se seraient-ils associés pour monter de toutes pièces une arnaque et récupérer de l'argent auprès d'un acheteur crédule ? C'est en tout cas la thèse défendue par Gordon Rugg, professeur au département de mathématiques et d'informatique de l'université de Keele, en Grande-Bretagne : pour étayer son hypothèse, il constate que le manuscrit paraît avoir été écrit avec deux fréquences différentes, et ajoute que Dee et Kelley s'y connaissaient en langages inventés et qu'ils étaient justement à Prague lorsque le manuscrit a été vendu à Rodolphe II.

Cette théorie s'inscrit en droite ligne avec celle d'une multiplicité des auteurs : les cryptographes qui ont travaillé sur le manuscrit ont longtemps fait observer que les propriétés statistiques et les écritures différentes pouvaient laisser croire que plusieurs personnes avaient écrit sur le même papier. Cependant, les expertises récentes sur l'écriture vont désormais plutôt en direction de la thèse d'un seul auteur, mais ayant écrit à des périodes différentes, avec une évolution visible de son style.

Le marchand Wilfrid Voynich lui-même ?

Celui qui a donné son nom au manuscrit n'a pas échappé à la suspicion. Après tout, il était marchand de livres anciens et avait accès à la connaissance et aux techniques pour forger un faux. En ne voulant pas démordre du fait que l'ouvrage était de Bacon, il ne faisait qu'accroître le potentiel commercial de son bien. Mais la découverte récente de la lettre de 1639 de Baresch à Kircher s'oppose à cette hypothèse car on a du mal à imaginer que Voynich ait pu jouer les faussaires en ayant eu connaissance au préalable de cette lettre.

L'herboriste Jacobus Sinapius ?

En 1921, on décèle sur la première page du manuscrit des annotations quasi illisibles qui, rehaussées grâce à des procédés chimiques, révèlent le nom de « Jacobj 'a Tepenec ». Derrière ce nom se dissimule Jakub Horcicky de Tepenec (en latin, Jacobus Sinapius), le docteur personnel de l'empereur Rodolphe II et… spécialiste en herboristerie. Aux yeux des initiés de l'époque, dont Voynich, cette découverte démontre sans nul doute que Jacobus Sinapius a possédé l'ouvrage avant Baresch et donne un crédit certain à la version de Raphaël Mnishovsky. De là à penser que Jacobus Sinapius est lui-même l'auteur du manuscrit… Il y a un fossé que certains chercheurs n'ont pas hésité à franchir allégrement.

Un bémol, malgré tout : la signature presque effacée par le temps puis par les produits chimiques ne ressemble pas du tout aux autres signatures connues de Jacobus ! Pourquoi ne pas envisager que cette marque est en réalité une simple annotation de la part d'une personne ayant eu accès au manuscrit et qui se serait informée sur la période de

Rodolphe II ? On pense notamment à Kircher, qui a tenté de déchiffrer le manuscrit et qui aurait noté le nom de Jacobus, le seul médecin de la cour de Rodolphe mentionné dans les livres de l'Église… Ou bien, plus tardivement, à Voynich, qui aurait volontairement altéré le manuscrit en y ajoutant cette fausse signature afin de renforcer la thèse de paternité de Bacon.

Le médecin Jan Marci ?

Ayant abandonné sa formation de prêtre en 1618 pour se consacrer à la médecine, Jan Marek Marci rencontre l'érudit jésuite Athanasius Kircher en 1638 lors du voyage à Rome d'une délégation de l'université Charles de Prague. Durant les vingt-sept années suivantes, les deux hommes ne cesseront de correspondre.

Une théorie voudrait que Marci n'ait pas apprécié le rôle joué par Kircher dans la fusion de l'université Charles avec le collège Clementinum dirigé par les Jésuites. Marci, spécialiste de médecine, de mécanique mais aussi d'épigraphie, aurait inventé le manuscrit de Voynich pour le soumettre à Kircher afin qu'il le traduise puis pour le déconsidérer en révélant l'imposture. Si le jésuite était, à ce que l'on dit, plutôt crédule, la haine de Marci envers son ordre semble improbable, d'autant que l'amitié entre les deux hommes était largement connue et que Marci a été nommé membre honorifique de la Compagnie de Jésus peu avant sa mort, en 1667. Reste, il est vrai, le fait que l'existence même de Georg Baresch ne repose que sur trois missives envoyées à Kircher, dont deux ont en fait été transmises par Marci en personne.

Raphaël Mnishovsky ?

Une autre supposition vise l'ami de Marci, à savoir Raphaël Mnishovsky. Le docteur a lui-même mis au point vers 1618 une méthode de cryptage dont il affirme haut et fort l'inviolabilité. Il aurait créé le manuscrit de Voynich pour prouver la solidité de son concept et aurait voulu contacter Kircher, qui venait de publier un dictionnaire sur le copte, par le biais de Baresch pour pimenter en quelque sorte son expérience de cryptographie.

Anthony Ascham ?

C'est un chercheur en cancérologie, passionné de cryptologie, le docteur Leonell Strong, qui attire l'attention dans les années 1940 sur un autre auteur anglais du XVIe siècle. Strong, en voulant décrypter le manuscrit de Voynich, déclare que la solution est fondée sur un « étrange système double avec des progressions arithmétiques d'un alphabet multiple ». Et il fait remarquer que le texte en clair présente de grandes similitudes avec un manuscrit du XVIe siècle, *A Little Herbal*, publié en 1550 par l'Anglais Anthony Ascham. L'hypothèse de Strong permet peut-être d'éclairer le contenu botanique du manuscrit, mais ne donne guère d'autres explications, notamment sur le langage codé du manuscrit.

La langue du manuscrit, inédite ou pure invention ?

Car un autre mystère n'est pas éclairci à ce jour : dans quelle langue le manuscrit de Voynich est-il rédigé ? Avant de passer en revue les thèses possibles, voyons d'abord ce qu'ont identifié les spécialistes de linguistique qui ont étudié le document.

Le texte est composé de plus de 170 000 glyphes, séparés les uns des autres par de très fines espaces. La majorité de ces glyphes comprend un ou deux traits. Des interstices plus larges isolent des groupes de glyphes de taille variable et permettent de distinguer des mots, au nombre de 35 000 environ. Selon les experts, les glyphes formeraient un alphabet de vingt à trente signes comportant par ailleurs des caractères inhabituels à l'usage indéfini.

En ce qui concerne l'écriture, elle s'affiche avec évidence de gauche à droite, en respectant plus ou moins bien une marge à droite. Le texte est séparé en paragraphes de taille variable et l'on distingue parfois comme des « puces » dans la marge de gauche (correspondant à des listes ?).

Un point étonnant : il n'y a aucun signe de ponctuation. De même, le texte semble redondant, plus que nos langages modernes en tout cas, car certains mots figurent parfois trois fois à la suite, mais très rarement dans les légendes des illustrations. Dans la section « Herbier », le premier mot de chaque page n'apparaît à aucun autre endroit du manuscrit : serait-ce le nom de la plante décrite ?

Pour autant, le texte semble obéir à des règles d'orthographe car certains caractères n'en suivent jamais d'autres et certains apparaissent ici et là en double. Lorsqu'on se concentre sur le « ductus », c'est-à-dire sur l'ordre et la direction selon lesquels on trace les traits qui composent la lettre, il apparaît fluide. Par conséquent, le rédacteur comprenait parfaitement ce qu'il était en train d'écrire. Mais l'écriture est parfois irrégulière et l'auteur doit resserrer les interlignes par manque de place, ce qui dénote l'intervention d'un scribe non professionnel.

Une langue naturelle exotique ?

Le langage du manuscrit de Voynich est à la fois similaire et différent des langues naturelles. Une analyse révèle des caractéristiques semblables, comme la fréquence des mots ou bien l'entropie de chaque mot (quantité d'information de chaque mot). En revanche, il ne comporte pratiquement aucun mot de plus de dix lettres, et presque aucun mot de moins de trois lettres. En outre, les distributions des lettres à l'intérieur d'un mot sont inhabituelles par rapport aux langues occidentales. On voit ainsi certains caractères n'apparaître qu'au début d'un mot, d'autres seulement au milieu et d'autres seulement à la fin… Ce qui rapproche ce langage de l'araméen, de l'hébreu ou de l'arabe, mais l'éloigne du grec, du latin et du cyrillique. Pour le linguiste Jacques Guy, le manuscrit de Voynich pourrait être un langage naturel exotique, mais écrit avec un alphabet inventé. La structure des mots du manuscrit serait assez semblable à des langues asiatiques comme le sino-tibétain (chinois, tibétain et birman), le vietnamien, le khmer et peut-être le tai (thaï, lao, etc.), des langages où les mots n'ont qu'une syllabe avec une structure plus riche, permettant des nuances.

Cette thèse est intéressante dans la mesure où elle s'accorde avec notre connaissance d'explorateurs et de missionnaires qui auraient pu écrire un tel manuscrit en voulant rédiger en langue phonétique un texte issu d'une langue asiatique difficile à comprendre en Occident. Elle approuverait les propriétés statistiques du texte (on trouve des mots doubles ou triples dans des textes chinois et vietnamiens) et justifierait aussi bien l'absence de signes de ponctuation que le graphisme très exotique des illustrations. Des experts ont d'ailleurs souligné la présence, sur la première page, de deux grands symboles rouges, qui font penser à un titre de livre à la chinoise mais recopié maladroitement. Mais, là encore, jamais personne, pas même des scientifiques chinois à qui l'on a soumis le texte, n'a trouvé de trait significatif de la symbolique ou de la science chinoise dans le manuscrit de Voynich…

Un texte sacré ?

En 1987, un certain Leo Levitov, présenté comme un scientifique mais dont les compétences restent sujettes à caution, lance un pavé dans la mare. Dans son livre *Solution of the Voynich Manuscript : A Liturgical Manual for the Endura Rite of the Cathari Heresy, the Cult of Isis*, il fait du manuscrit de Voynich un texte ésotérique liée à la religion cathare. Pour lui, le texte est la transcription d'une « langue orale polyglotte » destinée à ceux qui savaient lire le latin, mais sans le comprendre. Après des travaux de déchiffrement, il conclut que le langage est un mélange de néerlandais médiéval, d'ancien français et de vieux haut-allemand.

Levitov explique que, dans la foi cathare – dont la nature même n'est pas complètement déterminée –, le rite d'Endura consistait en une assistance au suicide pour les personnes sur le point de mourir. Dans ce contexte, les plantes imaginaires du manuscrit ne seraient pas des fleurs, mais des symboles secrets de la foi. Et l'image des femmes dans les bassins aux tuyaux compliqués désignerait le rituel lui-même, qui impliquait de se tailler les veines pour laisser couler le sang dans un bain chaud. Quant aux constellations, il ne faut pas les rapprocher des cieux mais des étoiles figurant sur le manteau d'Isis.

Autant dire que cette thèse a été rapidement combattue sur plusieurs points : d'abord, la foi cathare n'a jamais été associée à Isis, c'est un gnosticisme chrétien. Le rite d'Endura consistait en un jeûne et non en une automutilation mortelle. Enfin, une telle hypothèse voudrait dire que le livre date du XIIe ou du XIIIe siècle, soit bien avant l'origine la plus ancienne qu'on lui attribue. On ne s'étonnera pas que Levitov n'ait pas vraiment apporté de preuve de sa théorie.

J'AI OUBLIÉ LE CODE !

Si le langage du manuscrit n'est pas une langue, peut-il s'agir d'un code ? De nombreux experts penchent davantage pour cette solution : le livre de Voynich a bien été écrit dans une langue européenne connue, mais il a fait l'objet d'un codage au moyen d'un chiffrement. Mais tous ne s'accordent pas sur la nature de ce code.

A priori, il ne s'agirait pas d'un chiffrement simple par substitution de lettres car ce type de cryptage, comme le chiffre de César, est trop facile à « casser ». En revanche, ce pourrait être un chiffrement polyalphabétique, à l'image de ceux inventés par Alberti dans les années 1460. On pense au chiffre de Vigenère (du nom d'un diplomate français du XVIe siècle), un chiffrement par substitution où une même lettre du message en clair peut, suivant sa position dans celui-ci, être remplacée par des lettres différentes. En 1863, le major prussien Friedrich Kasiski parvient à casser le chiffre de Vigenère, qui ne constitue plus une protection efficace de nos jours. Certes, les variantes autour des chiffrements polyalphabétiques résistent à l'analyse des fréquences, mais elles ne sont devenues réellement populaires qu'au XVIe siècle, bien après la rédaction supposée du manuscrit.

Parmi les autres hypothèses soulevées, on a supposé que les voyelles avaient été juste supprimées avant le codage, mais cette théorie débouche sur tant de reconstitutions arbitraires qu'elles en perdent toute crédibilité. Des cryptologues américains de la NSA ont également suggéré que le texte pouvait contenir des séries de préfixes avant tous les mots permettant de les classer dans des catégories, à l'instar des livres dans les bibliothèques qui sont rangés selon des nomenclatures. Toujours dans l'idée d'un codage, les mots du manuscrit de Voynich seraient cryptés de telle sorte qu'il faudrait un ouvrage additionnel, comme un dictionnaire, pour les décoder. Cependant, ce type de chiffrement n'est pratiqué que pour des textes relativement courts car il présuppose de parcourir en alternance le livre de complément. Et le manuscrit de Voynich est un document, comme on l'a vu, de plusieurs centaines de pages.

Une dissimulation visuelle ?

Dans son ouvrage *Pandora's Hope*, publié en 2004, James Finn suggère que le manuscrit de Voynich serait en réalité de l'hébreu visuellement codé. Après avoir transcrit correctement les lettres du manuscrit, quantité de mots peuvent être lus comme des mots hébreux qui se répéteraient avec des distorsions pour égarer le déchiffreur. Certains mots apparaîtraient sous plusieurs formes pour donner l'impression qu'ils sont différents alors qu'ils sont en fait identiques. Cette hypothèse est séduisante car elle expliquerait les échecs des méthodes purement mathématiques, mais elle supposerait une charge de travail si grande pour le décryptage du texte, notamment en raison des multiples interprétations visuelles, soumises à l'arbitraire du déchiffreur, qu'elle en devient peu réaliste.

Dans le même ordre d'idées, on pourrait suggérer qu'en vérité le texte en lui-même n'a aucun sens, mais qu'il constitue un écran visuel dans lequel sont dissimulées des informations. Ce procédé ancien, et très connu en chiffrement, s'appelle la stéganographie. Vous regardez une image apparemment anodine et l'on vous donne une clé ou une grille spécifique qui transforme cette image en texte. De nos jours, des logiciels permettent cette transformation très facilement. Dans le cas du manuscrit de Voynich, cela reste très difficile à prouver comme à réfuter. Tout au plus peut-on dire qu'en général les messages secrets sont cachés sur des supports ordinaires, justement pour ne pas dévoiler leur présence. Or, le manuscrit de Voynich est loin d'être un livre ordinaire…

Et si le code se trouvait dans l'écriture elle-même ? Ce serait la longueur ou la forme du trait d'écriture qui dévoilerait le sens du texte. Une méthode connue consiste, par exemple, à introduire ici et là des lettres en italique dans un texte composés de caractères droits. En réunissant toutes les lettres en italique, on découvre le message caché. Mais, pour le manuscrit de Voynich, l'étude de l'écriture, fluide et naturelle, n'a rien révélé de spécial.

Juste un immense canular ?

Si l'on passe en revue toutes les hypothèses possibles, il en est une qu'on ne peut négliger : celle qui voudrait que le manuscrit de Voynich ne soit qu'une vaste fumisterie. Il est vrai que l'étrangeté du texte comme le triplement de certains mots ou le contenu incompréhensible de la plupart des illustrations confortent cette option.

C'est l'opinion, par exemple, de Sergio Toresella, un spécialiste italien des herbiers, qui a décrété que le manuscrit était en réalité une simple imitation, très sophistiquée, d'un livre médical en plusieurs parties destiné à leurrer un client trop naïf. Autrement dit, un attrape-gogo littéraire signé par un habile charlatan. Selon Toresella, il y avait même, au nord de l'Italie, dans la région de Venise, une petite industrie familiale qui prospérait sur la production de faux manuscrits. Toutefois, ceux-ci étaient très différents et le plus souvent écrits en langage courant.

En 2003, l'informaticien Gordon Rugg est parvenu à produire un texte semblable au manuscrit de Voynich en reprenant les principes de sélection et de combinaison de préfixes, radicaux et suffixes de mots d'un vieux système de chiffrement déjà en usage vers 1550 et connu sous le nom de grille de Cardan. La ressemblance porte avant tout sur l'aspect visuel du texte. En effet, les textes de Rugg n'ont pas les mêmes mots ni la même fréquence que ceux du manuscrit. Cela ne prouve donc pas que le manuscrit est un canular.

Mais l'important est ailleurs : Rugg a démontré avec ses travaux que, avec les techniques de l'époque et un peu de culture scientifique, il était possible de forger en quelques mois un texte ayant des propriétés statistiques particulières. Ce qui nous ramène à Edward Kelley et à John Dee, réputés pour leurs arnaques, qui avaient par ailleurs mis au point le langage imaginaire des anges, l'énochien… Pour Gordon Rugg, même si cela doit décevoir les amateurs de mystère, il faut se résoudre à conclure que, en l'absence de toute solution valable, le manuscrit de Voynich n'est rien d'autre qu'un attrape-nigaud.

Pour autant, selon des chercheurs britanniques et argentins, le livre médiéval contiendrait un authentique message. Dans une étude publiée par le journal *Plos One* en 2013, Marcelo A. Montemurro, de l'université de Manchester, et Damián H. Zanette, du Conseil national d'investigations scientifiques et techniques d'Argentine, expliquent avoir étudié le document avec des méthodes venant de la théorie de l'information et y avoir trouvé des modèles linguistiques. Pour eux, la distribution des mots est compatible avec une langue réelle et, « même si le mystère des origines et du sens du texte ne sont toujours pas résolus, les preuves s'accumulant au sujet de l'organisation à différents niveaux du manuscrit limitent clairement la véracité de l'hypothèse d'un canular et suggère la présence d'une réelle structure linguistique ».

Au final, le mystère reste entier. Peut-être ce livre a-t-il été rédigé par une main non humaine, celle d'un extraterrestre ou d'une entité divine ? Mais son support, lui, reste bien terrien. En tout cas, les différentes thèses qui s'affrontent ne permettent pas de se prononcer sur sa nature réelle. Il est à redouter que l'identité de son (ou de ses auteurs) nous demeure à jamais inconnue. Le secret du manuscrit de Voynich, le livre le plus étrange au monde, est encore scellé au sein de ses pages énigmatiques.

Sources

• Le manuscrit de Voynich au format PDF : www.archive.org/details/TheVoynichManuscript.

• « Manuscrit de Voynich : le mystérieux texte sur le point d'être déchiffré ? », Newsring.fr, 25 juin 2013.

• Morgan Roussel, « MS 408 : le mystérieux manuscrit Voynich », *La Gazette fortéenne*, vol. V, Éditions de l'Œil du Sphinx, 2012.

• *Le Code Voynich*, Jean-Claude Gawsewitch, 2005.

• Gerry Kennedy, Rob Churchill, *The Voynich Manuscript*, Orion Books UK, 2005.

• Stéphanie Bellin, « Et si le manuscrit de Voynich était finalement une arnaque », *Science et Vie*, octobre 2004.

• Gordon Rugg, « Le mystère du manuscrit de Voynich », *Pour la science*, septembre 2004.

• Leo Levitov, *Solution of the Voynich Manuscript : A Liturgical Manual for the Endura Rite of the Cathari Heresy, the Cult of Isis*, Aegean Park Press, 1987.

• « The Voynich Manuscript », présentation sur le site de la bibliothèque Beinecke de l'université de Yale : http://beinecke.library.yale.edu/digitalguides/voynich.html.

• Les sites les plus complets sur le manuscrit (en anglais) : voynich.nu et www.voynich.net.

16

Le voyageur égaré de Times Square

New York, Times Square, 1950 : un homme vêtu comme au XIXe siècle apparaît au milieu de la foule. Un véhicule le percute et le tue. Mais qui était vraiment Rudolf Fentz ? Un voyageur temporel qui s'est égaré dans une autre époque que la sienne ?

Tout commence un soir de juin 1950, sur les coups de 23 heures 15, sur Times Square, l'un des quartiers les plus populaires et animés de New York.

– Maman ! Regarde le monsieur, il a un drôle d'air !

Comme venu de nulle part, un homme s'est matérialisé subitement au milieu de la foule, suscitant la stupéfaction des badauds.

Madame Smith tourne la tête. C'est vrai, l'homme que lui désigne sa fille Shelly n'est pas commun. La mine hagarde, l'inconnu, âgé d'une trentaine d'années, est vêtu élégamment, mais son long manteau noir, son chapeau haut-de-forme et son pantalon à carreaux sont passés de mode depuis longtemps... Un comédien habillé comme au XIXe siècle ? Que fabrique-t-il donc ici ?

Madame Smith, comme les autres passants qui observent l'homme à la dérobée, n'a pas le temps de se poser plus de questions. Le personnage anonyme, déboussolé et paniqué, bouge soudain et entreprend de traverser l'avenue.

Madame Smith ne peut retenir un hurlement. L'inconnu s'est aventuré sur la chaussée sans regarder la circulation et un taxi lancé à pleine vitesse l'a percuté de plein fouet. La dame cache les yeux de sa fille pour qu'elle ne voit pas le corps étendu, disloqué et sanglant, peu à peu encerclé par la foule choquée.

On transporte la dépouille à la morgue, où l'on inventorie les effets personnels du défunt. Le capitaine de police Hubert V. Rihm, chargé des enquêtes sur les personnes disparues, est interloqué par ce qu'il découvre. Dans les poches du mort, on déniche une pièce de cuivre d'une valeur de 5 cents valable pour l'achat d'une bière dans un saloon inconnu à l'adresse indiquée, une note pour le logement d'un cheval et l'entretien d'un chariot dans une étable de Lexington Avenue, là aussi à une adresse qui s'avère ne correspondre à rien, et 70 dollars en billets périmés. Enfin, il y a des cartes de visite au nom de Rudolf Fentz, avec une adresse sur la 5e Avenue, ainsi qu'une lettre au porteur dont le cachet postal date de juin 1876. Étrangement, bien qu'anciens par leur date, ces objets sont en parfait état, comme neufs.

Rihm mène son enquête. Il commence par se rendre à l'adresse donnée sur la 5e Avenue, qui correspond à un magasin. Or, ses propriétaires n'ont jamais entendu parler de Rudolf Fentz. Le policier épluche alors tous les annuaires et répertoires – n'oublions pas que, en 1950, on n'utilise pas encore d'ordinateur pour ce type de quête ! Rien ne sort de ses recherches, ni dans les annuaires téléphoniques, ni dans le registre des empreintes ou des informations médicales. Supposant que l'homme pouvait être un artiste, du fait qu'il portait un costume d'époque, ou bien un ressortissant étranger, à cause de son nom à consonance germanique, Rihm enquête alors du côté des salles de spectacle et des services de l'immigration, et même auprès des ambassades d'Allemagne, de Suisse et d'Autriche. Aucune de ces initiatives ne débouche sur la moindre piste.

Sur le point d'abandonner, Rihm a la chance de recevoir une nouvelle information : on a trouvé un Rudolf Fentz Jr. dans un vieux bottin téléphonique de 1939. L'enquêteur se rend à l'adresse figurant dans l'annuaire et apprend que ledit Fentz Jr. a vraiment vécu là : il s'agit d'un ancien employé de banque d'une soixantaine d'années, qui a déménagé au moment de sa retraite. Rihm comprend très vite que Fentz Jr. ne peut pas être l'inconnu de Times Square car il aurait eu autour de 70 ans au moment de sa mort. Il prend malgré tout contact avec la banque, qui l'informe que son ancien employé est décédé en 1945, mais que sa veuve, toujours en vie, réside désormais en Floride.

Rihm se dit que Rudolf Fentz Jr. peut très bien avoir été un proche de l'accidenté de New York, aussi décide-t-il d'écrire une lettre à la veuve – laquelle, en retour, lui apprend que le père de son mari, Rudolf Fentz, a disparu au printemps 1876 ! On l'a vu sortir de sa maison pour fumer un cigare, et personne ne l'a jamais revu... Le policier, de plus en plus perplexe, explore davantage cette piste. Il retrouve bien la trace de Rudolf Fentz dans une liste de personnes disparues au cours de l'année 1876 – mais ce qui fait vaciller sa raison, c'est non seulement l'âge du disparu (29 ans), mais aussi et surtout la photo qui accompagne le dossier : l'homme, avec ses vêtements caractéristiques de l'époque, est bien l'inconnu de Times Square ! De peur qu'on le prenne pour un fou, Rihm choisit de clore le dossier, qu'il classe dans la catégorie des « affaires irrésolues »...

D'autres versions de cette histoire pour le moins curieuse ont circulé, variant sur quelques détails, mais le cœur du récit demeure le même. Que penser de ce dossier inexpliqué ? Un voyageur temporel se serait-il accidentellement égaré en plein New York à une autre époque que la sienne ? Y aurait-il, comme le prétendent certains commentateurs, une faille spatiotemporelle au cœur de la ville qui ne dort jamais ?

Trêve d'hypothèses, ne maintenons pas l'incertitude plus longtemps. L'histoire que vous venez de lire, troublante à souhait, n'est en réalité qu'un vaste canular !

Pourtant, depuis les années 1970, cette énigme est présentée avec le plus grand sérieux comme un fait authentique. On a parlé de voyage dans le temps, d'enlèvement par des extraterrestres, d'hallucination collective et de quantité d'autres hypothèses fantaisistes. L'essor d'Internet, en permettant la diffusion rapide du récit au-delà d'un cercle d'initiés, a enrichi le récit de détails nouveaux et parfaitement imaginaires.

En 2000, un auteur espagnol, Carlos Canales, publie un article de six pages sur le sujet dans le magazine *Más Allá*, attirant l'attention d'un spécialiste américain du folklore, Chris Aubeck. Ce dernier entreprend d'en savoir plus sur l'étrange affaire Rudolf Fentz. Son premier constat – celui que tout le monde devrait faire, d'ailleurs –, c'est l'absence complète de preuves formelles et de témoignages sur ce dossier. Aubeck ne parvient pas à mettre la main sur le moindre des éléments mentionnés dans le récit : aucun rapport de police, pas d'article de journal de l'époque ni de certificat d'inhumation ou d'indication de l'endroit où le dénommé Rudolf Fentz aurait été enterré. Encore moins de photographies ou de témoignages, qui, pourtant, existeraient, selon Canales... Curieusement, le policier Hubert V. Rihm est lui aussi introuvable : a-t-il bien existé, au moins ?

Jusqu'à ce que Chris Aubeck, en 2002, trouve le fin mot de l'histoire. Il suit à la trace le récit, d'abord dans *Le Livre du mystère*, publié en 1978 par Jacques Bergier et Henri Gallet, puis vers sa source : le numéro de mai-juin 1972 de la revue ufologique *Borderland Sciences Research Foundation*, qui présente l'histoire comme un récit authentique. Poursuivant ses investigations, Aubeck identifie une piste antérieure, le livre de Ralph M. Holland *A Voice from the Gallery*, paru en 1953. Convaincu d'avoir débusqué la source originale de la légende, Aubeck publie en août 2002 dans le *Akron Beacon Journal* un article résumant ses investigations. Un pasteur, George Murphy, le contacte alors pour lui révéler que, en réalité, la source initiale est encore plus ancienne : Ralph M. Holland a en effet repris à son compte, sans permission d'aucune sorte, une histoire inventée en la faisant passer pour authentique.

En définitive, la légende de Rudolf Fentz – car s'il s'agit bien d'une légende urbaine – s'inspire d'un récit de science-fiction intitulé *I'm Scared* (« J'ai peur »), écrit par l'Américain Jack Finney (1911-1995). Ce romancier, dont l'œuvre la plus connue est *L'Invasion des profanateurs* (dont a été tiré le film *L'Invasion des profanateurs de sépultures* et plusieurs remakes) a également signé plusieurs romans réputés sur le thème du voyage dans le temps, comme *Le Voyage de Simon Morley* ou *Le Balancier du temps*. *I'm Scared* a été publié le 15 septembre 1951 dans le magazine *Collier's*. Il va de soi que tous les faits et tous les personnages de cette histoire sont le fruit de l'imagination de l'écrivain.

Et voici comment une œuvre de fiction est devenue au fil du temps une légende urbaine populaire à laquelle quantité de gens continuent de croire car elle est toujours présentée comme un événement authentique ! Et, comme toute bonne histoire, elle a donné naissance à des variantes locales, comme les deux récits que nous présentons sur le blog associé à ce livre : le mystère de l'homme de Taured, au Japon, et l'énigmatique affaire de Pierre Neveu, en France.

Conclure sur l'inexplicable ?

Pourquoi avoir choisi un tel canular pour conclure un livre consacré à d'authentiques dossiers inexpliqués ? La réponse est simple : nous souhaitions illustrer la fragilité de la frontière qui sépare la réalité de l'élucubration. La légende de Rudolf Fentz, qui est pourtant étayée par des noms, des dates, des détails précis, ne résiste pas longtemps à un décorticage minutieux. Il en va de même d'une multitude d'histoires insolites très peu crédibles qui essaiment dans les revues ésotériques ou sur les sites Internet dédiés à l'étrange.

Il est vrai que l'être humain, avide de merveilleux et d'insolite, préfère souvent délaisser son esprit critique et son bon sens pour adhérer à des thèses extravagantes. « La vie a besoin d'illusions, c'est-à-dire de non-vérités tenues pour des vérités », disait Friedrich Nietzsche. Et, paradoxalement, l'homme a une regrettable tendance à s'affubler d'œillères et à réfuter d'emblée certaines hypothèses sous prétexte qu'elles heurtent ses convictions ou, signe de sa prétention, questionnent la somme de ses connaissances. Aussi, face à ces affaires sans explication, la meilleure attitude reste de conserver un esprit rationnel – le fameux esprit cartésien cher aux Français ! – et de l'associer à une large ouverture d'esprit afin d'examiner les faits de la manière la plus objective possible. Dans ce domaine d'exploration brumeux qui ne cesse d'exercer sur nous une insolente fascination, l'humilité et la curiosité s'avèrent en définitive des vertus très efficaces pour séparer le bon grain de l'ivraie entre les dossiers réellement irrésolus et les légendes et rumeurs infondées. « Nous piétinerons éternellement aux frontières de l'inconnu, cherchant à comprendre ce qui restera toujours incompréhensible. Et c'est précisément cela qui fait de nous des hommes » (Isaac Asimov).

Rendez-vous sur le blog du livre :

www.dossiersinexpliques.com

sur lequel vous trouverez une foule de documents complémentaires
sur chaque affaire (fac-similés, photos, sons, vidéos, liens web...)

TABLE DES MATIÈRES

Également parus aux éditions Scrineo

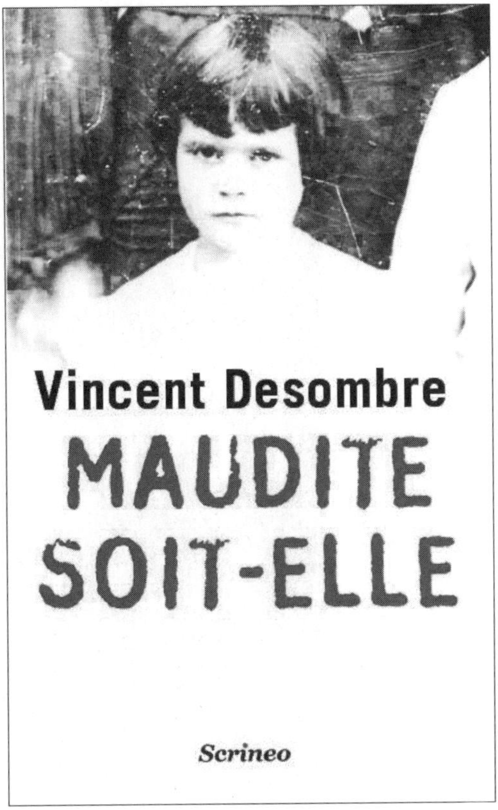

Marseille, vendredi 20 juin 1986.

Nathalie alluma la télévision. Les informations commençaient.

- Torturé et brûlé vif pour lui dérober ses économies. Maurice Picon, un paisible retraité, a été assassiné sauvagement dans sa maison de Cassis, dans les Bouches-du-Rhône.

À ce moment, le visage de la victime apparut à l'écran. Une simple photo d'identité qui montrait un homme âgé, aux traits fins et au regard félin. Nathalie porta ses mains à sa bouche.

– Oh, mon Dieu !

Elle aurait voulu crier, mais aucun son ne sortit. Ses yeux étaient rivés sur la télévision. Ce visage, même trente ans plus tard, elle ne pouvait l'oublier. Cet homme avait marqué sa vie de façon irréversible. Un fantôme du passé resurgissait devant elle !

Trente ans plus tôt presque jour pour jour, Maurice Picon a été la dernière personne à parler à la mère de Nathalie. Deux heures plus tard, elle se suicidait. Pour comprendre et renouer avec ses souvenirs enfouis, Nathalie va retourner sur les traces de son enfance en Touraine.

Une enquête haletante, une histoire émouvante inspirée de deux faits réels qui ont défrayé la chronique de l'après-guerre. Le cahier documentaire en fin d'ouvrage revient sur ces dossiers, l'affaire Finlay et l'affaire Lecoz.

Arno Fugiers mène une existence sans histoire, hors du circuit social classique... Ancien commando de l'armée française et vétéran de la guerre du Golfe, il consacre le plus clair de son temps entre les filles, l'alcool et la coke. Mais une rencontre malencontreuse assortie d'une fusillade va plonger Fugiers au cœur de réseaux mafieux et néo-nazis déterminés à profondément bouleverser l'ordre international.

Plus qu'un thriller, ce récit vif et palpitant ancré dans l'actualité, est complété par un cahier documentaire sur les réseaux néo-nazis, leur naissance aux États-Unis, leur diffusion et la menace qu'ils constituent encore au XXIe siècle…

Le cahier documentaire est rédigé par Christine Revert-Charles.

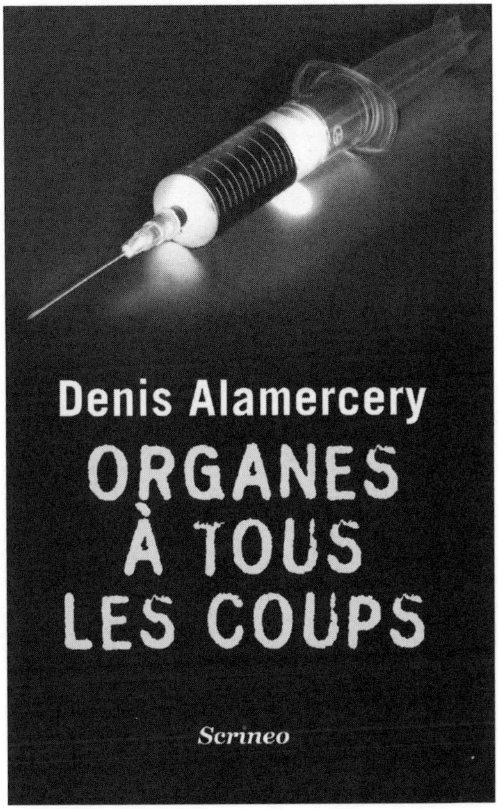

Après avoir déjoué l'opération Goliath, Arno Fugiers revient, plus fort, plus beau et plus intelligent que jamais !

Une fois encore, il se retrouve embarqué, malgré lui dans une aventure dans laquelle il devra déjouer les plans macabres de réseaux criminels internationaux. Pour quelle raison ces mexicains avec lesquels il a eu le malheur de jouer au poker ne le lâchent-ils pas d'une semelle ? Avec une équipe de choc constituée de Gino, le mafieux sicilien plein de ressources, d'Anna, agent secret espagnol « rejeton issu d'une nuit d'amour trop arrosée entre Obélix et une pelleteuse Caterpillar », et la charmante commandant Moreau, agent de la DGSE (Fugiers aurait-il trouvé plus forte tête que lui ?), notre superhéros va-t-il réussir à déjouer tous les pièges que lui tendent les truands ?

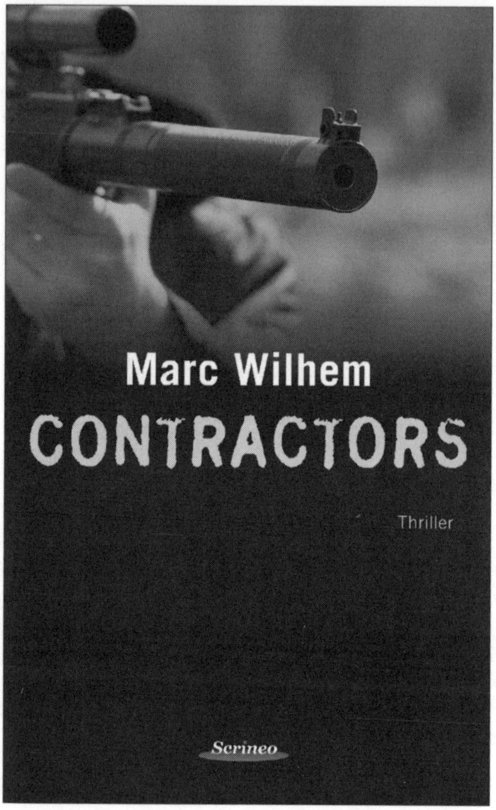

Quand Stéphane, ancien militaire devenu contractor - terme politiquement correct pour désigner les mercenaires de notre siècle - est envoyé en mission au Brésil par son employeur il ne se doute pas que son périple va lui faire traverser le globe, se battre dans la jungle, affronter des pirates modernes, être chassé par des commandos pour finalement revenir en France où l'attend une mission puant à plein nez la manipulation politique.

Sur son chemin il croisera un commando de choc brésilien bien décidé à se venger, un ancien flic aigri et corrompu au service de ses maîtres, un jeune journaliste ambitieux et évidemment des dangers mortels auxquels il pensait pourtant être habitué.

Le cahier documentaire est rédigé par Jacques Massey.

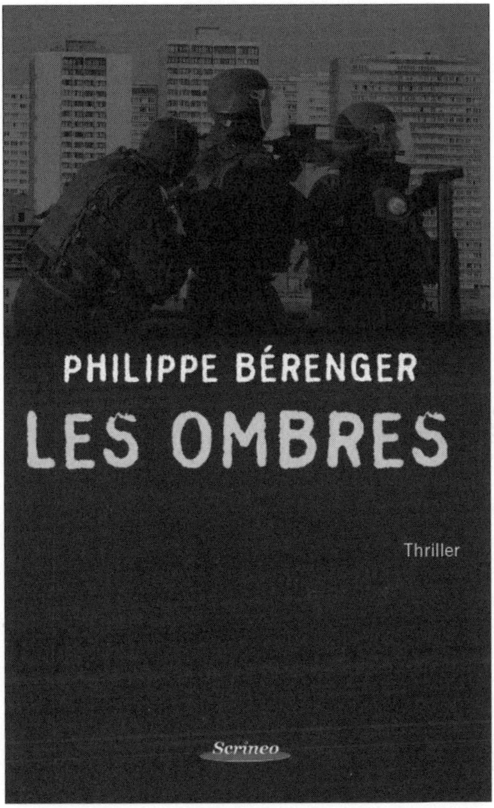

Attentat dans le métro Parisien : 35 morts et des centaines de blessés. Un autre attentat échoue de justesse dans le métro lyonnais. La France bascule dans la psychose et à Paris, le capitaine de police Franck Venel lutte contre sa propre paranoïa, dans une société dépressive où le danger peut venir de partout. Surveillance, infiltration, filatures, planques, indic, renseignements... Franck Venel doit gagner la course contre la montre qui s'annonce mortelle.

Les ombres nous plonge dans le quotidien halluciné de fonctionnaires de police, derniers remparts contre la terreur aveugle... Un thriller sombre et palpitant qui réserve bien des surprises. Y compris les plus mauvaises.

Le cahier documentaire est écrit par un chef de groupe dans l'une des directions de renseignement de la police nationale.

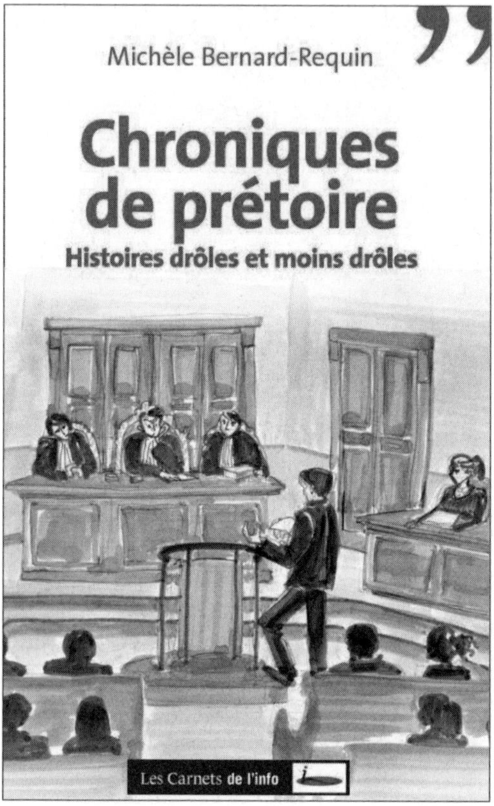

Ces histoires authentiques, qui sont « amusantes et tristes comme la vie » racontent une drôle de justice.

Les avocats, les procureurs, les juges s'y montrent dans leur majesté dérisoire, leurs invraisemblables maladresses, et leur comique involontaire. Mais l'essentiel est peut-être ailleurs. Au delà de l'éclat de rire ou du sourire de connivence, ces anecdotes révèlent la réalité de situations parfois préoccupantes.

Par moments, une indignation se cache sous la dérision apparente et la dimension pédagogique demeure à l'évidence la préoccupation essentielle de l'auteur qui tend, à travers ces petites tranches de vie, à montrer certains aspects de leur vraie justice à ses concitoyens.

J'ai connu la violence. J'ai connu la haine. Enfant torturé, je suis devenu bourreau. la spirale de la délinquance m'a emporté car je n'avais pas le choix.

Et pourtant... On a toujours le choix.

Une rencontre, des rencontres...Et dans le noir de la prison mortifère, une petite lueur a surgi au fond de moi. J'ai le choix. Je ne serai pas un petit caïd de plus. Je m'en sortirai.

Une histoire vraie, bouleversante, qui montre que la réinsertion est possible malgré la violence de l'univers carcéral.

Réimpression réalisée par Pulsio en février 2016.